的摩尼寶珠 作為蓮瓣：用閻浮檀金 莊嚴瑩潤連台：

微妙的珠網覆蓋其上，

顯現了無邊清淨的光色 在一念當中，示現了 諸佛無邊而

不可思議的 變神變

普 的音聲

以摩尼 由佛陀

的妙色身 發出微妙 演說著一切

這朵蓮花出生之後，

在一念之間 從佛陀眉間 的白毫相之中，

薩摩訶薩 法勝音菩薩 名為：一切 他與世界

第五冊

[白話]

華嚴經

皈命頌

南無大智海毘盧遮那如來
南無大方廣佛華嚴經
南無蓮華藏海華嚴會上佛菩薩

皈命聖不動自性大悲者　大智海普賢現流清淨道
因道果圓滿毘盧遮那智　唯佛與佛究竟大華嚴經
淨信為能入道源功德母　發心即成墮佛數成正覺
殊勝了義不可思議佛音　住不退真實隨順如來語
願佛攝我蓮華藏清淨海　性起惟住帝珠正覺道場
相攝相入廣大悲智力用　平等受用寂滅金剛法界
皈命大方廣佛常住華嚴　隨順華嚴法流永無退轉

大方廣佛華嚴經第五冊

目錄

白話華嚴經 第五冊

十定品 第二十七

如是我聞

卷四十一
卷四十二
卷四十三

THE HUA-YEN SUTRA

大方廣佛華嚴經卷　第四十一

十定品　第二十七之二

【白話語譯】

佛子啊！❶什麼是菩薩摩訶薩的次第遍往諸佛國土的神通三昧？佛子啊！菩薩摩訶薩經過東方無數世界，再經過世界微塵數的世界，在這些世界中證入菩薩摩訶薩次第遍往諸佛國土的神通三昧。

他有時候在剎那之間證入；或在須臾之間證入；或相續之間證入；或是日初的時候證入；或是日中的時候證入；或是傍晚的時候證入；或是晚上的時候證入；或是半夜的時候證入；或是後半夜的時候證入；或是一日之間證入；或是五日之間證入；或是半個月之間證入；或是一個月之間證入；或是一年之間證入；或是百年之間證入；或是千年之間證入；或是百千年才證入；或是億年之間證入；或是百億年才證入；或是經過百千那由他億年證入；或是經過一個時劫證入；或是百個時劫證入，或是經歷百千個時劫證入，或是經過百千那由他億時劫證入；或過無數時劫才證入；或是經過了無量時劫才證入；或是經過無邊的時劫才證入；或是經過無等時劫才證入；或是經過不可數的時劫才證入；或是過了不可稱的時劫才證入；或是過了不可思議的時劫才證入；或是過了不可量的時劫才證入；或是過了不可說的時劫才證入；或是過了不可說不可說的時劫才證入。

不管是久遠或是相近：不管是法門或是時間，菩薩都不會心生分別，一點也不貪染執著。不會在意彼此的差異，也不會在意彼此是否相同無二。也不會特別在意看法是否相同一致，也不會在意那些分別差異的想法。菩薩雖然已經遠離了這些相互對待的分別見解，但是卻能夠用神通的方便力量從三昧中起定，總持不忘一切的法門，而證得究竟。

就譬如天上的大日天子周行世界照耀世間，雖然太陽晝夜都不曾停滯，但人們卻因日出而稱「晝」，太陽隱落就稱「夜」。其實，太陽並不是在白天生起，晚上又消失不見，並沒有晝與夜的自性。菩薩摩訶薩在無數的世界證入神通三昧後，也是一樣清楚澈見前述的無數世界。佛子啊！這就是菩薩摩訶薩第三次第遍往諸佛國土神通三昧的善巧智慧。

佛子啊！❷什麼是菩薩摩訶薩的清淨深心行三昧？佛子啊！菩薩摩訶薩了知多如眾生的佛陀，也見過多得不可計數的佛陀，超過阿僧祇世界微塵數。不管到哪一位如來的處所，菩薩都以各種上妙的薰香供養諸佛；或者供養各種妙花；或是供養大得像阿僧祇佛土般的寶蓋；或是供養一切世界中最殊勝莊嚴的器具；或是散下各種寶物作為供養，並且以各種莊嚴器具裝飾諸佛經過的處所；或者供養無數上好美妙的摩尼寶藏；或用佛陀威神力流出的美味飲食供養諸佛，因為這種供養比諸天的飲食更殊勝。而且，菩薩能夠用神通力攝取一切的佛國剎土，並用所有上好美妙的供養器供養諸佛。

另外，菩薩更在所有如來的處所恭敬尊重，五體投地頂禮諸佛。將身軀敷布地面請佛說法，讚歎佛陀的平等無二，稱揚各位佛陀的廣大功德。菩薩並能進入所有佛陀的處所，入諸佛的大悲，證得佛陀平等無障礙的力量。他還能在一念之間，前往一切諸佛淨土，精勤求取妙法。然而卻對諸佛示現出生、興起世間，以及證入般涅槃的種種相貌，了無所得。就如妄念無知的散心❸，菩薩雖然了知分別一切的所緣境界，不知道心念是因為什麼因緣而生起，也不知道心念是因為什麼因緣而消滅，其實一切本來都是空無自性啊！菩薩摩訶薩也是如此，不會分別如來出世及涅槃相。

佛子啊！就宛如日中的陽焰❹，像海市蜃樓一般幻現出綠洲。但日中的陽焰既不是從雲中出生，也不是從池中出生：不在陸上，也不安住水中：既不是有，也不是沒有：既非善也非惡：既不是清淨的，也不是污濁的：既沒法飲用漱洗，也不能說它是穢垢污染的：它既沒有形體，也不是沒有形體：不是有味道，也不是沒有味道。只是因為種種聚合因緣的，才有種種虛幻的外相。意識雖然了知這一切，但是肉眼遠遠地望去還是會讓人誤以為是真的水，直到走近一看，卻發覺根本沒這回事，這種誤以為有水的想法自然就消滅了。菩薩摩訶薩也是這樣，了知如來出生興起於世間及涅槃相皆了不可得，說諸佛有相或者無相，其實都是因為個人的憶想而有所分別。

佛子啊！這三昧就稱之為清淨深心行三昧。菩薩摩訶薩即使從這三昧之中起定，定境中的三昧也不會消失。就譬如有人從睡夢中醒來，回憶所作的夢，醒時雖已不在夢中，但卻仍能憶念夢境，不會遺忘漏失。菩薩摩訶薩也是這樣。菩薩證入三昧親見到佛陀聽聞佛法，即使出定之後，也還能憶念受持而不忘失。並能用這些法開曉一切道場的集會大眾，莊嚴一切諸佛國土。同時，他也已完全明白通達無量的義趣，清淨一切的法門。並已點燃廣大的智慧火炬，長養諸佛種性，毫無所懼，辯才無礙，所以能夠開示演說甚深的法藏。這就是菩薩摩訶薩第四清淨深心行大三昧的善巧智慧。

佛子啊！❺什麼是菩薩摩訶薩了知過去莊嚴法藏三昧？佛子啊！菩薩摩訶薩能夠了知過去諸佛出現的因緣，也就是：相續時劫中出現各佛國剎土的次第；佛土相續時各個時劫的相續次第；諸佛在時劫相續時出現的次第；佛國剎土相續時諸佛示現說法的相續次第；諸佛說法相續時與會大眾心生喜樂的相續次第；與會大眾心生喜樂的相續時各類根器出現的相續次第；各根器相續中所受調伏教化的相續次第；調伏教化相續時諸佛示現壽命的相續次第；諸佛壽命相續了知億萬那由他年歲數的相續次第。

佛子啊！菩薩摩訶薩如果能證得如是無邊相續的次第智慧，就可以了知過去諸佛；了知過去所有的諸佛剎土；了知過去所有的法門；了知過去所有的時劫；了知過去的法門；

了知過去所有的心念；了知過去各種心念意解；了知過去所有的眾生；了知過去的所有煩惱；了知過去所有的儀軌；還有過去的各種清淨。

佛子啊！這三昧稱為：過去清淨法藏三昧。這三昧能使菩薩在一念之間證入百劫；或證入千劫，或證入百千劫；或證入百千億那由他數的時劫；或證入無數的時劫：或證入無量的時劫；或證入無邊的時劫；或證入無等的時劫；或證入不可數的時劫；或證入不可稱的時劫；或證入不可思議的時劫；或證入不可量的時劫；或證入不可說的時劫；或證入不可說不可說的時劫。

佛子啊！菩薩摩訶薩證入這個三昧時，既不會滅除現在的因緣，也不會緣取過去的境界。佛子啊！菩薩摩訶薩從這個三昧起定後，能在如來處所受持十種不可思議的灌頂，並且能證得清淨成就，趣入了悟，圓滿受持。這十種能平等了知所有境界，清淨身、口、意三輪，不可思議的灌頂法，是哪十種灌頂呢？就是：一、所有的辯辭都不違背法義。二、能演說無盡的法門。三、所有的訓令語辭都無缺失。四、樂於說法從不間斷。五、心中毫不恐怖畏懼。六、所有的言語都誠實無偽。七、為所有眾生所依止。八、解救眾生，使他們脫離欲界、色界、無色界等三界。九、成就人中最殊勝的善根。十、具足調伏駕御眾生的微妙法門。

佛子啊！這就是十種灌頂法門。凡是菩薩能從三昧中起定，就能毫無間斷地證得這十種法門，宛如歌羅邏❻能在一念之間就趣入母胎，意識安住其中一樣。菩薩摩訶薩也是如此，從此定起，在如來處所，一念之間就可證得這十種灌頂法。佛子啊！這就是菩薩摩訶薩第五了知過去莊嚴法藏廣大三昧的善巧智慧。

佛子啊❼！什麼是菩薩摩訶薩的智光明藏三昧？佛子啊！菩薩摩訶薩安住三昧時，能夠了知未來一切世界時劫的所有諸佛。不管是已宣說的，或是未宣說的：已經授記成佛，或是未授記成佛者，他們的名號都各不相同。這些名號之多，有無數的名稱、無量的名稱、無邊的名稱、無等的名稱、不可數的名稱、不可稱的名稱、不可思議的名稱、不可量的名稱、不可說的名稱。

其中有：應當出現於世間的；應當利益眾生的；應當成為法王的；應當興起佛事的；應當宣說福德與利益的；應當讚歎至善義理的；應當說清淨潔白的義理及分別法義；應當清淨對治諸惡；應當安住清淨功德的；應當開示第一義諦的；應當證入灌頂地位，準備紹接佛位的。安住在這三昧的諸佛如來無不修習圓滿的行持，發起圓滿的誓願，證入圓滿的智慧。徒眾圓滿，淨土圓滿莊嚴，積集圓滿的功德。了悟圓滿的法義，證得圓滿的果位。具足圓滿的相好，成就圓滿的無上正等正覺。菩薩對這些如來的名號、姓氏、種族等身家背景，以及他們的各種善巧方便、神通力的變化，使眾生成熟，以及證入般涅槃的種種情況，無不了知。

因為菩薩能在一念之間了知一個時劫；百個時劫；千個時劫；百千個時劫；百千億那由他數的時劫；閻浮提微塵數的時劫；四天下微塵數的時劫；小千世界微塵數的時劫；中千世界微塵數的時劫；大千世界微塵數的時劫；佛國剎土微塵數的時劫；百千個佛國剎土微塵數的時劫；百千億那由他佛國剎土微塵數的時劫；無數個佛國剎土微塵數的時劫；無量佛國剎土微塵數的時劫；無邊佛國剎土微塵數的時劫；無等佛國剎土微塵數的時劫；不可數佛國剎土微塵數的時劫；不可稱佛國剎土微塵數的時劫；不可思議佛國剎土微塵數的時劫；不可量佛國剎土微塵數的時劫；不可說佛國剎土微塵數的時劫；不可說不可說佛國剎土微塵數的時劫。如此窮盡未來一切世界的所有時劫，菩薩的智慧都能完全了知，清楚明白之後，菩薩又證入十種總持法門。

是哪十種總持法門呢？就是：一、因為菩薩能證入佛陀的總持法門，所以得證了不可說佛國剎土微塵數諸佛的佑護與憶念。二、因為菩薩能證入總持的法門，所以證得了十種陀羅尼光明的無窮盡辯才。三、因為菩薩能證入行願總持的法門，所以能出生圓滿殊勝的行願。四、因為菩薩能證入大威力總持，所以再也沒有事物能夠障礙他，也沒有什麼事物能夠摧毀他。五、因為他已證入智慧的總持法門，所以修行佛法不再有任何障礙。六、因為他已證入大悲心的總持法門，所以能轉不退失的清淨法輪。七、因為他已證入差別善巧的文句總持法門，所以能轉動一切文字的法輪與清淨一切法門。八、因為他已證入宛如獅子受生的無畏勇猛總持法門，所以能開啟佛法的關鍵鎖鑰，出離欲望的淤泥。九、因為他已證入智慧力量的總持法門，所以能修習菩薩行，恆常精進而不休息。十。因為他已證入善友力量的總持法門，所以無邊的眾生都能得證清淨。因為菩薩已經證入無住力量的總持，所以能證入不可說不可說的廣大時劫。又因為他已證入佛法力量的總持，所以能用無障礙的方便智慧了知一切法的清淨自性。

佛子啊！菩薩摩訶薩安住在這三昧時，能善巧安住在不可說不可說的時劫，善巧安住在不可說不可說的佛國剎土。清楚了知不可說不可說的種種眾生，清楚了知眾生的相異之處。清楚了知業力，以及不可說不可說相同與差異的果報。清楚了知修行人不可說不可說的精進情形，及各種根器習氣和種種相續差別。清楚了知思惟不可說不可說的無量染垢與清淨，清楚了知法要不可說不可說的種種義理與無量文字及演說言辭。清楚了知諸佛不可說不可說的出生種族、時節因緣、示現外相、如何演說佛法、施行各種佛事、並證入般涅槃等。清楚了知不可說不可說的無邊智慧法門，清楚了知一切神通不可說不可說的無量變化示現。

佛子啊！就譬如日出，世間所有的村莊、城市、宮殿、屋宅、山澤、鳥獸、樹林、花朵果實，凡是有眼睛的人都能看見這一切。佛子啊！這就好像日光平等照映眾生，使大家都能看到各種外相。這種大三昧也是如此，體性平等無二，沒有分別。因此，能使菩薩了知不可說不可說百千億那由他無可計數的相互差別。佛子啊！菩薩摩訶薩如果能夠如此了知，就能使所有的眾生成就十種不空過。

是哪十種不空過呢？就是：一、所見到的一切絕不空過，因為能使所有的眾生生出善根。二、他聽聞的一切絕不空過，因此能成熟所有的眾生。三、他能與眾生一同安住絕不空過，因此能調伏所有眾生的心念。四、他發起的一切菩提心絕不空過，因此能使所有眾生的作為都依照言說，通達諸法義。五、他一切的殊勝妙行絕不空過。六、他親近諸佛如來絕不空過，因此能在不可說不可說的佛國剎土，斷除不可說不可說的疑惑。七、他所有的大願絕不空過，因此能隨所憶念的眾生，使他們普行殊勝的供養，成就所有的行願。八、一切善巧的方便教法絕不空過，使一切眾生都能證得並安住在無障礙解脫的清淨智慧。九、他雨下所有的法雨絕不空過，因此能對不可說不可說根器的眾生，方便開示一切智慧的行願，安住佛陀的道業。十、他出興示現一切的妙相絕不空過，因此能示現無邊的妙相，照顧所有的眾生。

佛子啊！菩薩摩訶薩安住在這個三昧，證得十種不空過的時候，所有天王及大眾都前來頂禮。所有龍王大眾無不興起廣大的香雲，所有的夜叉王都頂禮他的雙腳。阿修羅王則恭敬地獻上供養，迦樓羅王則紛紛前後圍遶。所有梵天王都前來勸請，緊那羅王、摩睺羅伽王都共同稱揚讚歎。乾闥婆王也不時親近，所有人中的王者也都前來供養。佛子啊！這就是菩薩摩訶薩第六智光明藏廣大三昧的善巧智慧。

佛子啊！❼什麼是菩薩摩訶薩了知一切世界諸佛莊嚴三昧呢？佛子啊！這三昧為何稱為了知一切世界諸佛的莊嚴呢？

佛子啊！菩薩摩訶薩安住在這三昧時，能夠次第進入東方的世界，能夠次第進入南方的世界、西方的世界、北方的世界，也都能夠次第進入四維上下的所有世界。他也能見到十方世界諸佛出生興起世間，以及諸佛所有的神通力量、諸佛所有的神通遊戲、諸佛的廣大威德、諸佛的殊勝自在、諸佛的大獅子吼❽。也能見到諸佛修習的各種行願，及種種莊嚴，還有諸佛神足通❾的變化。諸佛的大眾集會宛如雲彩一樣匯集，大眾集會成就的清淨、大眾集會的廣大、大眾集會成為一相、大眾集會成為多相、大眾集會的處所、大眾集會的居住安止、大眾集會的成熟、大眾集會受到的調伏教化、大眾集會顯示的威德，這一切，菩薩沒有不清楚澈見的。

另外，他也看見大眾集會的數目大小同等一個閻浮提洲，或等同四天下。或看見大眾集會的數目等同小千世界，或等同中千世界，或等同三千大千世界，他也看見大眾集會充滿了百千億那由他數的佛國剎土，也看見大眾集會充滿了阿僧祇佛國剎土，也看見大眾集會充滿了百佛國剎土微塵數的佛國剎土。也看見大眾集會充滿了如千佛國土微塵數的佛國剎土，也看見大眾集會充滿如無量佛國剎土微塵數的佛國剎土。也看見大眾集會充滿了如無邊佛國剎土微塵數的佛國剎土，也看見大眾集會充滿無等的佛國剎土微塵數的佛國剎土。也看見大眾集會充滿不可計數佛國剎土所有微塵數的佛國剎土，也看見大眾集會充滿了不可稱佛國剎土微塵數的佛國剎土。也看見大眾集會充滿不可思議佛國剎土微塵數的佛國剎土，也看見大眾集會充滿了不可量佛國剎土微塵數的佛國剎土。也看見大眾集會充滿不可說佛國剎土微塵數的佛國剎土，也看見大眾集會充滿不可說不可說佛國剎土微塵數的佛國剎土。

他也能看見諸佛在各個不同的法會道場，示現種種妙相、種種時劫、種種佛國剎土、種種變化、種種神通力、種種莊嚴、種種自在、種種形體身量、種種事業。

菩薩摩訶薩也能看見自身前往各個法會，也看見自己在法會中說法。也看見自己信受總持佛陀的話語，也看見自身清楚了知各種緣起。也看見自己安住虛空，也看見自己安住法身。也看見自己不生出污染執著，也看見自己不安住分別差異。也看見自己從不疲乏厭倦，也看見自己普遍證入所有的智慧；普遍了知所有的義理；普遍進入所有的境地；普遍進入六種生趣；普遍了知方便；普遍安住諸佛面前；普遍證入所有的力量；普遍證入真如境地；普遍證入無諍，也看見自己普遍證入所有的法義。

他看見這些變化示現時，既不會分別佛國剎土，也不會分別眾生，更不會分別佛陀或者分別法義。他不會執著身，也不會執著身業；不執著心念，也不會執著意識。就譬如所有法義不會分別自性，不會分別音聲；也從不捨離自性，也不會滅失名字。菩薩摩訶薩也是如此，從不捨離行願，卻又能隨順世間造作的事業，並且不會執著二者。

佛子啊！菩薩摩訶薩又看見佛陀圓滿成就無量的光明及色彩、無量的形相。這一切真實平等清淨地示現菩薩眼前，菩薩也都清楚了知。他或是看見佛陀身相的種種光明；或是見到佛陀身上一尋八尺的圓光；或是看見佛身宛如日光熾盛的顏色；或是看見佛身微妙光明的色彩；或是看見佛身示現清淨的色彩；或是看見佛身化為黃金色；或是看見佛身化為透明的金剛色；或是看見佛身化為紺青色；或是看見佛身幻化無邊的色彩；或是看見佛身幻化大青摩尼寶色。菩薩或是見到佛陀的身體有七個手肘之長；或是見到佛陀的身體有八個手肘之長；或是見到佛陀的身體有九個手肘之長；或是看見佛陀的身體有十手肘之長；或是看見佛陀的身體有二十手肘長；或是看見佛陀的身體有三十手肘長；如此乃至長如一百肘之長、一千肘之長。或是看見佛陀的身體長如一俱盧舍⑩；或是看見佛陀的身體長如半由旬⑪；或是看見佛陀的身體長如一由旬；或是看見佛陀的身體有十由旬之長；或是看見佛陀的身體有百由旬長；或是看見佛陀的身體有千由旬長；或是看見佛陀的身體有百千由旬長；或是看見佛陀的身體有閻浮提一洲長；或是看見佛陀的身體有四天下長；或是看見佛陀的身體有小千世界長；或是看見佛陀的身體有中千世界那麼長；或大千世界那麼長；或是百個大千世界那麼長；或是千個大千世界那麼長；或是百千個大千世界那麼長；或是長如百千億那由他數個大千世界；或是長如無數個大千世界；或是長如無量個大千世界；或是長如無邊的大千世界；或是長如無等的大千世界；或是長如不可說的大千世界；或是長如不可說不可說的大千世界。

佛子啊！菩薩能夠見到諸佛如此無量的色相、無量的形狀，示現種種不可盡的相貌，並放射無量的光明、無量的光明網。這些光明等同整個法界，因此整個法界沒有什麼地方照耀不到，法界的眾生都能因此而發起無上的智慧。菩薩又見到佛陀的身體完全沒有任何污染執著，沒有障礙，非常微妙清淨。

佛子啊！菩薩雖然見到佛身有種種變化，但是如來的身量卻是不增、不減。就譬如虛空⑫無所增減。所以，即使他身處小蟲所吃的小芥子孔中，也不會減少；或者他身處無數的世界，也不會增廣。其他諸佛的身體也是這樣，我們看見他極大時，佛身其實並沒有任何增加，我們看見他極小時，佛身也沒有任何減損。

佛子啊！就譬如月輪⑬，閻浮提人看見月亮變小時，月亮實際上並沒有減少。或者感覺月亮很大時，也不曾增大。菩薩摩訶薩也是這樣，能夠安住在這個三昧，隨順心中所喜樂的，看見諸佛化現的種種妙相，並且在聽聞佛陀以言語文辭開演法義後，都能信受總持不忘。而如來的身體並不因此而增加或減少。佛子啊！就譬如眾生命終之後⑭，即將託胎受生時，不曾遠離他的心識，因此看見的一切都十分清楚明淨。菩薩摩訶薩也是如此，不曾遠離甚為深奧的三昧，因此他所看見的一切無不清淨。

佛子啊！菩薩摩訶薩安住在這三昧時，能成就十種速疾法門。是哪十種速疾法門呢⓯？就是：一、能夠迅速地增長諸行圓滿的廣大行願。二、能夠迅速地以法的光明照耀世間。三、能夠迅速用方便轉動法輪，度化解脫眾生。四、能夠迅速隨著眾生的業力，示現諸佛清淨的剎土。五、能夠迅速以平等無二的智慧趣入諸佛十力。六、能夠迅速與諸佛一起安住。七、能夠迅速以大慈的力量摧破魔軍。八、能夠迅速斷除眾生的疑惑，使眾生心生歡喜。九、能夠迅速隨著殊勝的解悟，示現神通變化。十、能夠迅速以種種微妙法義言辭來清淨一切世間。

佛子啊！這菩薩摩訶薩又能證得十種法印，來印證一切的法。是哪十種呢？就是：一、與過去、未來、現在一切諸佛平等的善根。二、等同諸佛一般，證得無邊際的智慧法身。三、同等諸佛，安住不二法門。四、同等諸佛，觀察過去、未來、現在三世無量境界都完全平等。五、等同諸佛，證得了達法界無礙。六、同等諸佛成就十力，一切所行無障礙。七、等同諸佛永遠斷絕見行⓰與愛行⓱等二種行的惑業，安住在平等無諍的佛法。八、等同諸佛一般，教化眾生恆常不休止歇息。九、能夠等同諸佛一般，清楚觀察智慧及義理的善巧。十、像諸佛與一切諸佛平等無二。

佛子啊！如果菩薩摩訶薩能成就這個了知一切世界諸佛莊嚴廣大三昧的善巧方便法

門，那麼我們就可以稱他為無師者。這是因為他不必經由他人的教導，就能自行證入一切佛法。或者稱他為丈夫，因為他能令所有的眾生開悟。或者稱他為清淨者，因為他了知心性根本就是清淨的。或者稱他為第一者，因為他能夠度化解脫一切世間。或者稱他為安慰者，因為他能開導一切眾生。或者稱他為安住者，因為他能使未安住佛陀種姓的人，都安住佛陀的種姓。或者稱他為真實了知者，因為他能證入一切智慧的法門。或者稱他為無異想者，因為他所說的一切言語，都是一如而無二相。或者稱他住法藏者，因為他誓願了知一切的佛法。或者稱他為雨法雨者，因為他能隨著眾生心中的趣樂，使他們都完全充滿足夠。

佛子啊！就譬如帝釋天王，在髮髻中安置摩尼寶珠，就能借助寶珠的力量使他的威光更加熾盛。帝釋天王剛獲得這寶珠就獲得十種利益，超過一切三十三天的天眾。是哪十種利益呢？就是：一、身色相貌，二、外表形體，三、示現，四、眷屬，五、資助用具，六、音聲，七、神通，八、自在，九、慧解的力量，十、智慧的應用方便。如此的十種殊勝，都超過一切三十三天的天眾。

菩薩摩訶薩也是如此，他才證得這三昧，就成就了十種廣大智慧的法藏。是哪十種智慧法藏呢？就是：一、照耀一切佛國剎土的智慧。二、了知一切眾生受生的智慧。三、普遍在過去、未來、現在三世變化的智慧。四、普遍進入諸佛之身的智慧。五、通達佛法的智慧。六、普遍攝受一切清淨法門的智慧。七、使一切眾生證入法身的智慧。八、能夠現前見到一切法的普眼清淨智慧。九、一切自在到彼岸的智慧。十、安住一切廣大佛法普遍窮盡無餘的智慧。

佛子啊！菩薩摩訶薩安住在這三昧時，又證得十種最清淨威德具足的身相。是哪十種身相呢？就是：一、為了照耀不可說不可說的世界，放射不可說不可說的光明輪相。二、為了使整個世界都證得清淨，放射不可說不可說無量色彩的光明輪。三、為了教化調伏眾生，放射不可說不可說的光明輪。四、為了親近諸佛，示現種種不可說不可說的化身。五、為了承事供養諸佛，而降下不可說不可說種種殊勝微妙的香華雲。六、為了承事供養諸佛，及調伏教化眾生，在每一毛孔中化現不可說不可說的種種音樂。七、為了成熟眾生，而化現不可說不可說無量的自在神通力變化。八、為了在十方世界中向種種名號的佛陀請問佛法，一步就跨越了不可說不可說的世界。九、為了使所有見聞他的眾生都不空過，生起信心，而示現不可說不可說無量清淨的色相身，高大到沒有人能夠看見他的頭頂。十、為了向眾生開示無量的秘密法，發出不可說不可說的音聲語言。

佛子啊！菩薩摩訶薩證得這十種最清淨、威德具足的身相之後，能夠使眾生得到十種的圓滿。是哪十種圓滿呢？就是：一、使眾生見到佛陀。二、使眾生深心信仰諸佛。三、使眾生聽聞佛法。四、使眾生了知有佛陀的世界。五、使眾生見到佛陀神通力的變化。

六、使眾生憶念自己所積集的業力。七、使眾生的定心圓滿。八、使眾生證入佛陀的清淨。九、使眾生發起菩提心。十、使眾生智慧圓滿等同佛陀。

佛子啊！菩薩摩訶薩使眾生得到十種圓滿之後，又為眾生興作十種佛事。是哪十種佛事呢？就是：一、為了成熟眾生，而以音聲興作佛事。二、為調伏教化眾生，而以色相形體興作佛事。三、為了清淨眾生，而以憶念興作佛事。四、為了使眾生遠離惡道，而以震動世界興作佛事。五、為了使眾生不失去正念，而以方便覺悟興作佛事。六、為了使眾生恆常提起正念，而以夢中示現興作佛事。七、為了普遍攝受所有眾生，而放射廣大光明興作佛事。八、為了使眾生安住在殊勝的行願，而修習菩薩行興作佛事。九、為了使眾生了知諸法如幻，而成就正等正覺興作佛事。十、為了不失時宜，而轉勝妙法輪興作佛事。十一、為了調伏眾生，而示現安住世間興作佛事。十二、為了讓眾生，厭離生死流轉，而示現般涅槃興作佛事。佛子啊！這就是菩薩摩訶薩第七了知一切世界佛陀莊嚴廣大三昧的善巧智慧。

【註釋】

❶以下這段說明「次第遍往諸佛國土神通三昧」。

❷以下這段說明「清淨深心行三昧」。

❸這裡是以妄念無知的比喻，顯示契合真如無念。

❹這裡是以陽焰似水的比喻，顯示了妄同真。

❺以下這段說明「知過去莊嚴藏三昧」。

❻歌羅邏　父母兩精初於胎內和合凝結之狀態，意譯作「凝滑」、「薄酪」等。

❼以下這段說明「知一切世界佛莊嚴三昧」。

❽獅子吼　這裡是以獅子吼來比喻佛以無畏音說法。而且，當佛說法時，使菩薩生起勇猛心求菩提，而外道、惡魔生怖畏，就像獅子吼，如獅子揚威，百獸降伏。

❾神足通　五種神通之一，證得神足通者，不論何處都能來去自如。

❿俱盧舍　是梵語 krośa 的音譯，為印度古代尺度名，大約是四百弓或五百弓之距離，一弓為七尺二寸。

⓫由旬　是梵語 yojana 的音譯，為印度計算里程的單位，是指帝王一日行軍的里程，約三十里或四十里，一里為六町。又八俱盧舍作一由旬。

⓬這裡是以虛空無增減的比喻，來顯現法性身無增減。
⓭這裡是以月無增減為比喻，來顯現真常色身之體不變，只是隨著心念不同所見各異。
⓮這裡是以境隨心現為比喻，顯現菩薩心淨則佛亦淨。
⓯以下說明此定的利益，有七段，分別說七種利益。
⓰見行　不隨他人教語，憑自己的意思而行，稱為「見行」。
⓱愛行　隨順他人的教語而行，稱為「愛行」。

【原典】

佛子！云何為菩薩摩訶薩次第遍往諸佛國土神通三昧？佛子！此菩薩摩訶薩過於東方無數世界，復過爾所世界微塵數世界，於彼諸世界中入此三昧，或剎那入，或須臾入，或相續入，或日初分時入，或日中分時入，或日後分時入，或夜初分時入，或夜中分時入，或夜後分時入，或一日入，或五日入，或半月入，或一月入，或一年入，或百年入，或千年入，或百千年入，或億年入，或百千億年入，或百千那由他億年入，或一劫入，或百劫入，或百千劫入，或百千那由他億劫入，或無數劫入，或無量劫入，或無邊劫入，或無等劫入，或不可數劫入，或不可稱劫入，或不可思劫入，或不可量劫入，或不可說劫入，或不可說不可說劫入，若久、若近、若法、若時，種種不同。菩薩於彼不生分別，心無染著，不作二、不作不二，不作普、不作別，雖離此分別而以神通方便從三昧起，於一切法不忘不失至於究竟。譬如日天子周行照曜，晝夜不住；日出名晝，日沒名夜，晝亦不生，夜亦不滅。菩薩摩訶薩於無數世界入神通三昧，入三昧已，明見爾所無數世界亦復如是。佛子！是為菩薩摩訶薩第三次第遍往諸佛國土神通大三昧善巧智。

佛子！云何為菩薩摩訶薩清淨深心行三昧？佛子！此菩薩摩訶薩知諸佛身數等眾生，見無量佛過阿僧祇世界微塵數。於彼一一諸如來所，以一切種種妙香而作供養，以一切種種妙華而作供養，以一切種種蓋大如阿僧祇佛剎而作供養，以超過一切世界一切上妙莊嚴具而作供養，散一切種種寶而作供養，以一切種種莊嚴具莊嚴經行處而作供養，以一切無數上妙摩尼寶藏而作供養，以佛神力所流出過諸天上味飲食而作供養，一切佛剎種種上妙諸供養具，能以神力普皆攝取而作供養。於彼一一諸如來所，恭敬尊重，頭頂禮敬，舉身布地，請問佛法，讚佛平等，稱揚諸佛廣大功德，入於諸佛所入大悲，得佛平等無礙之力；於一念頃，一切佛所勤求妙法，然於諸佛出興於世、入般涅槃，如是之相皆無所得。如散動心，了別所緣，心起不知何所緣起，心滅不知何所緣滅；此菩薩摩訶薩亦復如是，終不分別如來出世及涅槃相。佛子！如日中陽焰，不從雲生，不從池生，不處於陸，不住於水，非有非無，非善非惡，非清非濁，不堪飲漱，不可穢污，非有體非無體，非有味非無味，以因緣故而現水相，為識所了，遠望似水而興水想，近之則無，水想自滅；此菩薩摩訶薩亦復如是，不得如來出興於世及涅槃相。諸佛有相及以無相，皆是想心之所分別。佛子！此三昧名為：清淨深心行。菩薩摩訶薩於此三昧，入已而起，起已不失。譬如有人從睡得寤，憶所夢事，覺時雖無夢中境界，而能憶念、心不忘失。菩薩摩訶薩亦復如是，入於三昧，見佛聞法，從定而起，憶持不忘，而以此法開曉一切道場眾會，莊嚴一切諸佛國土，無量義趣悉得明達，一切法門皆亦清淨，然大智炬，長諸佛種，無畏具足，辯才不竭，開示演說甚深法藏。是為菩薩摩訶薩第四清淨深心行大三昧善巧智。

佛子！云何為菩薩摩訶薩知過去莊嚴藏三昧？佛子！此菩薩摩訶薩能知過去諸佛出現，所謂：劫次第中諸剎次第，剎次第中諸劫次第，劫次第中諸佛出現次第，佛出現次第中說法次第，說法次第中諸心樂次第，心樂次第中諸根次第，根次第中調伏次第，調伏次第中諸佛壽命次第，壽命次第中知億那由他年歲數量次第。佛子！此菩薩摩訶薩得如是無邊次第智故，則知過去諸佛，則知過去諸剎，則知過去諸❶法門，則知過去諸劫，則知過去諸法，則知過去諸心，則知過去諸解，則知過去諸眾生，則知過去諸煩惱，則知過去諸儀式，則知過去諸清淨。佛子！此三昧名：過去清淨藏，於一念中，能入百劫，能入千劫，能入百千劫，能入百千億那由他劫，能入無數劫，能入無量劫，能入無邊劫，能入無等劫，能入不可數劫，能入不可稱劫，能入不可思劫，能入不可量劫，能入不可說劫，能入不可說不可說劫。佛子！彼菩薩摩訶薩入此三昧，不滅現在，不緣過去。佛子！彼菩薩摩訶薩從此三昧起，於如來所受十種不可思議灌頂法，亦得、亦清淨、亦成就、亦入、亦證、亦滿、亦持，平等了知三輪清淨。何等為十？一者辯不違義，二者說法無盡，三者訓辭無失，四者樂說不斷，五者心無恐畏，六者語必誠實，七者眾生所依，八者救脫三界，九者善根最勝，十者調御妙法。佛子！此是十種灌頂法。若菩薩入此三昧，從三昧起，無間則得。如歌羅邏入胎藏時，於一念間識則託生；菩薩摩訶薩亦復如是，從此定起，於如來所，一念則得此十種法。佛子！是名菩薩摩訶薩第五知過去莊嚴藏大三昧善巧智。

佛子！云何為菩薩摩訶薩智光明藏三昧？佛子！彼菩薩摩訶薩住此三昧，能知未來一切世界一切劫中所有諸佛；若已說、若未說，若已授記、若未授記，種種名號各各不同，所謂：無數名、無量名、無邊名、無等名、不可數名、不可稱名、不可思名、不可量名、不可說名；當出現於世，當利益眾生，當作法王，當興佛事，當說福利，當讚善義，當說白分義，當淨治諸惡，當安住功德，當開示第一義諦，當入灌頂位，當成一切智。彼諸如來修圓滿行，發圓滿願，入圓滿智，有圓滿眾，備圓滿莊嚴，集圓滿功德，悟圓滿法，得圓滿果，具圓滿相，成圓滿覺。彼諸如來名姓種族、方便善巧、神通變化、成熟眾生、入般涅槃，如是一切皆悉了知。此菩薩於一念中，能入一劫、百劫、千劫、百千劫、百千億那由他劫，入閻浮提微塵數劫，入四天下微塵數劫，入小千世界微塵數劫，入中千世界微塵數劫，入大千世界微塵數劫，入佛剎微塵數劫，入百千佛剎微塵數劫，入百千億那由他佛剎微塵數劫，入無數佛剎微塵數劫，入無量佛剎微塵數劫，入無邊佛剎微塵數劫，入無等佛剎微塵數劫，入不可數佛剎微塵數劫，入不可稱佛剎微塵數劫，入不可思佛剎微塵數劫，入不可量佛剎微塵數劫，入不可說佛剎微塵數劫，入不可說不可說佛剎微塵數劫。如是未來一切世界所有劫數，能以智慧皆悉了知。以了知故，其心復入十種持門。何者為十？所謂：入佛持故，得不可說佛剎微塵數諸佛護念；入法持故，得十種陀羅尼光明無盡辯才；入行持故，出生圓滿殊勝諸願；入力持故，無能映蔽，無能摧伏；入智持故，所行佛法無有障礙；入大悲持故，轉於不退清淨法輪；入差別善巧句持故，轉一切文字輪，淨一切法門地；入師子受生法持故，開法關鑰，出欲淤泥；入智力持故，修菩薩行常不休息；入善友力持故，令無邊眾生普得清淨；入無住力持故，入不可說不可說廣大劫；入法力持故，以無礙方便智，知一切法自性清淨。

佛子！菩薩摩訶薩住此三昧已，善巧住不可說不可說劫，善巧住不可說不可說剎，善巧知不可說不可說種種眾生，善巧知不可說不可說眾生異相，善巧知不可說同異業報，善巧知不可說不可說精進、諸根習氣、相續差別諸行，善巧知不可說不可說無量染淨種種思惟，善巧知不可說不可說法種種義、無量文字、演說言辭，善巧知不可說不可說種種佛出現、種族、時節、現相、說法、施為佛事、入般涅槃，善巧知不可說不可說無邊智慧門，善巧知不可說不可說一切神通無量變現。佛子！譬如日出，世間所有村營、城邑、宮殿、屋宅、山澤、鳥獸、樹林、華果，如是一切種種諸物，有目之人悉得明見。佛子！日光平等，無有分別，而能令目見種種相；此大三昧亦復如是，體性平等，無有分別，能令菩薩知不可說不可說百千億那由他差別之相。佛子！此菩薩摩訶薩如是了知時，令諸眾生得十種不空。何等為十？一者見不空，令諸眾生生善根故；二者聞不空，令諸眾生得成熟故；三者同住不空，令諸眾生心調伏故；四者發起不空，令諸眾生如言而作，通達一切諸法義故；五者行不空，令無邊世界皆清淨故；六者親近不空，於不可說不可說佛剎諸如來所，斷不可說不可說眾生疑故；七者願不空，隨所念眾生，令作勝供養，成就諸願故；八者善巧法不空，皆令得住無礙解脫清淨智故；九者雨法雨不空，於不可說不可說諸根眾生中，方便開示一切智行令住佛道故；十者出現不空，現無邊相，令一切眾生皆蒙照故。佛子！菩薩摩訶薩住此三昧，得十種不空時，諸天王眾皆來頂禮，諸龍王眾興大香雲，諸夜叉王頂禮其足，阿修羅王恭敬供養，迦樓羅王前後圍遶，諸梵天王悉來勸請，緊那羅王、摩睺羅伽王咸共稱讚，乾闥婆王常來親近，諸人王眾承事供養。佛子！是為菩薩摩訶薩第六智光明藏大三昧善巧智。

佛子！云何為菩薩摩訶薩了知一切世界佛莊嚴三昧？佛子！此三昧何故名了知一切世界佛莊嚴？佛子！菩薩摩訶薩住此三昧，能次第入東方世界，能次第入南方世界，西方、北方、四維、上下，所有世界悉亦如是，能次第入。皆見諸佛出興於世，亦見彼佛一切神力，亦見諸佛所有遊戲，亦見諸佛廣大威德，亦見諸佛最勝自在，亦見諸佛大師子吼，亦見諸佛所修諸行，亦見諸佛種種莊嚴，亦見諸佛神足變化，亦見諸佛眾會雲集、眾會清淨、眾會廣大、眾會一相、眾會多相、眾會處所、眾會居止、眾會成熟、眾會調伏、眾會威德，如是一切悉皆明見。亦見眾會其量大小等閻浮提，亦見眾會等四天下，亦見眾會等小千界，亦見眾會等中千界，亦見眾會量等三千大千世界。亦見眾會充滿百千億那由他佛剎，亦見眾會充滿阿僧祇佛剎，亦見眾會充滿百佛剎微塵數佛剎，亦見眾會充滿千佛剎微塵數佛剎，亦見眾會充滿百千億那由他佛剎微塵數佛剎，亦見眾會充滿無數佛剎微塵數佛剎，亦見眾會充滿無量佛剎微塵數佛剎，亦見眾會充滿無邊佛剎微塵數佛剎，亦見眾會充滿無等佛剎微塵數佛剎，亦見眾會充滿不可數佛剎微塵數佛剎，亦見眾會充滿不可稱佛剎微塵數佛剎，亦見眾會充滿不可思佛剎微塵數佛剎，亦見眾會充滿不可量佛剎微塵數佛剎，亦見眾會充滿不可說佛剎微塵數佛剎，亦見眾會充滿不可說不可說佛剎微塵數佛剎。亦見諸佛於彼眾會道場中，示現種種相、種種時、種種國土、種種變化、種種神通、種種莊嚴、種種自在、種種形量、種種事業。菩薩摩訶薩亦見自身往彼眾會，亦自見身在彼說法，亦自見身受持佛語，亦自見身善知緣起，亦自見身住在虛空，亦自見身住於法身，亦自見身不生染著，亦自見身不住分別，亦自見身無有疲倦，亦自見身普入諸智，亦自見身普知諸義，亦自見身普入諸地，亦自見身普入諸趣，亦自見身普知方便，亦自見身普住佛前，亦自見身普入諸力，亦自見身普入真如，亦自見身普入無諍，亦自見身普入諸法。如是見時，不分別國土，不分別眾生，不分別佛，不分別法，不執著身，不執著身業，不執著心，不執著意。譬如諸法，不分別自性，不分別音聲，而自性不捨、名字不滅；菩薩摩訶薩亦復如是，不捨於行，隨世所作，而於此二無所執著。

佛子！菩薩摩訶薩見佛無量光色、無量形相，圓滿成就，平等清淨；一一現前，分明證了。或見佛身種種光明，或見佛身圓光一尋，或見佛身如盛日色，或見佛身微妙光色，或見佛身作清淨色，或見佛身作黃金色，或見佛身作金剛色，或見佛身作紺青色，或見佛身作無邊色，或見佛身作大青摩尼寶色。或見佛身其量七肘，或見佛身其量八肘，或見佛身其量九肘，或見佛身其量十肘，或見佛身二十肘量，或見佛身三十肘量，如是乃至一百肘量、一千肘量。或見佛身一俱盧舍量，或見佛身半由旬量，或見佛身一由旬量，或見佛身十由旬量，或見佛身百由旬量，或見佛身千由旬量，或見佛身百千由旬量，或見佛身閻浮提量，或見佛身四天下量，或見佛身小千界量，或見佛身中千界量，或見佛身大千界量，或見佛身百大千世界量，或見佛身千大千世界量，或見佛身百千大千世界量，或見佛身百千億那由他大千世界量，或見佛身無數大千世界量，或見佛身無量大千世界量，或見佛身無邊大千世界量，或見佛身無等大千世界量，或見佛身不可數大千世界量，或見佛身不可稱大千世界量，或見佛身不可思大千世界量，或見佛身不可量大千世界量，或見佛身不可說大千世界量，或見佛身不可說不可說大千世界量。佛子！菩薩如是見諸如來無量色相、無量形狀、無量示現、無量光明、無量光明網，其光分量等于法界，於法界中無所不照，普令發起無上智慧；又見佛身，無有染著，無有障礙，上妙清淨。佛子！菩薩如是見於佛身，而如來身不增不減。譬如虛空，於蟲所食芥子孔中亦不減小，於無數世界中亦不增廣；其諸佛身亦復如是，見大之時亦無所增，見小之時亦無所減。佛子！譬如月輪，閻浮提人見其形小而亦不減，月中住者見其形大而亦不增；菩薩摩訶薩亦復如是，住此三昧，隨其心樂，見諸佛身種種化相，言辭演法，受持不忘，而如來身不增不減。佛子！譬如眾生命終之後，將受生時，不離於心，所見清淨；菩薩摩訶薩亦復如是，不離於此甚深三昧，所見清淨。

佛子！菩薩摩訶薩住此三昧，成就十種速疾法。何者為十？所謂：速增諸行圓滿大願，速以法光照耀世間，速以方便轉於法輪度脫眾生，速隨眾生業示現諸佛清淨國土，速以平等智趣入十力，速與一切如來同住，速以大慈力摧破魔軍，速斷眾生疑令生歡喜，速隨勝解示現神變，速以種種妙法言辭淨諸世間。佛子！此菩薩摩訶薩復得十種法印，印一切法。何等為十？一者同去、來、今一切諸佛平等善根，二者同諸如來得無邊際智慧法身，三者同諸如來住不二法，四者同諸如來觀察三世無量境界皆悉平等，五者同諸如來得了達法界無礙境界，六者同諸如來成就十力所行無礙，七者同諸如來永絕二行住無諍法，八者同諸如來教化眾生恆不止息，九者同諸如來於智善巧、義善巧中能善觀察，十者同諸如來與一切佛平等無二。

佛子！若菩薩摩訶薩成就此了知一切世界佛莊嚴大三昧善巧方便門，是無師者，不由他教，自入一切佛法故；是丈夫者，能開悟一切眾生故；是清淨者，知心性本淨故；是第一者，能度脫一切世間故；是安慰者，能開曉一切眾生故；是安住者，未住佛種性者令得住故；是真實知者，入一切智門故；是無異想者，所言無二故；是住法藏者，誓願了知一切佛法故；是能雨法雨者，隨眾生心樂悉令充足故。佛子！譬如帝釋，於頂髻中置摩尼寶，以寶力故，威光轉盛。其釋天王初獲此寶則得十法，出過一切三十三天。何等為十？一者色相，二者形體，三者示現，四者眷屬，五者資具，六者音聲，七者神通，八者自在，九者慧解，十者智用。如是十種，悉過一切三十三天。菩薩摩訶薩亦復如是，初始獲得此三昧時，則得十種廣大智藏。何等為十？一者照耀一切佛剎智，二者知一切眾生受生智，三者普作三世變化智，四者普入一切佛身智，五者通達一切佛法智，六者普攝一切淨法智，七者普令一切眾生入法身智，八者現見一切法普眼清淨智，九者一切自在到於彼岸智，十者安住一切廣大法普盡無餘智。佛子！菩薩摩訶薩住此三昧，復得十種最清淨威德身。何等為十？一者為照耀不可說不可說世界故，放不可說不可說光明輪；二者為令世界咸清淨故，放不可說不可說無量色相光明輪；三者為調伏眾生故，放不可說不可說光明輪；四者為親近一切諸佛故，化作不可說不可說身；五者為承事供養一切諸佛故，雨不可說不可說種種殊妙香華雲；六者為承事供養一切佛，及調伏一切眾生故，於一一毛孔中化作不可說不可說種種音樂；七者為成熟眾生故，現不可說不可說種種無量自在神變；八者為於十方種種名號一切佛所請問法故，一步超過不可說不可說世界；九者為令一切眾生見聞之者皆不空故，現不可說不可說種種無量清淨色相身，無能見頂；十者為與眾生開示無量祕密法故，發不可說不可說音聲語言。佛子！菩薩摩訶薩得此十種最清淨威德身已，能令眾生得十種圓滿。何等為十？一者能令眾生得見於佛，二者能令眾生深信於佛，三者能令眾生聽聞於法，四者能令眾生知有佛世界，五者能令眾生見佛神變，六者能令眾生念所集業，七者能令眾生定心圓滿，八者能令眾生入佛清淨，九者能令眾生發菩提心，十者能令眾生圓滿佛智。佛子！菩薩摩訶薩令眾生得十種圓滿已，復為眾生作十種佛事。何等為十？所謂：以音聲作佛事，為成熟眾生故；以色形作佛事，為調伏眾生故；以憶念作佛事，為清淨眾生故；以震動世界作佛事，為令眾生離惡趣故；以方便覺悟作佛事，為令眾生不失念故；以夢中現相作佛事，為令眾生恆正念故；以放大光明作佛事，為普攝取諸眾生故；以修菩薩行作佛事，為令眾生住勝願故；以成正等覺作佛事，為令眾生知幻法故；以轉妙法輪作佛事，為眾說法不失時故；以現住壽命作佛事，為調伏一切眾生故；以示般涅槃作佛事，知諸眾生起疲厭故。佛子！是為菩薩摩訶薩第七了知一切世界佛莊嚴大三昧善巧智。

註釋

❶「諸」，大正本原無，今依前後文意增之。

十定品　第二十七之三

【白話語譯】

佛子啊！❶什麼是菩薩摩訶薩一切眾生差別身三昧呢？

佛子啊！菩薩安住在這三昧的時候，將得證十種無所執著的境界。是哪十種無所執著的境界呢？就是：一、不執著任何剎土。二、不執著任何方所。三、不執著任何時劫。四、不執著任何眾生。五、不執著任何法門。六、不執著任何菩薩。七、不執著任何菩薩的行願。八、不執著任何三昧。九、不執著任何佛陀。十、不執著任何境地。就是這十種無執著的境界。

佛子啊！❷菩薩摩訶薩是如何進入這三昧？又如何起定的呢？

佛子啊！❸菩薩摩訶薩在這三昧時，從身內入定，從體外起定；或從體外入定，從身內起定；或從某個身體中入定，從另一個身體起定；或從另一個身體中入定，從這一個身體中起定；或從人的身體中入定，從夜叉的身體中起定；或從夜叉的身內入定，從龍王的身中起定；或從龍王的身中入定，從阿修羅的身體中起定；或從阿修羅的身中入定，從天人的身中起定；或從天人的身中入定❹，從梵王的身中起定；或從梵王的身中入定，從欲界的身中起定；或從天中入定，從地獄中起定；或從地獄中入定，從人間起定；或從人間入定，從其餘五道起定。

或是從千個身中入定❺，從一身中起定；或從一身中入定，從千個身中起定；或從那由他數的身中入定，從一身中起定；或從一身中入定，從那由他數的身中起定；或從閻浮提洲❻的眾生中入定，從西瞿陀尼洲的眾生中起定；或從西瞿陀尼洲的眾生中入定，從北拘盧的眾生中起定；或從北拘盧的眾生中入定，從東毘提訶洲的眾生中起定；或從東毘提訶洲的眾生中入定，從三天下的眾生中起定；或從三天下的眾生中入定，從四天下的眾生中起定；或從四天下的眾生中入定，從一切大海的差別眾生起定❼；或從一切大海的差別眾生中入定，從一切大海的諸神中起定；從一切大海的諸神中入定，從一切大海的水大中起定；從一切大海的水大中入定，從一切大海的地大中起定；從一切大海的地大中入定，從一切大海的火大中起定；從一切大海的火大中入定，從一切大海的風大中起定；從一切大海的風大中入定，從一切的地、水、火、風四大中起定；從一切的四大中入定，從無生法當中起定；從無生法當中入定，從妙高山中起定。

從妙高山入定，從七寶山起定；從七寶山入定，從一切地上的種種稼穡、樹林、黑山起定；從一切地上的種種稼穡、樹林、黑山中入定，從一切美妙香華寶莊嚴中起定；從一切美妙香華寶莊嚴中入定❽，從一切四天下的下方、上方一切眾生的託胎受生中起定；從一切四天下的下方、上方一切眾生的託胎受生中入定❾，從小千世界的眾生中起定；從小千世界的眾生中入定，從中千世界的眾生中起定；從中千世界的眾生中入定，從大千世界的眾生中起定；從大千世界的眾生中入定，從百千億那由他數的三千大千世界眾生中起定；從百千億那由他數的三千大千世界眾生中入定，從無數世界的眾生中起定。

從無數世界的眾生中入定，從無量世界的眾生中起定；從無量世界的眾生中入定，從無邊際佛國剎土的眾生中起定；從無邊際佛國剎土的眾生中入定，從無等佛國剎土的眾生中起定；從無等佛國剎土的眾生中入定，從不可數世界的眾生中起定；從不可數世界的眾生中入定，從不可稱世界的眾生中起定；從不可稱世界的眾生中入定，從不可思世界的眾生中起定；從不可思世界的眾生中入定，從不可量世界的眾生中起定；從不可量世界的眾生中入定，從不可說世界的眾生中起定；從不可說世界的眾生中入定，從不可說不可說世界的眾生中起定；從不可說不可說世界的眾生中入定，從混雜染污的眾生中起定。❿

從混雜染污的眾生中入定，從清淨的眾生中起定；從清淨的眾生中入定，從混雜染污的眾生中起定；從眼根入定⓫，從耳根起定；從耳根入定，從眼根起定；從鼻根入定，從舌根起定；從舌根入定，從鼻根起定；從身根入定，從意根起定；從意根入定，從身根起定；從自己的根處入定，從他人的根處中起定；從他人的根處中入定，從自己的根處起定。

從一微塵入定⓬，從無數世界的微塵起定；從無數世界的微塵入定，從一微塵起定；從聲聞入定，從獨覺起定；從獨覺入定，從聲聞起定；從自己的身體入定，從佛陀的身體起定；從佛陀的身體入定，從自己的身體起定；從一念入定，從億個時劫起定；從億個時劫入定，從一念起定；從共同的念中入定，從分別的時間中起定；從分別的時間中入定，從共同的念中起定；從過去的時際入定，從未來的時際起定；從未來的時際入定，從過去的時際起定；從過去的時際入定，從現在的時際起定；從現在的時際入定，從過去的時際起定；從過去、現在、未來三世入定，從剎那起定；從剎那入定，從過去、現在、未來三世起定；從真如的境地入定，從言說起定；從言說入定，從真如的境地起定。

佛子啊！⓭譬如有人被鬼附身，全身顫動，自己根本沒法安靜下來。這是因為鬼魅附在他身上，雖然人看不見鬼，但鬼卻能使他的身體顫動不已。鬼身不會因為與他的身體不同就無法對他的身體作用。菩薩摩訶薩安住在這三昧時也是如此，能從自身入定而從他身起定，或是從他身入定而從自身起定。肉身雖然不同，但卻能夠自在的出入不定。

佛子啊！⓮又譬如有些死屍會因為符咒的力量而自行動作行走，隨著符咒的力量做事，並且完成這些事情。死屍雖然不是符咒，但二者一旦和合就能完成某些事情。菩薩摩訶薩安住在三昧的時候也是如此，能從相同的境界入定而從不同的境界起定。或從不同的境界入定，而從相同的境界起定。

佛子啊！⑮就譬如得證了自在心的比丘，能以一身化作多身，或是以多身化作一身。他並非是一身消失，再生出多身；也不是多身消失，再生出一身。菩薩摩訶薩安住在三昧時也是如此，能夠從一身入定，從多身起定；也能夠從多身入定，再從一身起定。

佛子啊！就譬如大地只有一種⑯，但是生出的苗稼氣味卻不儘相同。大地雖然沒有差別，但是卻會產生不同的味道。菩薩摩訶薩安住在這三昧的時候也是如此，雖然沒有任何分別，但是卻能從一種境界入定而從多種境界起定。或是從多種境界入定，從一種境界起定。

佛子啊！⑰菩薩摩訶薩安住在這三昧時，證得了十種稱讚的法，並且因為這十種稱讚的法而為大眾讚歎。是哪十種稱讚的法呢？就是：一、因為他已證入真如，所以人們稱他為「如來」。二、因為他已經覺悟一切的法，所以人們稱他為「佛陀」。三、因為世人莫不稱讚他，所以人們都稱他為「法師」。四、因為他已了知一切法，所以人們稱他為「一切智」。五、因為他已是所有世人的歸依，所以人們都稱他為「所依處」。六、因為他了知通達一切法的方便，所以人們稱他為「導師」。七、因為他能引領眾生證入諸佛一切種智的薩婆若道，所以又稱為「大導師」。八、因為他能作為一切世間明燈，所以又名為

「光明」。九、因為他心志圓滿，成就義利，所作的事情莫不成辦，因此能安住在無礙的智慧，分別了知一切諸法，所以又名為「十力自在」。十、因為他通達一切法輪，所以又稱為「一切見者」，就是這十種稱讚法。

佛子啊！菩薩摩訶薩安住在這三昧時，又證得十種光明照耀。是哪十種光明呢？就是：一、得證諸佛的光明，因為他已等同諸佛。二、得證一切世界的光明，因為他能夠普遍莊嚴清淨一切世界。三、得證一切眾生的光明，因為他能前往調伏所有的眾生。四、得證無所畏懼的光明，因為他能以整個法界為道場演說佛法。五、得證無差別光明，因為他了知一切法實無種種自性。六、得證方便的光明，因為他已證入遠離五欲境界的一切法門。七、得證真實的光明，因為他能平等看待一切遠離五欲境界的法門。八、得證遍及一切世間神通變化的光明，因為他不斷地受諸佛加持。九、得證善巧思惟的光明，因為他已到達和等同諸佛的自在彼岸。十、得證一切法真如境界的光明，因為他能於一個毛孔中善巧演說所有的法門。就是這十種光明照耀。

佛子啊！菩薩摩訶薩安住在這三昧時，又得證了十種無所造作。是哪十種無所造作呢？就是：一、他的身業是無所造作的。二、他的語業是無所造作的。三、他的意業是無所造作的。四、他的神通是無所造作的。五、他了知諸法皆無自性而無所造作。六、他了知各種業力是不會敗壞的而無所造作。七、他了知無差異分別的智慧而無所造作。八、他了知由無生所起的智慧是無所造作的。九、他了知法的消失滅絕是無所造作的。十、他能隨順於文句而不壞於法是無所造作的。就是這十種無所造作。

佛子啊！⑱菩薩摩訶薩即使安住在這個三昧的無量境界時，仍有種種差別：從一入定而從多起定，從多入定而從一起定；從相同入定而從相異起定，從相異入定而從相同起定；從細入定而從粗起定，從粗入定而從細起定；從大入定而從小起定，從小入定而從大起定；順向入定而相逆起定，從逆向入定而從相順起定；從無身入定而從有身起定，從有身入定而從無身起定；從無相入定而從有相起定，從有相入定而從無相起定；從起定證入而從入定起定。這些都是這個三昧的自在境界。

佛子啊！⑲就譬如幻化師，當他持咒成就的時候，就能夠幻化種種奇異的形相。而我們知道咒術與幻化的本質不同，但是二者卻能造作幻相。就像咒語只是聲音而已，卻能造作幻化種種事相。其實，不管是眼識所了知的各種色相；或耳識所了知的各種聲音；鼻識所了知的各種香味；舌識所了知的各種味道；身識所了知的各種觸覺；意識所了知的各種意境，幻化師都能夠自在地幻化。菩薩摩訶薩安住在這三昧時也是如此，從相同入定而從相異起定；從相異入定而從相同起定。

佛子啊！⑳就譬如三十三天的天眾與阿修羅戰鬥時，如果諸天大眾贏了阿修羅。此時，雖然阿修羅王身長七百由旬，而四周更有無數的阿修羅兵眾圍繞，但是他卻能利用幻術將這些軍兵同時縮小，使他們遁入蓮藕的藕孔。菩薩摩訶薩也是如此，因為他已經成就所有智慧如幻的境地。如幻的智慧即是菩薩，菩薩即是如幻的智慧。因為這樣，所以他能夠在無差別法中入定，在差別法中起定；在差別法中入定，在無差別法中起定。

佛子啊！㉑就譬如農夫在田中播種，種子在土中，果實生長在土上。菩薩安住在這三昧時也是如此，能從一入定而從多起定，或從多入定而從一起定。

佛子啊！㉒就譬如男女赤色的卵子與白色的精子相互結合，這時會有眾生在受精卵中受生。這時我們就稱這已有意識投胎的受精卵為：歌羅邏位。從此之後次第安住在母胎中，滿十個月時，因為善業所以他四肢俱全，諸根不缺，心意明白了知。這個歌羅邏與他的六根形體及形狀各各不同，這都是他因為與生俱來的業力，而使四肢的歌羅邏位能夠次第成就，受相異或同類的種種果報。菩薩摩訶薩也是如此，因為他不斷增長一切智歌羅邏位的信解願力，所以心量就慢慢變得廣大，而能夠任意自在。因此，能從無入定而從有起定；或從有入定而從無起定。

佛子啊！㉓就譬如龍宮得依附地面才能聳立。龍王安住的宮殿，雖不是依虛空而建立，卻能興起大雲遍滿天空。如果有人仰視的話，應該知道他所看見的宮殿，其實都是像幻化的乾闥婆城，並非其實的龍宮。佛子啊！龍王雖位住在地上，而雲彩分佈天上。菩薩摩訶薩安住在這三昧的時候也是如此，從無相證入而從有相起定；或從有相證入而從無相起定。

佛子啊！㉔就譬如妙光大梵天王的宮殿，稱為：一切世間最清淨藏宮殿。在這廣大的梵宮觀看三千大千世界四天下的天宮、龍宮、夜叉宮、乾闥婆宮、阿修羅宮、迦樓羅宮、緊那羅宮、摩睺羅伽宮。人間居住的處所以及三惡道、須彌山等，各種高山、大海、江河、陂澤、泉源、城邑、聚落、樹林、許多寶物，如此一切各種莊嚴，窮盡大輪圍山所有邊際，乃至於虛空微細遊動的塵土，都能一目了然，就如同我們在鏡子裡看見自己一樣清楚。菩薩摩訶薩安住在「一切眾生差別身」的廣大三昧時，能了知種種的剎土；得見種種佛陀；度化種種眾生；證得種種的法；成就種種行持；圓滿種種解悟；證入種種三昧；示現種種神通；得證種種智慧；安住種種的剎那分際。

佛子啊！菩薩摩訶薩已到達十種神通的彼岸。是哪十種神通彼岸呢？就是：一、到達諸佛如來窮盡虛空、遍及法界的大神通彼岸。二、到達菩薩究竟無差別自在的大神通彼岸。三、到達能夠發起菩薩廣大行願，並證入諸佛如來法門的大神通彼岸。四、到達能夠震動一切世界及一切境界，並且能完全清淨這些地方的大神通彼岸。五、到達能夠自在了知眾生不可思議的業力、果報皆是幻化的大神通彼岸。六、到達能夠自在了知所有三昧粗細，證入出定差別相的大神通彼岸。七、到達能夠勇猛證入諸佛如來的境界，並在其中發起廣大行願的大神通彼岸。八、到達能夠化現為佛陀，及化作佛陀轉法輪調伏教化眾生，使眾生生出諸佛種性，證入佛陀的法乘而立刻成就的大神通彼岸。九、到達能夠了知不可說的一切秘密文句義理而轉法輪，並且清淨百千億那由他不可說不可說法門的大神通彼岸。十、到達不必藉由晝夜、年、月、時劫，就能於一念之間示現過去、未來、現在三世的大神通彼岸。就是這十種。佛子啊！這就是菩薩摩訶薩第八一切眾生差別身廣大三昧的善巧智慧。

佛子啊！什麼是菩薩摩訶薩法界自在三昧？

佛子啊！菩薩摩訶薩能於自己眼根處，乃至於意根處證入三昧，這個三昧就稱為：法界自在三昧。菩薩能夠在自身的每一個毛孔中證入這個三昧，自然了知所有的世間；所有的世間法；所有的世界；億那由他數的世界；阿僧祇數的世界；不可說佛國剎土微塵數的世界。並且見到每個世界都有佛陀出現興起，菩薩充滿每一法會虛空，光明清淨，淳善而不混雜，廣大莊嚴，更有各種寶物裝飾莊嚴。菩薩在那裡，無論是經過一個時劫、百個時劫、千個時劫、億個時劫、百千億那由他數的時劫、無數的時劫、無量的時劫、無邊際的時劫、無等的時劫、不可數的時劫、不可稱的時劫、不可思的時劫、不可量的時劫、不可說不可說的時劫、不可說不可說的佛國剎土微塵數的時劫，都能精勤地修習菩薩行，從不歇息。即使經過無量的時劫仍安住在這三昧，也同時還能證入、起定、成就世界，調伏教化眾生，遍及了知法界，普遍了知過去、未來、現在三世，演說諸法，及示現大神通的種種方便，毫不執著，沒有障礙。

因為菩薩已在法界得證自在，所以能夠清楚地分別眼根，清楚地分別耳根；清楚地分別鼻根；清楚地分別舌根；清楚地分別身根；清楚地分別意根，如此六根種種不同的差異，他都能仔細分別，乃至窮盡邊際。菩薩如果能夠如此清楚了知及明見，就能生起十千億陀羅尼法的光明；成就十千億的清淨行願；證得十千億諸根；圓滿十千億的神通；證入十千億的三昧；成就十千億的神力；長養十千億的所有力量；圓滿十千億深心；運動十千億的加持力；示現十千億的神通變化；具足十千億菩薩的無所障礙；圓滿十千億菩薩輔助修道的方法；積集十千億菩薩的法藏；照明十千億菩薩的方便；演說十千億的各種法義；成就十千億所有行願；生出十千億的迴向；清淨治理十千億菩薩的正位；明白了知十千億的法門；開示十千億的演說；修習治理十千億種菩薩的清淨。

佛子啊！菩薩摩訶薩又有無數的功德、無量的功德、無邊際的功德、無等的功德、不可數的功德、不可稱的功德、不可思的功德、不可量的功德、不可說的功德、無窮盡的功德。佛子啊！像上面所說的種種功德，這位菩薩都已成辦具足，都已積集；都已莊嚴，都已清淨；都已晶瑩透澈，都已攝取受持；都能夠生出，都已堅固，都已成就。因此，人們莫不稱歎。

佛子啊！菩薩摩訶薩安住在這三昧時，東方十千阿僧祇佛國剎土微塵數名號的諸佛都前來攝受。而每一個名號的佛陀又有十千阿僧祇佛國剎土微塵數的佛陀，各個佛陀相互差別，而東方、南方、西方、北方，所有四維、上下，也有如此無量的佛陀。

這些如來全都示現在菩薩摩訶薩面前，為他示現諸佛的清淨剎土；為他演說諸佛無邊的身量；為他演說諸佛難可思議的佛眼；為他演說諸佛可聽聞十方無量世界的耳根；為他演說諸佛的清淨鼻根；為他演說諸佛的清淨妙舌；為他演說諸佛的無住心；為他演說諸佛如來無上的神通力；使他能修習諸佛如來的無上菩提；使他證得諸佛如來的清淨音聲；並為他開示諸佛如來不退轉的法輪；顯示諸佛如來無邊的大眾集會；使他證入諸佛如來無邊的秘密，讚歎諸佛如來的一切善根；證入諸佛如來平等之法，宣說諸佛如來過去、未來、現在三世的種姓；示現諸佛如來無量的色相，闡揚諸佛如來護持憶念之法；暢演諸佛如來的微妙法音，辨別明瞭諸佛的世界；宣揚諸佛三昧，示現諸佛法會的相續次第；護持諸佛不可思議的法門，演說一切法猶如幻化，明白諸法的體性沒有動轉，開示一切無上的法輪；讚美諸佛無量的功德，證入一切三昧雲，了知心意如幻、如化、無邊、無窮盡。

佛子啊！㉕菩薩摩訶薩安住在這法界自在三昧時，十方世界各有十千阿僧祇數佛國剎土微塵數不同名號的諸佛同時前來護持憶念。因此菩薩能夠證得無邊際的身量；證得無障礙的心；總持一切法毫無忘失，憶念不斷；並且得證總持決定的智慧；又變得聰慧敏捷，能夠領會受持一切法；明白了知一切法；能夠善巧變化所有的神通法門，諸根變得更勇猛銳利；能遍行整個法界不曾歇止，境界無礙；能證得無障礙的智慧，畢竟清淨；並且以神通力在一切世界示現成佛。

佛子啊！菩薩摩訶薩安住在這三昧時，證得十種如大海般廣大的境界。是哪十種廣大的境界呢？就是：一、證得諸佛大海，因為他已了見一切。二、證得眾生海，因為他能調伏教化所有的眾生。三、證得諸法海，因為他能夠以智慧了知諸法。四、證得諸剎海，因為他能以無體性及無造作的神通，前往詣見各個佛國剎土。五、證得功德海，因為他已圓滿所有的行持。六、證得神通海，因為他能夠隨處示現，令眾生開悟。七、證得諸根海，因為他清楚了知各種根器的眾生。八、證得諸心海，因為他能了知眾生心念的種種差別。九、證得諸行海，因為他能以願力圓滿種種行持。十、證得諸願海，因為他能成就眾生，永遠清淨。

佛子啊！菩薩摩訶薩證得這十種大海後，又證得十種殊勝。是哪十種呢？就是：一、在眾生中最為第一。二、在諸天中最為殊勝。三、在梵王中最為自在。四、在所有的世間從無污染執著。五、世間沒有任何事物能夠遮蔽隱藏他。六、諸魔都不能迷惑散亂他的心志。七、他能普遍進入六道諸趣而沒有任何障礙。八、他能在各處所中投胎受生，卻清楚了知沒有一處受生的地方是堅固不壞的。九、對一切的佛法都得自在。十、能夠示現任何神通。

佛子啊！菩薩摩訶薩證得如此十種的殊勝之後，又證得十種力量，能在眾生中修習諸菩薩行。是哪十種力量呢？就是：一、勇健的力量，因為他能調伏教化世間。二、精進的力量，因為他恆常不退轉。三、無所執著的力量，因為他已遠離所有的染垢。四、寂靜的力量，因為他對一切法毫無諍論。五、逆向與順向的力量，因為他對一切法，都能心意自在。六、諸佛體性的力量，因為他已成就所有的法義。七、無障礙的力量，因為他智慧廣大。八、無畏懼的力量，因為他能夠演說諸法。九、辯才的力量，因為他能夠受持諸法。十、開示的力量，因為他智慧無邊。

佛子啊！這十種力量是廣大的力量；最殊勝的力量；沒有人能摧破調伏的力量；無量的力量；諸善積集的力量；不動的力量；堅固的力量；智慧的力量；成就的力量；殊勝禪定的力量；清淨的力量；極為清淨的力量；法身的力量；法光明的力量；法燈的力量；法門的力量；沒有人能夠敗壞的力量；極為勇猛的力量；大丈夫的力量；善於修習的力量；成就正等正覺的力量；過去積集善根的力量；安住無量善根的力量；安住諸佛如來的力量；具足威力思惟的力量；增長菩薩歡喜的力量；生出菩薩清淨信願的力量；增長菩薩勇猛的力量；出生菩提心的力量；菩薩清淨深心的力量；菩薩殊勝深心的力量；菩薩熏習善根的力量；究竟諸法的力量；無障礙身的力量；證入方便善巧法門的力量；清淨微妙法門的力量；安住大威勢，一切世間不能傾動的力量；眾生不能遮蔽隱藏的力量。

佛子啊！菩薩摩訶薩對如此無量的功德法，都能出生、能夠成就、能夠圓滿、能夠照明、能夠具足、能夠普遍具足、能夠廣大、能夠堅固、能夠增長、能夠清淨治理、能夠普遍清淨治理。所以沒有人可以窮盡演說菩薩功德的邊際、智慧的邊際、修行的邊際、法門的邊際、自在的邊際、苦行的邊際、成就的邊際、清淨的邊際、出離的邊際、法自在的邊際。菩薩所獲得的、所成就的、所趣入的、所示現眼前的、所有的境界、所有的觀察、所證入的、所清淨的，所了知、建立的法門，即使以不可說的時劫演說，也說不完。

佛子啊！菩薩摩訶薩安住在這三昧時，能夠了知無數、無量、無邊、無等、不可數、不可稱、不可思、不可量、不可說、不可說不可說、一切的三昧。每一個三昧的境界，都非常廣大。不管是從境界證入、起定、安住、所有相貌形狀，所有的示現，所有行經的處所，所有等同流類的示現，所有的自性，所有消除滅絕，所有的出離，所有的一切，菩薩無不明白澈見。

佛子啊！㉖就譬如無熱惱大龍王宮的阿耨達池流出的四條河流，光色清淨，猶如虛空，一點兒也不污濁混雜與穢垢。這阿耨達池的四面各有一個出口，每一個出口都流出一條河流。當中的象口流出恆伽河，獅子口流出私陀河，牛口則流出信度河，馬口則流出縛芻河。這四條大河的水流也是與眾不同，恆伽河流出的是銀沙，私陀河流出金剛沙，信度河河口流出金沙，縛芻河河口則流出瑠璃沙。又恆伽河口是銀白色的，私陀河口是金剛色的，信度河口是金黃色，縛芻河口是瑠璃色。

每一個河口大如一由旬，這四條大河都各自圍繞大池七圈，並隨著它的方向而向四方分別流出，波浪洶湧，奔馳入海。這四條大河旋轉圍繞著，每一條河道又有天上珍寶形成的優鉢羅花、波頭摩花、拘物頭花、芬陀利花，散發奇妙的香氣及清淨微妙的色澤。這種種花朵及枝葉，臺蕊莫不是珍寶構成，彼此相映徹照，光明無比，不斷地照耀顯現。這座無熱池的周長約有五十由旬，池底遍布許多珍寶和精微的細沙，各種摩尼寶珠也羅列其中裝飾，岸邊更有無量微妙的寶物莊嚴。栴檀香的美妙氣味遍散池中，優鉢羅花、波頭摩花、拘物頭花、芬陀利花及其它的寶花更遍滿整個無熱池。每當微風吹拂，香氣就飄向遠方。池的四周有花叢及珍寶所成的樹林圍繞。日光出現的時候把大池照得通明，使大池及河流內外所有東西的光影光輝相續不斷，交織成一片光明的大網。這些東西不管是在遠處，還在近處；在高處，或在下方；或廣大，或狹小；或粗，或細；乃至於極小的一沙、一塵莫不是神妙的寶物構成，光明徹照。在正午的日照中一一顯現，輾轉輝映彼此的影像。雖然如此，但這眾多的影像卻從不增加也不減少，從不聚合也從不分散，每一種東西的本質莫不清楚照見。

佛子啊！就像無熱大池從四個出水口流出四條入於大海的大河，菩薩摩訶薩也是如此。從四辯才流出各種菩薩妙行，最後證入一切智慧海。一如恆伽大河，從銀色的象口流出銀沙，菩薩摩訶薩也是如此。以義理的無礙辯才解說一切諸佛演說的法，出生一切清淨潔白的法，最後證入無障礙的智慧海。

一如私陀大河，從金剛色獅子口流出金剛沙。菩薩摩訶薩也是如此，以佛法的辯才為眾生演說佛陀如金剛般不壞的文句，引領金剛般的智慧，證入無障礙的智慧海。

又如信度河從金色的牛口流出金沙，菩薩摩訶薩也是如此。以訓示言辭辯說，隨順世間的緣起方便開悟眾生，使眾生歡喜，調伏教化使他們成熟，最後證入緣起方便海。

又如縛芻河，從瑠璃色的馬口流出瑠璃沙。菩薩摩訶薩也是如此。以無窮盡的辯才法雨，普降百千億那由他不可說數的法門。滋潤所有聽聞的眾生，究竟證入諸佛法海。

一如四大河隨順圍繞無熱池之後，從四方流入大海。菩薩摩訶薩也是如此、成就隨順身業、隨順語業、隨順意業。成就以智慧為前導的身業、以智慧為前導的語業，以智慧為前導的意業，最後從四個方向流注一切智慧海。

佛子啊！什麼叫做菩薩四方？佛子啊！就是：一、面見諸佛而開悟。二、所有聽聞的法都受持不忘。三、圓滿一切波羅蜜行願。四、以大悲說法滿足一切。

一如四大河圍繞大池，大池中的優鉢羅花、波頭摩花、拘物頭花、芬陀利花等遍滿池中。菩薩摩訶薩也是如此，他在菩提心的大池中間從不捨離眾生，不斷演說佛法調伏教化眾生，他們都能圓滿無量的三昧，見到諸佛剎土的莊嚴清淨。

如同無熱池有珍寶樹林圍繞，菩薩摩訶薩也是如此。能示現佛國剎土的莊嚴圍繞，使眾生都樂於趣向菩提。

如同無熱大池寬長各五十由旬，清淨而不污濁。菩薩摩訶薩也是如此，他的菩提心量廣大無邊，善根充滿，清淨而不污濁。

如同無熱大池以無量的珍寶莊嚴池岸，栴檀香氣遍滿大池。菩薩摩訶薩也是如此，他能以百千億十種智慧珍寶莊嚴廣大行願的菩提心池岸，普遍散發一切眾善美妙的香氣。

又如同無熱大池的池底滿布金沙，各種摩尼珍寶更交錯間雜，莊嚴其中。菩薩摩訶薩也是如此，他能以微妙的智慧周遍觀察，並以不可思議菩薩解脫的各種法寶交錯間雜，莊嚴其中。證得一切無障礙的法光明，安住諸佛安住之處，證入一切甚深方便。

如同阿那婆達多龍王永遠遠離龍道的所有燥熱煩惱，菩薩摩訶薩也是如此。能永遠遠離一切世間的憂愁煩惱，即使示現受生也毫無染著。

如同四大河潤澤一切閻浮提大地之後，流入大海。菩薩摩訶薩也是如此，他能以四種智慧的大河潤澤天、人、沙門、婆羅門，使他們普遍證入無上正等正覺的智慧大海，更能以四種智慧力量莊嚴。是哪四種智慧力量呢？就是：一、以大願的智慧河，救護調伏眾生從不歇息。二、到達解脫彼岸的波羅蜜智慧河，以修習菩提行饒益眾生，過去、未來、現在相續無窮盡，究竟證入諸佛智慧海。三、用無數的三昧莊嚴菩薩的三昧智河，使眾生都能親見諸佛並證入諸佛海。四、以大悲智河的大慈自在普遍救渡眾生，並以善巧方便攝取眾生，從不休息，並修行甚深秘密的功德法門，最後證入佛陀十力大海。

如同四條大河流出無熱池之後，無窮盡地流入大海。菩薩摩訶薩也是如此，以廣大的願力修菩薩行，自在的了知及見聞而沒有窮盡，最後究竟證入一切智慧海。

如同沒有什麼事物能夠障礙大河，使四條大河不能流入大海的。菩薩摩訶薩也是如此，不斷精勤修習普賢行願，因此沒有什麼障礙能夠阻止他成就一切智慧光明，安住諸佛的菩提法門，證入諸佛的智慧。

又如同四條大河奔流入海，即使經過了無以數計的時劫也會不疲倦厭煩。菩薩摩訶薩也是如此，即使以窮盡未來時劫修持普賢行願、或菩薩行，乃至證入如來大海，也不會疲倦厭煩。

佛子啊！如同日光出現的時候，無熱池裡的金沙、銀沙、金剛沙、瑠璃沙及其餘各種寶物，都有日輪的影像顯現其中。其餘如金沙等等一切寶物，也各自輾轉而映現其影像，互相照明澈見，沒有任何妨礙。菩薩摩訶薩也是如此，安住在這三昧時，能在自身的每一毛孔見到不可說不可說佛國剎土微塵數的諸佛，也能在毛孔中看見諸佛剎土的法會。並且還在每一佛陀的處所聽聞佛法，信受奉持、信解供養。即使經歷不可說不可說的億那由他數的時劫，不管時節的長短，所有集會的大眾，從來也不會感到逼迫狹隘。為什麼呢？因為菩薩能以微妙的心意證入無邊的法界；證入無等量差別的作業果報；證入不思議的三昧境界；證入不可思議的思惟境界；證入諸佛的自在境界；證得諸佛的護持憶念；證得諸佛廣大的神通變化；證得諸佛難能知曉的十種力量；證入普賢菩薩行願的圓滿境界；證得諸佛無有疲勞厭倦的神通力。

佛子啊！㉗菩薩摩訶薩雖然能夠在一念之間出入這個禪定三昧，但是卻不會排斥長時間安住定境，而也不執著要長時間入定。雖然他不依止任何境界，但也不會捨棄一切所依止的因緣。雖然他能夠善巧證入剎那的分際，為了利益眾生示現諸佛神通，但他從不以此滿足。雖然他能等同證入法界，卻找不到法界的邊際。雖然他不安住任何處所，但卻能恆常趣入一切智慧大道，並以變化的力量普遍進入無量的眾生，具足莊嚴所有的世界。雖然他已遠離世間的顛倒分別，超過一切分別的境地，但卻不會捨離種種諸相。雖然他已具足方便善巧，然而卻仍究竟清淨。雖然他不會分別菩薩的種種境地，而他卻能善巧地分別證入任一境地。

佛子啊！譬如虛空雖然能夠含藏一切，而卻能遠離有無兩邊。菩薩摩訶薩也是如此，雖然能普遍證入世間，卻能遠離世間的種種欲想。他雖然勤於度化眾生，卻不曾染著眾生的欲想。雖然他深刻了知所有的法門，卻遠離種種法門的憶想。雖然他樂於見到諸佛，卻遠離諸佛的念頭。雖然他能善巧證入各種禪定三昧，卻了知一切法自性都是真如不二，沒有任何污染執著。雖然他能以無邊的辯才演說無窮盡的法句，而心卻恆常安住在遠離文字法的境地。雖然他欣樂觀察無言說法，卻恆常示現清淨的音聲。雖然他安住在一切遠離言語法門的分際，然而卻恆常示現各種色相。雖然他調伏教化眾生，卻了知一切法的體性畢竟空不可得。雖然他勤於修習大悲度化解脫眾生，卻了知眾生境界沒有窮盡沒有散亂。雖然他通達法界恆常安住毫無造作，然而卻以身、語、意三輪調伏教化眾生，從不稍歇。雖然他恆常安住諸佛安住的境地，然而他智慧清淨的心卻毫不恐怖畏懼。他並且能分別演說種種諸法，轉諸法輪，恆常不休息。佛子啊！這就是菩薩摩訶薩第九法界的自在廣大三昧的善巧智慧。

【註釋】

❶這裡在說明「一切眾生差別身三昧」。

❷以下是說明入出之相，略舉十類，以表示無盡。

❸首先以各類的正報來說明出定、入定。

❹第二，依照六趣的依報來說明出定入定。

❺第三，一多相對。
❻第四，四洲大海相對。
❼第五，四大種相對。
❽第六，各個方所相對。
❾第七，眾數多少相對。
❿第八，污染與清淨相對。
⓫第九，諸界相對。
⓬第十，諸類相對。
⓭以下列舉四種譬喻，顯出前十類相對出入自在。第一為鬼力持人之喻，這是比喻第一與第四。
⓮第二，符咒起動死屍的比喻，這是比喻第二、第五、第六。
⓯第三，羅漢現神通的比喻，這是比喻第三與第七。
⓰第四，大地一種而苗稼多種的比喻，這是比喻後三類。
⓱以下是入定的比喻。
⓲以下說明這種三昧境界的自在。
⓳再來舉六種譬喻解釋前面所說，第一是幻現六境的比喻，比喻前者相同及與相異之處。
⓴第二，修羅竄匿的比喻，是比喻前者粗、細及大、小二者相對。
㉑第三，農夫下種的比喻，是比喻前者的上、下及一、多相對。
㉒第四，受胎生成的比喻。

❷❸第五，龍下雲上的比喻，比喻前者有相和無相。

❷❹梵宮普現的比喻，比喻前者的入定、起定以及順、逆。

❷❺前段在說明定的體用，再來說明定的成益，並說十種利益。

❷❻以下舉譬喻顯現前面所說。

❷❼以下總結雙行，顯示權便、真實及定心、散心雙行無障礙。

【原典】

佛子！云何為菩薩摩訶薩一切眾生差別身三昧？佛子！菩薩摩訶薩住此三昧，得十種無所著。何者為十？所謂：於一切剎無所著，於一切方無所著，於一切劫無所著，於一切眾無所著，於一切法無所著，於一切菩薩無所著，於一切菩薩願無所著，於一切三昧無所著，於一切佛無所著，於一切地無所著。是為十。

佛子！菩薩摩訶薩於此三昧云何入？云何起？佛子！菩薩摩訶薩於此三昧，內身入，外身起；外身入，內身起；同身入，異身起；異身入，同身起；人身入，夜叉身起；夜叉身入，龍身起；龍身入，阿修羅身起；阿修羅身入，天身起；天身入，梵王身起；梵王身入，欲界身起；天中入，地獄起；地獄入，人間起；人間入，餘趣起；千身入，一身起；一身入，千身起；那由他身入，一身起；一身入，那由他身起；閻浮提眾生眾中入，西瞿陀尼眾生眾中起；西瞿陀尼眾生眾中入，北拘盧眾生眾中起；北拘盧眾生眾中入，東毘提訶眾生眾中起；東毘提訶眾生眾中入，三天下眾生眾中起；三天下眾生眾中入，四天下眾生眾中起；四天下眾生眾中入，一切海差別眾生眾中起；一切海差別眾生眾中入，一切海神眾中起；一切海神眾中入，一切海水大中起；一切海水大中入，一切海地大中起；一切海地大中入，一切海火大中起；一切海火大中入，一切海風大中起；一切海風大中入，一切四大種中起；一切四大種中入，無生法中起；無生法中入，妙高山中起；妙高山中入，七寶山中起；七寶山中入，一切地種種稼穡樹林黑山中起；一切地種種稼穡樹林黑山中入，一切妙香華寶莊嚴中起；一切妙香華寶莊嚴中入，一切四天下下方、上方一切眾生受生中起；一切四天下下方、上方一切眾生受生中入，小千世界眾生眾中起；小千世界眾生眾中入，中千世界眾生眾中起；中千世界眾生眾中入，大千世界眾生眾中起；大千世界眾生眾中入，百千億那由他三千大千世界眾生眾中起；百千億那由他三千大千世界眾生眾中入，無數世界眾生眾中起；無數世界眾生眾中入，無量世界眾生眾中起；無量世界眾生眾中入，無邊佛剎眾生眾中起；無邊佛剎眾生眾中入，無等佛剎眾生眾中起；無等佛剎眾生眾中入，不可數世界眾生眾中起；不可數世界眾生眾中入，不可稱世界眾生眾中起；不可稱世界眾生眾中入，不可思世界眾生眾中起；不可思世界眾生眾中入，不可量世界眾生眾中起；不可量世界眾生眾中入，不可說世界眾生眾中起；不可說世界眾生眾中入，不可說不可說世界眾生眾中起；不可說不可說世界眾生眾中入，雜染眾生眾中起；雜染眾生眾中入，清淨眾生眾中起；清淨眾生眾中入，雜染眾生眾中起；眼處入，耳處起；耳處入，眼處起；鼻處入，舌處起；舌處入，鼻處起；身處入，意處起；意處入，身處起；自處入，他處起；他處入，自處起；

一微塵中入，無數世界微塵中起；無數世界微塵中入，一微塵中起；聲聞入，獨覺起；獨覺入，聲聞起；自身入，佛身起；佛身入，自身起；一念入，億劫起；億劫入，一念起；同念入，別時起；別時入，同念起；前際入，後際起；後際入，前際起；前際入，中際起；中際入，前際起；三世入，剎那起；剎那入，三世起；真如入，言說起；言說入，真如起。

佛子！譬如有人為鬼所持，其身戰動不能自安，鬼不現身令他身然；菩薩摩訶薩住此三昧亦復如是，自身入定他身起，他身入定自身起。佛子！譬如死屍以咒力故而能起行，隨所作事皆得成就，屍之與咒雖各差別，而能和合成就彼事；菩薩摩訶薩住此三昧亦復如是，同境入定異境起，異境入定同境起。佛子！譬如比丘得心自在，或以一身作多身，或以多身作一身，非一身沒多身生，非多身沒一身生；菩薩摩訶薩住此三昧亦復如是，一身入定多身起，多身入定一身起。佛子！譬如大地其味一種，所生苗稼種種味別，地雖無差別，然味有殊異；菩薩摩訶薩住此三昧亦復如是，無所分別，然有一種入定多種起，多種入定一種起。

佛子！菩薩摩訶薩住此三昧，得十種稱讚法之所稱讚。何者為十？所謂：入真如故，名為如來；覺一切法故，名之為佛；為一切世間所稱讚故，名為法師；知一切法故，名一切智；為一切世間所歸依故，名所依處；了達一切法方便故，名為導師；引一切眾生入薩婆若道故，名大導師；為一切世間燈故，名為光明；心志圓滿，義利成就，所作皆辦❶，住無礙智，分別了知一切諸法故，名為十力自在；通達一切法輪故，名一切見者。是為十。佛子！菩薩摩訶薩住此三昧，復得十種光明照耀。何者為十？所謂：得一切諸佛光明，與彼平等故；得一切世界光明，普能嚴淨故；得一切眾生光明，悉往調伏故；得無量無畏光明，法界為場演說故；得無差別光明，知一切法無種種性故；得方便光明，於一切法離欲際而證入故；得真實光明，於一切法離欲際心平等故；得遍一切世間神變光明，蒙佛所加恒不息故；得善思惟光明，到一切佛自在岸故；得一切法真如光明，於一毛孔中善說一切故。是為十。佛子！菩薩摩訶薩住此三昧，復得十種無所作。何者為十？所謂：身業無所作，語業無所作，意業無所作，神通無所作，了法無性無所作，知業不壞無所作，無差別智無所作，無生起智無所作，知法無滅無所作，隨順於文不壞於義無所作。是為十。

佛子！菩薩摩訶薩住此三昧，無量境界種種差別。所謂：一入多起，多入一起；同入異起，異入同起；細入麁起，麁入細起；大入小起，小入大起；順入逆起，逆入順起；無身入有身起，有身入無身起；無相入有相起，有相入無相起；起中入，入中起。如是皆是此之三昧自在境界。佛子！譬如幻師，持咒得成，能現種種差別形相；咒與幻別而能作幻，咒唯是聲而能幻作眼識所知種種諸色、耳識所知種種諸聲、鼻識所知種種諸香、舌識所知種種諸味、身識所知種種諸觸、意識所知種種境界。菩薩摩訶薩住此三昧亦復如是，同中入定異中起，異中入定同中起。佛子！譬如三十三天共阿修羅鬪戰之時，諸天得勝，修羅退衄；阿修羅王其身長大七百由旬，四兵圍遶無數千萬，以幻術力將諸軍眾，同時走入藕絲孔中。菩薩摩訶薩亦復如是，已善成就諸幻智地，幻智即是菩薩，菩薩即是幻智，是故能於無差別法中入定、差別法中起，差別法中入定、無差別法中起。佛子！譬如農夫田中下種，種子在下，果生於上。菩薩摩訶薩住此三昧亦復如是，一中入定多中起，多中入定一中起。佛子！譬如男女赤白和合，或有眾生於中受生，爾時名為：歌羅邏位，從此次第，住母胎中，滿足十月；善業力故，一切肢分皆得成就，諸根不缺，心意明了；其歌羅邏與彼六根體狀各別，以業力故，而能令彼次第成就，受同異類種種果報。菩薩摩訶薩亦復如是，從一切智歌羅邏位，信解願力漸次增長；其心廣大，任運自在，無中入定有中起，有中入定無中起。佛子！譬如龍宮依地而立，不依虛空，龍依宮住，亦不在空，而能興雲遍滿空中；有人仰視所見宮殿，當知皆是乾闥婆城，非是龍宮。佛子！龍雖處下而雲布上。菩薩摩訶薩住此三昧亦復如是，於無相入有相起，於有相入無相起。佛子！譬如妙光大梵天王所住之宮，名：一切世間最勝清淨藏；此大宮中，普見三千大千世界諸四天下天宮、龍宮、夜叉宮、乾闥婆宮、阿修羅宮、迦樓羅宮、緊那羅宮、摩睺羅伽宮；人間住處及三惡道、須彌山等，種種諸山、大海、江河、陂澤、泉源、城邑、聚落、樹林、眾寶，如是一切種種莊嚴，盡大輪圍所有邊際，乃至空中微細遊塵，莫不皆於梵宮顯現，如於明鏡見其面像。菩薩摩訶薩住此一切眾生差別身大三昧，知種種剎，見種種佛，度種種眾，證種種法，成種種行，滿種種解，入種種三昧，起種種神通，得種種智慧，住種種剎那際。佛子！此菩薩摩訶薩到十種神通彼岸。何者為十？所謂：到諸佛盡虛空遍法界神通彼岸，到菩薩究竟無差別自在神通彼岸，到能發起菩薩廣大行願入如來門佛事神通彼岸，到能震動一切世界一切境界悉令清淨神通彼岸，到能自在知一切眾生不思議業果皆如幻化神通彼岸，到能自在知諸三昧麁細入出差別相神通彼岸，到能勇猛入如來境界而於其中發生大願神通彼岸，到能化作佛化轉法輪調伏眾生令生佛種令入佛乘速得成就神通彼岸，到能了知不可說一切祕密文句而轉法輪令百千億那由他不可說不可說法門皆得清淨神通彼岸，到不假晝夜年月劫數一念悉能三世示現神通彼岸。是為十。佛子！是名：菩薩摩訶薩第八一切眾生差別身大三昧善巧智。

佛子！云何為菩薩摩訶薩法界自在三昧？佛子！此菩薩摩訶薩於自眼處乃至意處入三昧，名：法界自在。菩薩於自身一一毛孔中入此三昧，自然能知諸世間，知諸世間法，知諸世界，知億那由他世界，知阿僧祇世界，知不可說佛剎微塵數世界；見一切世界中有佛出興，菩薩眾會悉皆充滿，光明清淨，淳善無雜，廣大莊嚴，種種眾寶以為嚴飾。菩薩於彼，或一劫、百劫、千劫、億劫、百千億那由他劫、無數劫、無量劫、無邊劫、無等劫、不可數劫、不可稱劫、不可思劫、不可量劫、不可說劫、不可說不可說劫、不可說不可說佛剎微塵數劫，修菩薩行常不休息；又於如是無量劫中住此三昧，亦入亦起，亦成就世界，亦調伏眾生，亦遍了法界，亦普知三世，亦演說諸法，亦現大神通，種種方便無著無礙；以於法界得自在故，善分別眼，善分別耳，善分別鼻，善分別舌，善分別身，善分別意，如是種種差別不同，悉善分別盡其邊際。菩薩如是善知見已，能生起十千億陀羅尼法光明，成就十千億清淨行，獲得十千億諸根，圓滿十千億神通，能入十千億三昧，成就十千億神力，長養十千億諸力，圓滿十千億深心，運動十千億力持，示現十千億神變，具足十千億菩薩無礙，圓滿十千億菩薩助道，積集十千億菩薩藏，照明十千億菩薩方便，演說十千億諸義，成就十千億諸願，出生十千億迴向，淨治十千億菩薩正位，明了十千億法門，開示十千億演說，修治十千億菩薩清淨。

佛子！菩薩摩訶薩復有無數功德、無量功德、無邊功德、無等功德、不可數功德、不可稱功德、不可思功德、不可量功德、不可說功德、無盡功德。佛子！此菩薩於如是功德，皆已辦具，皆已積集，皆已莊嚴，皆已清淨，皆已瑩徹，皆已攝受，皆能出生，皆可稱歎，皆得堅固，皆已成就。

佛子！菩薩摩訶薩住此三昧，為東方十千阿僧祇佛剎微塵數名號諸佛之所攝受，一一名號復有十千阿僧祇佛剎微塵數佛，各各差別；如東方，南、西、北方，四維、上、下，亦復如是。彼諸佛悉現其前，為現諸佛清淨剎，為說諸佛無量身，為說諸佛難思眼，為說諸佛無量耳，為說諸佛清淨鼻，為說諸佛清淨舌，為說諸佛無住心，為說如來無上神通，令修如來無上菩提，令得如來清淨音聲，開示如來不退法輪，顯示如來無邊眾會，令入如來無邊祕密，讚歎如來一切善根，令入如來平等之法，宣說如來三世種性，示現如來無量色相，闡揚如來護念之法，演暢如來微妙法音，辯明一切諸佛世界，宣揚一切諸佛三昧，示現諸佛眾會次第，護持諸佛不思議法，說一切法猶如幻化，明諸法性無有動轉，開示一切無上法輪，讚美如來無量功德，令入一切諸三昧雲，令知其心如幻如化、無邊無盡。

佛子！菩薩摩訶薩住此法界自在三昧時，彼十方各十千阿僧祇佛剎微塵數名號如來，一一名中各有十千阿僧祇佛剎微塵數佛同時護念，令此菩薩得無邊身；令此菩薩得無礙心；令此菩薩於一切法得無忘念；令此菩薩於一切法得決定慧；令此菩薩轉更聰敏，於一切法皆能領受；令此菩薩於一切法悉能明了；令此菩薩諸根猛利，於神通法悉得善巧；令此菩薩境界無礙，周行法界恒不休息；令此菩薩得無礙智，畢竟清淨；令此菩薩以神通力，一切世界示現成佛。

佛子！菩薩摩訶薩住此三昧，得十種海。何者為十？所謂：得諸佛海，咸覩見故；得眾生海，悉調伏故；得諸法海，能以智慧悉了知故；得諸剎海，以無性無作神通皆往詣故；得功德海，一切修行悉圓滿故；得神通海，能廣示現令開悟故；得諸根海，種種不同悉善知故；得諸心海，知一切眾生種種差別無量心故；得諸行海，能以願力悉圓滿故；得諸願海，悉使成就，永清淨故。佛子！菩薩摩訶薩得如是十種海已，復得十種殊勝。何等為十？一者於一切眾生中最為第一，二者於一切諸天中最為殊特，三者於一切梵王中最極自在，四者於諸世間無所染著，五者一切世間無能映蔽，六者一切諸魔不能惑亂，七者普入諸趣無所罣礙，八者處處受生知不堅固，九者一切佛法皆得自在，十者一切神通悉能示現。佛子！菩薩摩訶薩得如是十種殊勝已，復得十種力，於眾生界修習諸行。何等為十？一謂勇健力，調伏世間故；二謂精進力，恒不退轉故；三謂無著力，離諸垢染故；四謂寂靜力，於一切法無諍論故；五謂逆順力，於一切法心自在故；六謂法性力，於諸義中得自在故；七謂無礙力，智慧廣大故；八謂無畏力，能說諸法故；九謂辯才力，能持諸法故；十謂開示力，智慧無邊故。佛子！此十種力是廣大力、最勝力、無能摧伏力、無量力、善集力、不動力、堅固力、智慧力、成就力、勝定力、清淨力、極清淨力、法身力、法光明力、法燈力、法門力、無能壞力、極勇猛力、大丈夫力、善丈夫修習力、成正覺力、過去積集善根力、安住無量善根力、住如來力力、心思惟力、增長菩薩歡喜力、出生菩薩淨信力、增長菩薩勇猛力、菩提心所生力、菩薩清淨深心力、菩薩殊勝深心力、菩薩善根熏習力、究竟諸法力、無障礙身力、入方便善巧法門力、清淨妙法力、安住大勢一切世間不能傾動力、一切眾生無能映蔽力。佛子！此菩薩摩訶薩於如是無量功德法，能生，能成就，能圓滿，能照明，能具足，能遍具足，能廣大，能堅固，能增長，能淨治，能遍淨治。此菩薩功德邊際、智慧邊際、修行邊際、法門邊際、自在邊際、苦行邊際、成就邊際、清淨邊際、出離邊際、法自在邊際、無能說者。此菩薩所獲得、所成就、所趣入、所現前、所有境界、所有觀察、所有證入、所有清淨、所有了知、所有建立一切法門，於不可說劫無能說盡。

佛子！菩薩摩訶薩住此三昧，能了知無數、無量、無邊、無等、不可數、不可稱、不可思、不可量、不可說、不可說不可說一切三昧。彼一一三昧，所有境界無量廣大，於境界中若入、若起、若住，所有相狀，所有示現，所有行處，所有等流，所有自性，所有除滅，所有出離，如是一切靡不明見。佛子！譬如無熱惱大龍王宮流出四河，無濁無雜，無有垢穢，光色清淨猶如虛空。其池四面各有一口，一一口中流出一河，於象口中出恆伽河，師子口中出私陀河，於牛口中出信度河，於馬口中出縛芻河。其四大河流出之時，恆伽河口流出銀沙，私陀河口流❷出金剛沙，信度河口流出金沙，縛芻河口流❸出瑠璃沙；恆伽河口作白銀色，私陀河口作金剛色，信度河口作黃金色，縛芻河口作瑠璃色，一一河口廣一由旬。其四大河既流出已，各共圍遶大池七匝，隨其方面四向分流，澒涌奔馳入於大海。其河旋遶，一一之間有天寶所成優鉢羅華、波頭摩華、拘物頭華、芬陀利華，奇香發越，妙色清淨；種種華葉，種種臺蘂，悉是眾寶，自然映徹，咸放光明，互相照現。其無熱池周圍廣大五十由旬，眾寶妙沙遍布其底，種種摩尼以為嚴飾，無量妙寶莊嚴其岸，栴檀妙香普散其中，優鉢羅華、波頭摩華、拘物頭華、芬陀利華及餘寶華皆悉遍滿，微風吹動，香氣遠徹，華林寶樹周匝圍遶。日光出時，普皆照明池河內外一切眾物，接影連輝成光明網。如是眾物，若遠、若近，若高、若下，若廣、若狹，若麁、若細，乃至極小一沙一塵，悉是妙寶，光明鑒徹，靡不於中日輪影現，亦復展轉更相現影；如是眾影不增不減、非合非散，皆如本質而得明見。佛子！如無熱大池，於四口中流出四河入於大海；菩薩摩訶薩亦復如是，從四辯才，流出諸行，究竟入於一切智海。如恆伽大河，從銀色象口流出銀沙；菩薩摩訶薩亦復如是，以義辯才，說一切如來所說一切義門，出生一切清淨白法，究竟入於無礙智海。如私陀大河，從金剛色師子口流出金剛沙；菩薩摩訶薩亦復如是，以法辯才，為一切眾生說佛金剛句，引出金剛智，究竟入於無礙智海。如信度大河，從金色牛口流出金沙；菩薩摩訶薩亦復如是，以訓辭辯，說隨順世間緣起方便，開悟眾生，令皆歡喜，調伏成熟，究竟入於緣起方便海。如縛芻大河，於瑠璃色馬口流出瑠璃沙；菩薩摩訶薩亦復如是，以無盡辯，雨百千億那由他不可說法，令其聞者皆得潤洽，究竟入於諸佛法海。如四大河，隨順圍遶無熱池已四方入海，菩薩摩訶薩亦復如是，成就隨順身業、隨順語業、隨順意業，成就智為前導身業、智為前導語業、智為前導意業，四方流注，究竟入於一切智海。佛子！何者名為菩薩四方？佛子！所謂：見一切佛而得開悟，聞一切法受持不忘，圓滿一切波羅蜜行，大悲說法滿足眾生。如四大河圍遶大池，於其中間，優鉢羅華、波頭摩華、拘物頭華、芬陀利華皆悉遍滿；菩薩摩訶薩亦復如是，於菩提心中間，不捨眾生，說法調伏，悉令圓滿無量三昧，見佛國土莊嚴清淨。如無熱大池，寶樹圍遶；菩薩摩訶薩亦復如是，現佛國土莊嚴圍遶，令諸眾生趣向菩提。如無熱大池，其中縱廣五十由旬，清淨無濁；菩薩摩訶薩亦復如是，菩提之心其量無邊，善根充滿，清淨無濁。如無熱大池，以無量寶莊嚴其岸，散栴檀香遍滿其中；菩薩摩訶薩亦復如是，以百千億十種智寶嚴菩提心大願之岸，普散一切眾善妙香。如無熱大池，底布金沙，種種摩尼間錯莊嚴；菩薩摩訶薩亦復如是，微妙智慧周遍觀察，不可思議菩薩解脫種種法寶間錯莊嚴，得一切法無礙光明，住於一切諸佛所住，入於一切甚深方便。如阿那婆達多龍王，永離龍中所有熱惱；菩薩摩訶薩亦復如是，永離一切世間憂惱，雖現受生而無染著。如四大河，潤澤一切閻浮提地，既潤澤已入於大海；菩薩摩訶薩亦復如是，以四智河潤澤天、人、沙門、婆羅門，令其普入阿耨多羅三藐三菩提智慧大海，以四❹種力而為莊嚴。何者為四？一者願智河，救護調伏一切眾生常不休息；二者波羅蜜智河，修菩提行饒益眾生，去、來、今世相續無盡，究竟入於諸佛智海；三者菩薩三昧智河，無數三昧以為莊嚴，見一切佛，入諸佛海；四者大悲智河，大慈自在普救眾生，方便攝取無有休息，修行祕密功德之門，究竟入於十力大海。如四大河，從無熱池既流出已，究竟無盡，入於大海；菩薩摩訶薩亦復如是，以大願力修菩薩行，自在知見無有窮盡，究竟入於一切智海。如四大河，入於大海，無能為礙令不入者；菩薩摩訶薩亦復如是，常勤修習普賢行願，成就一切智慧光明，住於一切佛菩提法，入如來智無有障礙。如四大河，奔流入海，經於累劫亦無疲厭；菩薩摩訶薩亦復如是，以普賢行願，盡未來劫修菩薩行，入如來海不生疲厭。佛子！如日光出時，無熱池中金沙、銀沙、金剛沙、瑠璃沙及餘一切種種寶物，皆有日影於中顯現；其金沙等一切寶物，亦各展轉而現其影，互相鑒徹，無所妨礙。菩薩摩訶薩亦復如是，住此三昧，於自身一一毛孔中，悉見不可說不可說佛剎微塵數諸佛如來，亦見彼佛所有國土道場眾會一一佛所聽法、受持、信解、供養，各經不可說不可說億那由他劫而不想念時節長短，其諸眾會亦無迫隘。何以故？以微妙心，入無邊法界故，入無等差別業果故，入不思議三昧境界故，入不思議思惟境界故，入一切佛自在境界故，得一切佛所護念故，得一切佛大神變故，得諸如來難得難知十種力故，入普賢菩薩行圓滿境界故，得一切佛無勞倦神通力故。

佛子！菩薩摩訶薩雖能於定一念入出，而亦不廢長時在定，亦無所著；雖於境界無所依住，而亦不捨一切所緣；雖善入剎那際，而為利益一切眾生，現佛神通無有厭足；雖等入法界，而不得其邊；雖無所住、無有處所，而恆趣入一切智道，以變化力普入無量眾生眾中，具足莊嚴一切世界；雖離世間顛倒分別，超過一切分別之地，亦不捨於種種諸相；雖能具足方便善巧，而究竟清淨；雖不分別菩薩諸地，而皆已善入。佛子！譬如虛空，雖能容受一切諸物，而離有無。菩薩摩訶薩亦復如是，雖普入一切世間，而離世間想；雖勤度一切眾生，而離眾生想；雖深知一切法，而離諸法想；雖樂見一切佛，而離諸佛想；雖善入種種三昧，而知一切法自性皆如，無所染著；雖以無邊辯才演無盡法句，而心恆住離文字法；雖樂觀察無言說法，而恆示現清淨音聲；雖住一切離言法際，而恆示現種種色相；雖教化眾生，而知一切法畢竟性空；雖勤修大悲度脫眾生，而知眾生界無盡無散；雖了達法界常住不變，而以三輪調伏眾生恆不休息；雖常安住如來所住，而智慧清淨，心無怖畏，分別演說種種諸法，轉於法輪常不休息。佛子！是為菩薩摩訶薩第九法界自在大三昧善巧智。

註釋

❶（＊）「辦」，大正本原作「辨」，今依明、宮本改之。

❷「流」，大正本原無，今依明、宮本增之。

❸「流」，大正本原無，今依前後文意增之。

❹「四」，大正本原作「十」，今依三本及宮本改之。

大方廣佛華嚴經卷　第四十三

十定品　第二十七之四

【白話語譯】

佛子啊！❶什麼是菩薩摩訶薩無礙輪三昧？佛子啊！菩薩摩訶薩證入這禪定三昧時，安住在無障礙的身業；安住在無障礙的語業；安住在無障礙的意業；更安住在無障礙的佛國剎土。因此，得以親證無障礙成就眾生的智慧：無障礙調伏教化眾生的智慧；並放射出無障礙的光明，顯現無障礙的光明網；示現無障礙的廣大變化：轉動無障礙的清淨法輪；證得菩薩無障礙的自在；證入諸佛的威力：普遍安住在諸佛的智慧；從事諸佛的殊勝行：清淨諸佛清淨的一切淨業；示現佛陀的廣大神通，使佛陀心生歡喜：實行如來的殊勝妙行：安住如來之道；並且恆常親近無量的諸佛；從事諸佛偉大的事業；紹隆諸佛的種性。

佛子啊！❷菩薩摩訶薩安住在這三昧時，能觀察一切的智慧；總體觀照一切的智慧；分別觀察一切的智慧；隨順一切的智慧；顯示一切的智慧；攀緣一切的智慧；見到一切的智慧；總體見到一切的智慧；分別見到一切的智慧。而對於普賢菩薩廣大的願力、廣大的心念、廣大的行願、所趣向的廣大境界、所進入的廣大境界、廣大的光明、廣大的出興示現、廣大的護持憶念、廣大的變化、廣大的正道，都從不間斷退轉。沒有休息，沒有替代；沒有厭倦，沒有捨離；沒有分散，沒有混亂；恆常增進，恆常相續。為什麼呢？因為這位菩薩摩訶薩已經成就種種法門廣大的行願，並且發心實踐大乘的殊勝妙行，證入佛法的廣大方便海。所以，能用智慧的光明及殊勝的願力，實行一切菩薩的行持，並且修學不斷，善巧自在。他又具足菩薩的神通變化，能夠護持憶念一切眾生，就如同過去、未來、現在三世諸佛護持憶念眾生一般。以大悲對待眾生，所以他能夠成就如來不可變異的佛法。

佛子啊！就譬如有人將摩尼寶珠放在色彩斑爛的衣服中，這些摩尼寶珠雖然因為透明照耀而與衣服的顏色相同，但是摩尼寶珠還是不會改變自身的特性。菩薩摩訶薩也是如此，他成就智慧之後，就以智慧為心的珍寶，因此能清楚的觀察一切智慧，從不捨離菩薩的一切行願。為什麼呢？菩薩摩訶薩曾發起廣大的誓願，這些誓願都是為了利益眾生，度化解脫眾生：承接諸佛如來的佛事，清淨莊嚴所有的世界；安慰眾生，深入法海。他又為了清淨眾生，而示現大自在，布施眾生，普遍照耀一切世間。證入無邊的幻化法門，毫不退失、動轉，也毫不疲倦厭煩。

佛子啊！就如虛空能夠執持所有的世界，不管是生成或是安住，虛空都毫不厭倦。沒有羸弱，也沒有朽敗：沒有散失，也沒有損壞：沒有改變，也沒有相異。不管是什麼情形，虛空都沒有差別，不會捨離自身的體性。為什麼呢？這是因為虛空自身的體性本來如是。

菩薩摩訶薩也是如此，不管他立下了多少廣大的行願，或度化了多少眾生，他從來不會厭煩疲倦。佛子啊！就譬如涅槃，不管是在過去、未來或現在，不管有多少眾生於涅槃中得證滅度，它始終沒有厭煩疲倦。為什麼呢？因為所有一切法的根本是清淨無染的，即所謂的：涅槃。所以，涅槃怎會厭倦？菩薩摩訶薩也是如此，他為了度化解脫眾生，使他們都能出離而仍示現世間，怎會心生疲厭呢？佛子啊！就宛如諸佛的一切種智，能夠使過去、未來、現在三世的一切菩薩，不管是過去、現在或未來三世都能出生諸佛家中，直至無量眾生成就無上菩提心時都不會疲倦厭煩。為什麼呢？因為一切智慧與法界本來就是平等無二，而且也不會執著任何法。菩薩摩訶薩也是如此，他的心念平等，安住在一切智慧，所以怎麼會感到疲倦厭煩呢？

佛子啊！這位菩薩摩訶薩有一朵蓮華，這朵蓮華非常廣大，邊際幾乎等同十方世界。這花又以不可說的樹葉、不可說的珍寶、不可說的香味莊嚴；這些不可說的珍寶又各自示現其他種種聚寶。這些珍寶都十分清淨妙好，極善第一，而且境界寂靜。這朵蓮華時常放射各種顏色的光明，普遍照耀十方世界，沒有任何障礙。蓮華上方覆有真金作的網，寶鐸徐徐搖動，發出微妙的音聲。這音聲暢演著一切智慧的法門。這朵廣大的蓮華是從一切善根生起的，因此具足諸佛如來的清淨莊嚴，並且用由神通力示現十千阿僧祇種的清淨功德莊嚴外表。這朵蓮華是由菩薩的妙道所成，從一切智慧妙心中流出。所以十方世界諸佛的影像無不示現其中，世間眾生瞻仰這朵大蓮華就好像瞻仰佛塔一般，凡是看見的眾生沒有不禮拜尊敬的，他們並且能從中了知一切如幻的境界，並從正法出生，這種境界是一般凡夫眾生所無法了知。

菩薩摩訶薩結跏趺坐在這蓮華之上，他的身形恰與蓮華相稱。因為諸佛神力的加持，使菩薩身上的每一個毛孔各放射百萬億那由他不可說佛國剎土微塵數的光明。每一道光明又示現百萬億那由他數不可說佛國剎土微塵數的摩尼寶珠，這些珍寶都稱為：普光明藏。它們都有各種色相莊嚴，都是無量功德所成就的。上面並覆有以許多珍寶及花朵形成的羅網，散發出百千億那由他數殊勝美妙的香氣，彰顯無量莊嚴的色相。

另外，上方又有不可思議的珍寶莊嚴；每一個摩尼珍寶都映現百萬億那由他、不可說佛國剎土微塵數的樓閣；每一樓閣又示現百萬億那由他數、不可說佛國剎土微塵數的蓮華藏師子寶座；每一個師子寶座又示現百萬億那由他數、不可說佛國剎土微塵數的光明；每一光明又示現百萬億那由他、不可說佛國剎土微塵數的色相；每一色相又示現百萬億那由他數、不可說佛國剎土微塵數般的光明輪；每一光明輪又示現百萬億那由他數、不可說佛國剎土微塵數的毘盧那摩尼寶花；每一寶花又示現百萬億那由他數、不可說佛國剎土微塵數的臺座；每一臺座又示現百萬億那由他數、不可說佛國剎土微塵數的佛陀；每一位佛陀又示現百萬億那由他數、不可說佛國剎土微塵數的神通變化；每一神通變化又示現清淨百萬億那由他數、不可說佛國剎土微塵數的眾生；每一眾生又示現百萬億那由他數、不可說佛國剎土微塵數諸佛如來的自在；每一自在又如雨般降下百萬億那由他數、不可說佛國剎土微塵數的佛法；每一佛法又有百萬億那由他數、不可說佛國剎土微塵數的修多羅；每一修多羅又演說百萬億那由他數、不可說佛國剎土微塵數的法門；每一個法門又有百萬億那由他數、不可說佛國剎土微塵數金剛智慧入的法輪，用各種不同的言辭各別演說佛法；每一個法輪又成熟百萬億那由他數、不可說佛國剎土微塵數的眾生；每一個眾生又有百萬億那由他數、不可說佛國剎土微塵數的眾生，因佛法而得以調伏教化。

佛子啊！❸菩薩摩訶薩安住在這禪定三昧時，能示現如此的神通，以及無量的變化。因為他了知世間如幻，而沒有任何污染執著。且他安住在無邊不可說的法門，自性完全清淨。並且證得法界的實相，具足諸佛如來的種性。因此能夠無礙地示現無去無來、非先非後、完全平等一如的境界。他的智慧甚深，所以能自行悟入智慧，趣入這些現量❹的體證，完全不必經由他人啟悟教導。他從不迷惑散亂，也從不分別過去、未來、現在三世。所以諸佛無不稱讚他❺。他從諸佛的神力流出，證入一切諸佛如來的境界。他的體性如同真如實相，因此能用清淨的眼目親見這些境界。而且他的智慧之眼能普遍見到一切，並且成就佛眼而成為世間的明燈，實踐一切智慧的眼所能了知的所有境界，開示種種微妙的法門。成就菩提心❻，成為殊勝的大丈夫。在所有境界當中沒有障礙，證入智慧的種姓而出生所有的智慧。他雖然遠離所有世間雜染輪迴的受生法，卻依然以大悲心示現受生世間，並且用神通變化方便調伏眾生。因為他已獲證所有微妙的功德，了悟佛法及種種志念、欲向❼，成就圓滿，智慧廣大猶如虛空。所以能夠示現以上種種方便的法門。

他也能清楚地觀察所有聖人的境界，信行願力堅固不動，功德無窮，世人無不稱揚讚歎。他常在諸佛處所觀察法藏，並且在廣大菩提處的智慧海中，積集了許多奇妙的珍寶，所以稱得上是大智者。他的自性清淨猶如蓮華，見到的人莫不心生歡喜，並且獲得利益。他智慧的光明普遍照耀，可以得見無量的佛陀，及清淨一切的法門。所行的一切都具足了寂靜無諍的妙行❽，因此能究竟所有的佛法而無障礙。他恆常方便安住在佛陀的菩提功德行中而得出生，並且具足菩薩的智慧，成為菩薩的上首，諸佛如來無不護持憶念。他已證得佛陀的威神力，成就法身，念力難以思議，因此能專注於任何外境的因緣而毫不攀緣執著。他行願廣大，無相無礙；同等法界，無量無邊。

他得證如虛空的菩提，沒有邊際，沒有任何束縛執著，因此能在世間普遍興作佛事，饒益眾生❾。一切智慧海——善根流向之處，他也都完全通達。因為他已善巧成就清淨的布施法門，安住菩薩心，清淨菩薩的種姓；並且能夠隨順眾生及諸佛如來的菩提心，對諸佛法門都已善巧自在。又他的行願微妙難議，因為已經成就堅固不壞的力量，並具足諸佛❿自在的威神力量，眾生平時都難得聽聞。

菩薩已完全證入不二法門，所以安住在無相法門。他雖然已經永遠捨離諸相，但還是能為眾生宣說各種法門。隨順眾生心之所樂及志欲了解，使一切眾生無不調伏教化，心生歡喜。他還能以整個法界為身⓫，現證平等無二的境界，沒有任何差異與分別。他的智慧不可窮盡，志向勇猛，心念平等。他能親見一切佛陀功德的邊際，也能了知一切時劫的差別與次第相續。他還能開示所有的法門⓬，安住在所有的佛國剎土；莊嚴清淨一切諸佛剎土，示現一切正法的光明；演說三世佛法，示現一切菩薩安住的處所。

他是世間的明燈，因此能出生一切的善根。永遠出離世間，恆常出生在佛陀的處所。證得佛陀智慧的明了第一⓭，諸佛無不攝受。因此他早已側身未來諸佛的行列，從一切善友中出生。他心志欲求的一切都不會沒有結果，他的威德廣大⓮，安住在增上的意樂。凡是他所聽聞的，無不善巧演說，亦為他人開示自在聽聞妙法的善根⓯。他安住在真如實際的三輪，因此對一切法，心無障礙。他不捨離諸行。他已遠離一切的差異與分別，對一切法門毫無二念⓰，因此能夠證得智慧，滅除一切的愚痴昏闇。光明照耀一切，不敗壞一切存有而出生在一切存有之中，了知一切有的境界。從原本以來就無有任何意想造作，身業、語業、意業、業力完全沒有邊際。他雖然能隨順世俗演說種種無量的文字⑰，仍能恆常不敗壞離棄文字法門。因為他深入佛海，了知一切的法都只是假名，因此能不執著任何境界。他了知一切的法是空無所有的⑱，因此修行的一切行願莫不是從法界中所生，就像虛空無相無形。菩薩深入法界並隨順緣起演說諸法，能從一個境界出生一切的智慧。觀察佛陀的十力，而用智慧精勤修學⑲，並用智慧作為橋樑到達諸佛一切種智的薩婆若境地。以智慧眼澈見佛法無礙，善巧證入一切境界。並了知各種法義⑳，明白了知所有的法門、所有的大願沒有不成就的。

佛子啊！㉑菩薩摩訶薩以此開示諸佛沒有差別的體性，這是無障礙的方便之門。從這能夠出生菩薩大眾的集會，這法門是三昧的境界。這個法門能夠勇猛進入諸佛的一切種智，及開示顯現一切三昧法門。無障礙的普遍進入一切剎土，調伏教化一切眾生，及安住無有任何眾生的境界，也能開演示現一切佛法。雖然如此，他在一切境界仍了無所得。雖然他能在一切時劫演說開示，但卻能遠離妄想及差異分別。他雖然了知諸法都沒有任何造作，但仍能示現一切造作之業。他雖然了知諸佛沒有內、外二相，但仍能示現諸佛。他雖然了知無色，卻能演說諸色。他雖然了知無受，卻仍能演說諸受。他雖然了知無想，卻能演說一切諸想。雖然了知無行，卻仍能演說一切諸行。他雖然了知無識，卻能演說一切諸識，恆常以法輪開示。他雖然了知諸法無生，而卻仍不斷轉動法輪。他雖然了知佛法無差異分別，卻仍能演說各種差別法門。

他雖然了知一切法沒有生起與滅失，而卻能演說一切生起與滅失之相。他雖然了知一切法門粗細之相。他雖然了知一切法門沒有上、中、下之分，而卻仍能宣說最上乘的法。他雖然了知一切法門不可言說，而卻仍能演說清淨的言辭。雖然他了知一切法門沒有內外之分，卻仍能演說一切內外法門。雖然他了知諸法不可了知，而卻仍能演說各種智慧的觀察。雖然他了知一切法門毫不真實，卻仍能演說出離世間的真實要道。雖然他了知一切法門畢竟無窮盡，卻仍能演說盡所有的有漏法。雖然他了知一切法門既不相違也沒有諍論，然而也不是沒有自他的差別。雖然他了知一切的法門，畢竟證得無師的智慧，卻仍能尊敬所有師長。雖然他了知一切法門不必經由他人的教導而得到，卻仍能尊敬所有的善知識。雖然他了知佛法是沒有動轉，而卻仍能轉動法輪。雖然他了知佛法沒有生起，而卻仍能示現一切的因緣。雖然他了知一切法門沒有前際，而卻仍廣大宣說過去。雖然他了知一切法門沒有後際，而卻能廣大宣說未來。雖然他了知一切法門沒有中際，而仍廣大宣說現在。雖然他了知一切法門沒有造作者，而卻能演說所有造作的業。

雖然他了知一切法門沒有因緣，卻仍能演說各種因緣集聚的原因。雖然他了知一切法門沒有所謂的平等或比較的問題，卻仍能演說平等及不平等的道理。雖然他了知一切法門沒有言語說辭，卻仍能決定演說過去、未來、現在三世的佛法。雖然他了知一切法毫無所依，卻仍能演說依止善法而出離的道理。雖然他了知佛法無身，卻仍廣為宣說法身。雖然他了知過去、未來、現在三世諸佛無邊，卻仍演說法界只有一位真實佛陀的法要。雖然他了知諸法無色，卻仍示現種種色相。雖然他了知佛法無見，卻仍廣大宣說諸見。雖然他了知佛法無相，卻仍演說種種相貌。雖然他了知一切法沒有境界，卻仍廣為宣說智慧的境界。雖然他了知一切法門無二無別，卻仍演說諸行及果報的種種差異分別。雖然他了知一切法門沒有出離，卻仍宣說一切清淨的出離行。雖然他了知一切法門本來常住，卻仍演說一切流轉的法門。雖然他了知一切法門沒有照耀及光明，卻仍不斷廣大宣說光明照耀的佛法。

佛子啊！㉒菩薩摩訶薩證入如此廣大威德的三昧智慧輪時，能證得一切的佛法，趣入一切佛法。能成就、圓滿、積集、清淨、安住、了知通達，與一切佛法的自性相應。而這位菩薩摩訶薩不會想下面這些事情：世界上到底有多少的菩薩眾；多少的菩薩法；多少的菩薩究竟；多少種幻化的究竟；多少種化現的究竟；多少種神通力的成就；多少種智慧的成就；多少種思惟；多少種證入；多少種趣向；多少種境界。因為這一切境界，都是以無念般若證得的，遠離一切的境相與計量。為什麼呢？因為菩薩三昧如此的體性，如此無邊、如此殊勝。

這位菩薩三昧的種種境界、種種威力、種種深刻的證入，就是：證入不可說的智慧法門；證入遠離分別的所有莊嚴；證入無邊殊勝的波羅蜜；證入無數的禪定境界；證入百千億那由他數不可說的廣大智慧；證入親見無邊佛陀殊勝微妙的法藏；證入境界從不休息；證入清淨信仰解悟的助道法門；證入諸根勇猛銳利的廣大神通；證入心無障礙的境界；證入親見諸佛的平等眼目；證入積集普賢菩薩殊勝心志的行願；證入安住那羅延微妙智慧的身軀；證入演說諸佛如來的智慧海；證入生起無量自在的神通變化；證入生出一切佛陀無窮盡的智慧法門；證入安住一切佛陀現前的境界；證入清淨普賢菩薩的自在智慧；證入開示無比的普門智慧；證入普遍了知法界一切微細的境界；證入普遍示現法界一切微細的境界；證入一切殊勝的智慧光明；證入一切自在的邊際；證入一切辯才法門的邊際；證入遍及法界的智慧身相；證入成就一切處所的遍行妙道；證入善巧安住在一切差別三昧；證入了知諸佛如來的心念。

佛子啊！㉓這位菩薩摩訶薩安住在普賢的殊勝妙行時，念念都能證入百億不可說的三昧境界。然而還未能證見圓滿普賢菩薩的三昧，以及佛陀境界的微妙莊嚴的前際境界。為何他能證得這境界呢？因為他了知一切法門究竟無窮盡；了知一切佛國剎土無邊際；了知一切眾生不可思議；了知往昔前際無始；了知未來是無窮盡的；了知現在窮盡整個虛空，乃至遍及法界都是無邊無盡的；了知諸佛如來不可思議；了知菩薩的行願無數；了知諸佛辯才演說的境界是不可說、無邊際的；了知一切幻化心念所緣的法門無量。佛子啊！就宛如如意的寶珠，可以隨著任何眾生的希求，而隨心自在地供給他們所需要的一切。希求的人即使無窮盡、欲念無止都能滿足他們，從來不會匱乏歇止。

菩薩摩訶薩也是如此。證入這三昧時，了知心念如幻，所以能周遍而無窮盡地出生一切的法門，不曾匱乏，也不會歇息。為什麼呢？因為菩薩摩訶薩成就了普賢菩薩無障礙行願的智慧時，觀察無量的廣大幻境都如影像，既不會增加，也不會減少。佛子啊！就譬如凡夫，各自生起的念頭，不管是已生起的、現在生起的以及未來當會生起的，沒有邊際、沒有間斷，也沒有窮盡。他們的心念流轉相續，從不斷絕，不可思議。菩薩摩訶薩也是如此，證入這普幻法門的三昧時，沒有邊際、不可測量。為什麼呢？因為他已了知通達普賢菩薩普幻法門之無量法。

佛子啊！就譬如難陀、跋難陀、摩那斯龍王及其餘的大龍王在降雨時，下雨如車軸般輪轉無盡，沒有邊際。雖然他如此降雨，但是雨卻不曾下盡，這就是所有大龍王無造作的示現。菩薩摩訶薩也是如此，安住在這三昧時，證入普賢菩薩所有的三昧法門、智慧法門、得見諸佛如來的法門、來往所有方所的法門、心念自在的法門、加持的法門、神通變化的法門、神通力的法門、幻化的法門、一切法門如幻的法門、不可說不可說一切菩薩充滿的法門、親近不可說不可說佛國剎土微塵數如來的正覺法門。證入不可說不可說廣大幻化的法門，了知不可說不可說廣大佛國剎土彼此差別的法門；了知不可說不可說有體性及無體性世界的法門；了知不可說不可說眾生欲想的法門；了知不可說不可說時劫的差別法門；了知不可說不可說世界生成到敗壞的法門；了知不可說不可說覆蓋安住與上仰安住諸佛的剎土法門，菩薩在一念之間就能如實了知。如此證入時，沒有邊際也沒有窮盡，不會疲倦，也不感厭煩，不曾間斷停止，更不會退轉忘失。

他在諸法中不曾安住非處，只是恆常端正地思惟，不昏沉掉舉㉔。他為了求取一切的智慧，恆常不退轉捨離眾生。始終作為照耀一切佛國剎土的明燈，並轉動不可說不可說的法輪。他能以微妙的辯才詢問諸佛如來，並且窮盡時劫示現成就佛道，沒有邊際。從不廢棄捨離調伏教化眾生，又時常精勤修習普賢菩薩的行願，未曾休息。示現無量不可說不可說的色相身，從不斷絕。

為什麼呢？就譬如點燃火焰一般，火焰點燃因緣時，生起後就不會熄滅。菩薩摩訶薩也是如此，他觀察眾生界、法界、世界猶如虛空沒有邊際，但是卻能夠在一念之間，前往不可說不可說佛國剎土微塵數的佛陀處所。並在每一個佛陀處所證入不可說不可說一切智慧的差別法門，使不可說不可說的眾生出家成就佛道，精勤修習善根，究竟清淨。使不可說不可說菩薩在普賢菩薩的行願中未決定的能夠決定，而安住普賢菩薩智慧的法門。並以無量的方便，證入不可說不可說的過去、未來、現在三世的生成、安住、敗壞廣大差別的時劫。而在不可說不可說的成劫、住劫、壞劫世間的差別境界，生起大悲心及廣大的行願，調伏無量眾生，使他們皆無有殘餘漏失。

為什麼呢？這位菩薩摩訶薩為了度化解脫眾生，修習普賢菩薩行願，生出普賢菩薩的智慧，並滿足普賢菩薩所有行願。因為這個緣故，所有的菩薩應該在如此的種類㉕；如此的境界；如此的威德；如此的廣大；如此的無量；如此的不思議；如此普遍光明的照耀；如此的諸佛現前安住；如此一切如來護持憶念；如此成就往昔的善根；如此所有菩薩的心念無障礙也不動轉。而勤加修習三昧，遠離所有因痛苦而身熱心惱的苦業。沒有疲倦厭煩，心不退轉，建立甚深的志向與欣樂。勇猛精進，毫不膽怯，隨順三昧證入難思議的智慧地。不依於文字，不執著世間。不攝取諸法，不心生分別。不染垢與執著世事，不分別境界。安住諸法的智慧，而不稱量分別。

也就是；親近一切的智慧，悟解佛陀的菩提。成就法的光明，布施眾生善根。救拔眾生出離魔界。使眾生得以證入佛法，使眾生不捨離廣大的行願，精勤觀察出離之道。增廣清淨的境界，成就所有度化眾生的事業。對一切佛陀心生深切的信仰及解悟，時常觀察佛法的體性，片刻毫不捨離。並了知自身與諸法的體性都是平等無二。明了世間造作的一切，而示現眾生如法的智慧方便。時常精進而沒有休息。觀察自身鮮少善根，精進增長他人的善根。自己修行一切智慧，精勤增長菩薩的境界。並樂於親近善知識，與一切善知識共同修行並且共同安止居住。不分別佛陀，不捨離正念。時常安住平等的法界。了知一切的心識猶如幻化，了知世間諸行如同夢幻，了知諸佛如來示現的願力也如影如幻，了知所有廣大的業力都是幻化不實，了知言語如同聲響，觀察諸法的一切如同夢幻，了知一切生起及滅失的法門都如同音聲虛幻不實。了知安住的一切佛國剎土都沒有體性。為了請問如來佛法從不疲倦，為了開悟一切世間所有眾生，勤加教誨而不捨離。為了調伏教化眾生，善知時機演說佛法而不休息。

佛子啊！菩薩摩訶薩如此修行普賢菩薩行願時，能夠如此圓滿菩薩的境界，通達出離之道。受持過去、未來、現在三世的佛法，觀察一切智慧法門，思惟不變異的法門。光明潔淨的增上心志欣樂。信仰解悟一切如來，了知佛陀廣大的威神力。決定沒有任何障礙的心，攝受一切眾生。

佛子啊！㉖菩薩摩訶薩證入普賢菩薩安住的廣大智慧三昧時，十方各有不可說不可說的佛國剎土。每一個佛國剎土各有不可說不可說的佛國剎土微塵數的如來名號，每一個名號各有不可說不可說佛國剎土微塵數的諸佛示現在菩薩摩訶薩面前。賜予他如來的念力，使他不忘失如來的境界；賜予他一切法門究竟的智慧，使他證入一切的智慧。賜予他了知一切法門義理的決定智慧，使他能受持佛法而趣入無礙的境界。又給他無上佛陀的菩提，使他證入智慧開悟的法界。又給他菩薩究竟的智慧，使他能夠證得佛法的光明，沒有絲毫黑暗。又給他菩薩不退轉的智慧，使他了知什麼是合適的時機，什麼是不恰當的時機，以善巧方便調伏教化眾生。又給予無障礙菩薩的辯才，使他開悟並了解無邊的佛法，以演說窮盡無餘的力量。又給予神通變化力，使他示現種種不可說不可說差別身及無邊色相，來開悟眾生。又給予他圓滿的言語及聲音，使他示現不可說不可說的差別音聲及種種言語文體開悟眾生。又給予他一切所作絕不空過、功不唐捐的力量，使凡是見到或只是聽聞他名號的眾生，都完全成就沒有空過。

佛子啊！菩薩摩訶薩如此圓滿具足普賢菩薩的行願，所以能證得如來的力量，清淨出離，圓滿一切智慧，再以無礙的辯才神通變化，究竟調伏教化眾生。他又具足佛陀的威德，因此能夠清淨普賢菩薩的行願，安住普賢之道，窮盡未來際，都只為了調伏教化眾生，轉動一切佛陀的微妙法輪。為什麼呢？

佛子啊！這位菩薩摩訶薩成就如此殊勝廣大的行願時，就可說是世間眾生的法師，世間的法日，世間智慧的月華，巍然高出其餘眾山，堅固不動搖的須彌山王；一切世間無邊的智慧海；照耀無邊，相續而不斷絕的正法明燈。並且能為眾生開示無邊的清淨功德，使他們都安住在善根功德。隨順一切的智慧，平等無二地修習普賢菩薩廣大的行願。並且勸發眾生，安住在不可說不可說的廣大行願三昧，而示現大自在。

佛子啊！這位菩薩摩訶薩證得如此的智慧時，也證得如此的法門。因此能在如此的大法中審察安住、明澈證見。獲得如此的神力，安住在如此的境界。示現如此的神通變化，生起如此的神通。他時常安在大悲，恆常利益眾生，開示眾生安穩的正道，建立福德智慧的廣大光明幢。他又證得不思議的解脫，安住在一切智慧的解脫。到達諸佛解脫的彼岸，學習不思議的解脫方便法門。他並且已經成就證入法界的差別法門，沒有任何錯雜紛亂。因此能夠遊戲自在於普賢菩薩不可說不可說的三昧，安住在如獅子奮迅般的勇猛智慧，心意無礙。並且恆常安住在十大法藏。

是哪十大法藏呢？就是；一、安住憶念諸佛如來。二、安住憶念佛法。三、安住調伏教化一切眾生的大悲。四、安住示現不思議清淨佛國剎土的智慧。五、安住深刻趣入諸佛境界的決定解悟。六、安住過去、未來、現在三世諸佛平等一相的菩提。七、安住無礙無執的際分。八、安住佛法的無相體性。九、安住過去、未來、現在諸佛平等的善根。十、安住過去、未來、現在一切如來法界無差別身業、語業、意業為先導的智慧。安住觀察過去、未來、現在三世諸佛的受生、出家、參訪道場、成就正覺、轉法輪、般涅槃等都能完全趣入一剎那之際。佛子啊！這十大法藏廣大無量、不可數、不可稱、不可思、不可說、無窮盡、難忍受，一切世間的智慧都不能夠稱揚述說得完。

佛子啊！這位菩薩摩訶薩已到達普賢菩薩諸行的彼岸，得證清淨的法門。因此能以廣大的心志力量，開示眾生無量的善根。增長菩薩的一切勢力，念念都能圓滿具足菩薩的一切功德，成就菩薩一切的諸行。得證諸佛的陀羅尼法門，受持諸佛所演說的。但他雖然時常安住真如實相，卻仍能隨順世俗的言說，示現調伏教化眾生。為什麼呢？因為菩薩摩訶薩安住在這三昧法門。佛子啊！菩薩摩訶薩能以這三昧，證得佛陀的廣大智慧，證得善巧演說一切廣大佛法的自在辯才。得證世間最殊勝清淨無畏的法門，證入並獲得一切三昧智慧。得證一切菩薩的善巧方便，得到一切佛法的光明法門。到達安慰一切世間法門的彼岸，了知一切合宜的時機與不合宜的時機。並照耀十方世界一切處所，使一切眾生獲得最殊勝的智慧。又作一切世間無上的導師，安住所有的功德。開示眾生清淨的三昧，使眾生證入最上的智慧。

為什麼？因為菩薩摩訶薩如此修行時，能夠利益眾生，增長大悲；親近善知識，親見一切佛陀；了知一切法門，詣見一切佛國剎土；證入一切方所，趣入一切的世間；了悟一切法門的平等體性，知曉一切佛陀的平等體性；安住一切智慧的平等體性。能在此法中從事淨業，而不造作其餘的行業。他又安住勤求佛陀智慧從不滿足的心，安住在不散亂的心念；安住專一的心念，安住勤加修行的心；安住決定心，安住不變異的心中。念念都如此思惟、如此作業、如此究竟。

佛子啊！㉗菩薩摩訶薩所說的語言無相異差別、作為無相異差別，因此語言如實、作為如實。為什麼呢？就譬如不敗壞的金剛，無人能壞，因此才稱為金剛。不壞的體性若變得可壞，就不會稱為金剛。菩薩摩訶薩也是如此，他以所有的行願及法門而證得這個名號，絕不會離開這些行願及法門。

就譬如真金㉘，是因為它美妙的顏色而得到這個稱號，它絕不會失去這美妙的顏色。菩薩摩訶薩也是如此，以所有的善業行而獲得菩薩摩訶薩的名號，所以他片刻都不會離開這些善業。

就又如大日天子㉙，以光明的日輪而獲得大日天子的名號，所以他絕對不會遠離光明日輪。菩薩摩訶薩也是如此，以智慧的光明而獲得名號，因此他絕不會遠離智慧光明。

就又如須彌山王㉚，是以四寶峰處於大海，迴然高出海面而得到須彌山王的名號，所以他絕不可能捨棄遠離四寶峰。菩薩摩訶薩也是如此，以諸善根處於世間，迴然高出而得到菩薩的名號，絕不會捨離善報。

就又如大地㉛，因為能夠受持一切而被稱為大地，所以它絕不會捨棄遠離能夠受持之特性。菩薩摩訶薩也是如此，因為度化一切而獲得這個名號，所以他絕不會捨棄遠離大悲。

就譬如大海㉜，以含受眾水而獲得大海的名號，所以大海絕對不可能捨棄遠離海水。菩薩摩訶薩也是如此，是以諸廣大的行願而獲得菩薩名號，所以絕對不會片刻捨棄度化眾生的行願。

就譬如將軍㉝，是以嫻熟戰鬥的方法而獲得將軍的名號，所以他絕對不會捨棄遠離這種天分。菩薩摩訶薩也是如此，他以嫻熟如此的三昧而獲得菩薩的名號，乃至成就一切智的智慧，所以他片刻都不會捨棄遠離這個行願。

就如同轉輪王㉞，管理四天下的一切，恆常勤加守護眾生，使眾生都無橫死，而能不斷享受快樂。菩薩摩訶薩也是如此，他證入如此等等的所有廣大三昧時，仍勤於度化眾生，乃至使一切眾生究竟清淨。

就又如種子須種在土裡㉟才能增長莖葉。菩薩摩訶薩也是如此，修習普賢菩薩的行願從不斷絕，乃至於使一切眾生增長善法。

就譬如大雲在夏季時才會降下大雨㊱，增長所有的種子。菩薩摩訶薩也是如此，證入如此等等的廣大三昧，修習菩薩的行願，雨下大法雨。乃至能夠使一切眾生究竟清淨、究竟涅槃、究竟安穩、究竟到達彼岸、究竟歡喜、究竟斷除疑惑，是所有的眾生的究竟福田。能使眾生布施的業行都得清淨；使眾生都安住在不退轉的道業；使眾生都得一切智的智慧；使眾生都能出離三界；使眾生都得到究竟的智慧；使眾生都得到諸佛如來究竟的法門，並安置眾生在一切智慧的處所。

為什麼呢？因為菩薩摩訶薩成就這個法門時，能以明白了知的智慧，證入法界的法門，清淨菩薩不可思議的無量諸行。就是：因為他能夠清淨所有的智慧，求得一切的智慧；因為他能夠清淨眾生，調伏教化眾生；因為他能夠清淨佛國剎土，時常迴向；因為他能夠清淨諸法，普遍了知；因為他能夠清淨無畏，不會怯弱；因為他能夠清淨無障礙的辯才，善巧演說；因為他能夠清淨陀羅尼法門，在一切法門當中獲得自在；因為他能夠清淨親近諸善知識的行願，恆常見到諸佛出興世間。

佛子啊！菩薩摩訶薩安住在這三昧時，證得如此同等百千億那由他數不可說不可說的清淨功德。因此能獲得如此自在的三昧，為一切諸佛所加持守護。他能從善根流出力量，證入智慧地的廣大威力。他為善知識引導的力量，能夠摧毀降伏所有的魔力。因為他等同其分的善根淳厚清淨，誓願廣大欲樂力，所種善根力量成就，超出一切世間無窮盡福德的無雙無對力量。佛子啊！菩薩摩訶薩安住在這三昧時，證得十種法門，等同過去、未來、現在一切諸佛。是哪十種法門呢？就是；一、獲得所有等同諸佛好相的種種莊嚴。二、能夠放射等同諸佛的清淨大光明網。三、能等同諸佛以神通變化調伏教化眾生。四、能等同諸佛以無邊的色身，清淨圓滿音聲。五、能等同諸佛隨順眾生的業行而示現清淨的佛國剎土。六、能等同諸佛攝持眾生所有的語言不忘失。七、能以等同諸佛的無窮盡辯才隨順眾生的心念動轉法輪，使他們生起智慧。八、大獅子吼等同諸佛無所怯弱畏懼，因此能用無量的法門開悟眾生。九、一念之間，就能以同等諸佛的廣大神通普遍趣入過去、未來、現在三世。十、能以同等諸佛的能力普遍為眾生示現諸佛的莊嚴、諸佛的威神力、諸佛的境界。

這時，普眼菩薩對普賢菩薩說：

佛子啊！這位菩薩摩訶薩已得如此等同諸佛的法門，但是為什麼還不能稱為佛陀？還不能稱為十力？還不能稱為一切智？還不能稱為一切法中得證菩提者？為什麼還不能稱為普眼？還不能稱為一切境中無礙見者？為什麼還不能稱為覺一切法？還不能稱為與三世佛無二住者？為什麼還不能稱為住實際者？為什麼修行普賢菩薩的行願未曾休息？為什麼還不能究竟法界而捨離菩薩道？

這時，普賢菩薩告訴普眼菩薩說：

善哉！佛子！就如同你所說的，如果這位菩薩摩訶薩等同諸佛，為什麼還不能稱為佛陀？乃至於還不能捨棄菩薩道？佛子啊！如果這位菩薩摩訶薩已經能夠修習過去、未來、現在三世一切菩薩的種種行願，證入智慧的境界，則能稱為佛陀。但是他卻還在諸佛處所修習菩薩行而沒有休息，所以還是稱為菩薩。

凡能證入諸佛如來所有力量的，就可以稱為十力。他雖然成就十力，但仍修行普賢菩薩的行願而沒有休息，所以仍稱為菩薩。

凡能了知一切法而演說者，就可以稱為一切智。他雖然也能夠演說所有的法門，但在每一法門中仍然善巧思惟，不曾歇止，所以名為菩薩。

凡了知一切的法門沒有二相者，就可以稱為了悟一切法門。但菩薩對於二相、不二相的所有法門差異分別，仍然善巧觀察，輾轉增勝，沒有休息，所以稱為菩薩。

已經能夠明見普眼境界的，就稱為普眼。他雖能證得普眼的境界，但因他念念增長，未曾休息，所以說名為菩薩。

凡能光明照耀一切法，遠離所有黑暗障礙的，就稱為無礙見。因為他仍須時常勤加憶念見無礙的人，所以仍稱為菩薩。已經得到諸佛如來智慧眼目的，就可以稱為覺一切法。但是他仍不放逸地觀察諸如來正覺智慧的眼目，所以稱為菩薩。

安住在佛陀所安住之處，與佛陀沒有分別的，就可以稱為與佛無二住者。但因為他仍為佛陀所持受而修習諸多智慧，所以稱為菩薩。

時常觀察一切世間真如實際的，就可以稱為住實際者。他雖然時常觀察諸法的真如實際卻不證入，也不捨棄遠離，所以稱為菩薩。

不來也不去，無同也無異，凡永遠止息這種種分別的，就可以稱為休息願者。但他仍廣大地修習，圓滿而不退轉，所以名為未息普賢願者。

了知法界沒有邊際，諸法只有一相——無相的，就可以稱為究竟法界捨菩薩道。雖然他了知法界沒有邊際，也清楚了知種種差異相，但仍發起大悲心，度化一切眾生，窮盡未來際，沒有疲倦與厭煩，所以仍稱為普賢菩薩。

佛子啊！就譬如伊羅鉢那象王住在金脇山的七寶窟時，七寶窟周圍以七種珍寶作為欄楯，寶多羅樹次第排列，其上又覆有真金羅網。大象潔白的身軀如同白雪，象身上安立金幢，以其金作為瓔珞。覆有珍寶作成的網覆於象鼻上，還有寶鈴垂下，七肢成就，六牙具足並且端正充滿。看到的人無不欣羡喜樂，調良善順，心念沒有任何過失。如果天帝釋想要遊行，象王就會知道他的心意，並且隱沒身形，來到忉利天主面前，再以神通力示現種種變化，化現三十三個頭顱。而每一個頭顱又化現七隻象牙，每一隻象牙又化現七座池子。每一個池子又有七朵蓮華，每一朵蓮華又有七采女，同時演奏千百種天樂。這時，帝釋天王乘著這寶象，從難勝殿前往花園，這花園中遍滿著芬陀利花。帝釋天王來到花園之後，從象背上下來，進入一切寶莊嚴殿，有無量的采女侍從，以歌唱吟詠供他受用快樂。這時，象王又再以神通力隱去象的身形，化現天人的身形，與三十三天的天人以及所有采女，在芬陀利花園中歡喜遊戲。它示現的身相、光明的衣服，往來進退、言語談笑、外形觀瞻，與天人無二無別。無人能夠區別這隻象王與這些天人，而這象王與天人簡直是完全相似。

佛子啊！那個伊羅鉢那象王，在金脇山七寶窟中並沒有任何變化，直到三十三天以上。為了供養釋提桓因，而化現種種可供娛樂之物，受用天人的快樂，與天人無異。佛子啊！菩薩摩訶薩也是如此，修習普賢菩薩的行願以及所有的禪定三昧，作為所有寶貴莊嚴的器具。以七菩提分別作為菩薩的身形，以它放射的光明為網，建立廣大的法幢，敲鳴大法鐘。以大悲心作為洞窟，以堅固的大願作牙，無畏的智慧如同獅子。以法續繫在頂上，並開示秘密的法門，到達所有菩薩的彼岸。

菩薩為了安處菩提的寶座以成就一切智，證得最正覺，增長普賢菩薩廣大的行願。從不退轉休息，不斷絕也不捨棄大悲精進。窮盡未來際，度化解脫一切苦惱眾生。因此不捨棄普賢的道行；又為了現前成就最正覺，示現不可說不可說的成就正覺法門；示現不可說不可說的轉法輪法門；示現不可說不可說安住深心的法門。在不可說不可說的廣大佛國剎土，示現涅槃變化的法門；在不可說不可說的差別世界，示現受生，修習普賢菩薩的行願；又示現不可說不可說諸佛，在不可說不可說廣大佛國剎土菩提樹下成就正等正覺，並有不可說不可說的菩薩眾親近圍繞。

或在一念之間，修習普賢菩薩行願而成就正等正覺。或在片刻之間；或在一時之間；或在一日之間；或在半個月之中；或在一年之中；或在無數年之中；或在一個時劫，如此乃至於到不可說不可說的時劫，修習普賢菩薩的行願而成就正覺。又在一切佛國剎土作為上首，親近佛陀，頂禮供養。請問佛陀，觀察如幻的境界，清淨修習菩薩無量的諸行、無量的智慧、各種神通變化、各種威德、各種智慧、各種境界、各種神通力、各種自在、各種解脫、各種法門的光明、各種教化調伏的法門。

佛子啊！菩薩摩訶薩的本身不會滅失，所以能以行願的力量，在一切處所如此的變化示現。為什麼呢？因為他想以普賢菩薩的自在威神力調伏教化眾生，使不可說不可說的眾生都得清淨。使他們永遠斷除生死輪迴，莊嚴清淨一切廣大的世界。時常見到諸佛，深入一切佛法之流。憶念過去、未來、現在三世所有佛陀的種性，憶念十方世界佛法及法身。普遍修習並且圓滿菩薩所有的行願，證入普賢菩薩之流，自在證得一切智慧。佛子啊！您應當觀察這菩薩摩訶薩不捨棄普賢菩薩的行願，不斷絕菩薩道，親見一切佛陀，證得一切智慧，自在受用一切智慧法門。如同伊羅鉢那象王不捨棄象的身軀，而仍能前往三十三天作為天人的騎乘，享受天人的快樂。同天人遊戲，承事天主，與天人及采女一同歡喜娛樂，如同天人一般，沒有差別。

佛子啊！菩薩摩訶薩也是如此，不捨棄普賢菩薩大乘的所有諸行，誓願從不退轉。因此能證得佛陀的自在，具足一切的智慧。證得佛陀的解脫無礙，成就清淨。而在所有佛國剎土沒有任何染垢執著，不會分別佛法。雖然他了知諸法普遍平等，沒有二相，但仍能夠恆常光明澈見一切佛國剎土。雖然他等同過去、未來、現在三世諸佛，但仍修習菩薩行願相續不絕。佛子啊！菩薩摩訶薩安住在這個普賢菩薩行願的廣大法門時，應當了知此人心意已經清淨。

佛子啊！這就是菩薩摩訶薩第十無障礙法輪大三昧的殊勝心與廣大智慧。

佛子啊！這就是菩薩摩訶薩所安住的普賢行願十大三昧輪。

【註釋】

❶這段在說明第十無礙輪三昧，和進入這個三昧時的方便。
❷再來說明三昧的智用，有四段。剛開始總攝佛之功德，也就是如來二十一種殊勝。
❸再說明通達無相之法。
❹現量不雜染分別思慮，純粹直覺的認識。
❺這段在說明居於佛位的功德。
❻這段在說明證得佛平等的功德。
❼這段在說明到達無障礙處的功德。
❽這段在說明不可轉之法的功德。
❾這段在說明所行無礙的功德。
❿這段在說明安立諸法不可思議的功德。
⓫這裡在說明普見過去、現在、未來三世。
⓬這裡在說明菩薩身恆常充滿一切國土。

⓭這段在說明菩薩的智慧，能明白了達諸法。
⓮下一句在說明菩薩能能了知一切行。
⓯再來說明菩薩能去除一切疑惑。
⓰這裡在說明無有能測菩薩身者。
⓱這裡在說明菩薩所求的智慧。
⓲這裡在說明菩薩到達佛陀的究竟彼岸。
⓳這裡在說明菩薩具足如來的平等解脫。
⓴這裡在說明菩薩得證無中、邊的佛平等地。
㉑這裡在說明窮盡法界。
㉒這裡在說明證入諸法。
㉓這裡在說明普遍的功德無盡。
㉔沉，昏沉；舉，掉舉的意思。不沉不舉是指心不昏沉又不散亂。
㉕以下結論是在勸勉修行。
㉖以下是禪定的圓滿，在說其功德。
㉗以下舉十個比喻，解釋菩薩之所以為菩薩。第一是金剛不壞之喻，顯示菩薩行體的堅牢。
㉘第二是真金妙色的比喻，表示以善業裝飾外表。
㉙第三是日輪光明的比喻，以顯示智慧圓滿光明。
㉚第四是須彌四峰的比喻，以表示菩薩的善根超出。

㉛第五是大地能持萬物的比喻，以顯示大悲能荷負之力。

㉜第六是大海含水的比喻，以顯示大願能普育萬物。

㉝第七是將軍明了戰術之喻，以顯示菩薩沒有一時會捨棄如是的三昧。

㉞第八是轉輪聖王護世的比喻，表示菩薩的定力清淨，眾生皆能感受。

㉟第九是植物生長的比喻，以顯示菩薩行能增長眾生善根。

㊱第十是時雨滋生種子的化喻，以顯示法雨普成萬物。

【原典】

佛子！云何為菩薩摩訶薩無礙輪三昧？佛子！菩薩摩訶薩入此三昧時，住無礙身業、無礙語業、無礙意業，住無礙佛國土，得無礙成就眾生智，獲無礙調伏眾生智，放無礙光明，現無礙光明網，示無礙廣大變化，轉無礙清淨法輪，得菩薩無礙自在，普入諸佛力，普住諸佛智，作佛所作，淨佛所淨，現佛神通，令佛歡喜，行如來行，住如來道，常得親近無量諸佛，作諸佛事紹諸佛種。

佛子！菩薩摩訶薩住此三昧已，觀一切智，總觀一切智，別觀一切智，隨順一切智，顯示一切智，攀緣一切智，見一切智，總見一切智，別見一切智，於普賢菩薩廣大願、廣大心、廣大行、廣大所趣、廣大所入、廣大光明、廣大出現、廣大護念、廣大變化、廣大道，不斷不退，無休無替，無倦無捨，無散無亂，常增進，恆相續。何以故？此菩薩摩訶薩於諸法中，成就大願，發行大乘，入於佛法大方便海；以勝願力，於諸菩薩所行之行，智慧明照皆得善巧，具足菩薩神通變化，善能護念一切眾生；如去、來、今一切諸佛之所護念，於諸眾生恆起大悲，成就如來不變異法。佛子！譬如有人以摩尼寶置色衣中，其摩尼寶雖同衣色，不捨自性。菩薩摩訶薩亦復如是，成就智慧以為心寶，觀一切智普皆明現，然不捨於菩薩諸行。何以故？菩薩摩訶薩發大誓願，利益一切眾生，度脫一切眾生，承事一切諸佛，嚴淨一切世界，安慰眾生，深入法海；為淨眾生界，現大自在，給施眾生，普照世間，入於無邊幻化法門，不退不轉，無疲無厭。佛子！譬如虛空持眾世界，若成若住，無厭無倦，無羸無朽，無散無壞，無變無異，無有差別，不捨自性。何以故？虛空自性，法應爾故。菩薩摩訶薩亦復如是，立無量大願，度一切眾生，心無厭倦。佛子！譬如涅槃，去、來、現在無量眾生於中滅度，終無厭倦。何以故？一切諸法本性清淨，是謂：涅槃，云何於中而有厭倦？菩薩摩訶薩亦復如是，為欲度脫一切眾生皆令出離而現於世，云何而起疲厭之心？佛子！如薩婆若，能令過去、未來、現在一切菩薩，於諸佛家已、現、當生，乃至令成無上菩提，終不疲厭。何以故？一切智與法界無二故，於一切法無所著故。菩薩摩訶薩亦復如是，其心平等住一切智，云何而有疲厭之心？

佛子！此菩薩摩訶薩有一蓮華，其華廣大盡十方際，以不可說葉、不可說寶、不可說香而為莊嚴；其不可說寶，復各示現種種眾寶，清淨妙好，極善安住。其華常放眾色光明，普照十方一切世界無所障礙；真金為網，彌覆其上；寶鐸徐搖，出微妙音，其音演暢一切智法。此大蓮華具足如來清淨莊嚴，一切善根之所生起，吉祥為表，神力所現，有十千阿僧祇清淨功德，菩薩妙道之所成就，一切智心之所流出，十方佛影於中顯現，世間瞻仰猶如佛塔，眾生見者無不禮敬，從能了幻正法所生，一切世間不可為諭。

菩薩摩訶薩於此華上結跏趺坐，其身大小與華相稱。一切諸佛神力所加，令菩薩身一一毛孔各出百萬億那由他不可說佛剎微塵數光明，一一光明現百萬億那由他不可說佛剎微塵數摩尼寶，其寶皆名：普光明藏，種種色相以為莊嚴，無量功德之所成就，眾寶及華以為羅網彌覆其上，散百千億那由他殊勝妙香，無量色相種種莊嚴，復現不思議寶莊嚴蓋以覆其上。一一摩尼寶悉現百萬億那由他不可說佛剎微塵數樓閣；一一樓閣❶現百萬億那由他不可說佛剎微塵數蓮華藏師子之座；一一師子座現百萬億那由他不可說佛剎微塵數光明；一一光明現百萬億那由他不可說佛剎微塵數色相；一一色相現百萬億那由他不可說佛剎微塵數光明輪；一一光明輪現百萬億那由他不可說佛剎微塵數毘盧遮那摩尼寶華；一一華現百萬億那由他不可說佛剎微塵數臺；一一臺現百萬億那由他不可說佛剎微塵數佛；一一佛現百萬億那由他不可說佛剎微塵數神變；一一神變淨百萬億那由他不可說佛剎微塵數眾生眾；一一眾生眾中現百萬億那由他不可說佛剎微塵數諸佛自在；一一自在雨百萬億那由他不可說佛剎微塵數佛法；一一佛法有百萬億那由他不可說佛剎微塵數修多羅；一一修多羅說百萬億那由他不可說佛剎微塵數法門；一一法門有百萬億那由他不可說佛剎微塵數金剛智所入法輪，差別言辭各別演說；一一法輪成熟百萬億那由他不可說佛剎微塵數眾生界；一一眾生界有百萬億那由他不可說佛剎微塵數眾生，於佛法中而得調伏。

佛子！菩薩摩訶薩住此三昧，示現如是神通境界無量變化，悉知如幻而不染著，安住無邊不可說法。自性清淨、法界實相、如來種性，無礙際中，無去無來，非先非後，甚深無底，現量所得，以智自入，不由他悟。心不迷亂亦無分別，為去、來、今一切諸佛之所稱讚，從諸佛力之所流出，入於一切諸佛境界。體性如實，淨眼現證，慧眼普見，成就佛眼為世明燈，行於智眼所知境界，廣能開示微妙法門。成菩提心，趣勝丈夫，於諸境界無有障礙，入智種性出生諸智，離世生法而現受生，神通變化，方便調伏。如是一切無非善巧，功德解欲悉皆清淨，最極微妙具足圓滿，智慧廣大猶如虛空，善能觀察眾聖境界，信行願力堅固不動，功德無盡世所稱歎。於一切佛所觀之藏，大菩提處一切智海，集眾妙寶，為大智者，猶如蓮華自性清淨，眾生見者皆生歡喜、咸得利益。智光普照，見無量佛，淨一切法，所行寂靜，於諸佛法究竟無礙。恆以方便住佛菩提功德行中而得出生，具菩薩智，為菩薩首，一切諸佛共所護念。得佛威神，成佛法身，念力難思，於境一緣而無所緣，其行廣大無相無礙，等于法界無量無邊。所證菩提猶如虛空，無有邊際，無所縛著，於諸世間普作饒益，一切智海善根所流，悉能通達無量境界。已善成就清淨施法，住菩薩心，淨菩薩種，能隨順生諸佛菩提，於諸佛法皆得善巧，具微妙行，成堅固力。一切諸佛自在威神，眾生難聞，菩薩悉知入不二門住無相法；雖復永捨一切諸相，而能廣說種種諸法，隨諸眾生心樂欲解，悉使調伏，咸令歡喜。法界為身無有分別，智慧境界不可窮盡，志常勇猛，心恆平等。見一切佛功德邊際，了一切劫差別次第，開示一切法，安住一切剎，嚴淨一切諸佛國土，顯現一切正法光明，演去、來、今一切佛法，示諸菩薩所住之處。為世明燈，生諸善根，永離世間，常生佛所，得佛智慧明了第一。一切諸佛皆共攝受，已入未來諸佛之數，從諸善友而得出生，所有志求皆無不果。具大威德，住增上意，隨所聽聞咸能善說，亦為開示聞法善根。住實際輪，於一切法心無障礙；不捨諸行，離諸分別，於一切法心無動念。得智慧明滅諸癡闇，悉能明照一切佛法，不壞諸有而生其中，了知一切諸有境界。從本已來無有動作，身、語、意業皆悉無邊，雖隨世俗演說種種無量文字，而恆不壞離文字法。深入佛海，知一切法但有假名，於諸境界無繫無著；了一切法空無所有，所修諸行從法界生，猶如虛空無相無形。深入法界隨順演說，於一境門生一切智，觀十力地以智修學，智為橋梁至薩婆若，以智慧眼見法無礙，善入諸地知種種義，一一法門悉得明了，所有大願靡不成就。

佛子！菩薩摩訶薩以此開示一切如來無差別性，此是無礙方便之門，此能出生菩薩眾會，此法唯是三昧境界，此能勇進入薩婆若，此能開顯諸三昧門，此能無礙普入諸剎，此能調伏一切眾生，此能住於無眾生際，此能開示一切佛法，此於境界皆無所得。

雖一切時演說開示，而恆遠離妄❷想分別；雖知諸法皆無所作，而能示現一切作業；雖知諸佛無有二相，而能顯示一切諸佛；雖知無色，而演說諸色；雖知無受，而演說諸受；雖知無想，而演說諸想；雖知無行，而演說諸行；雖知無識，而演說諸識，恆以法輪開示一切；雖知法無生，而常轉法輪；雖知法無差別，而說諸差別門；雖知諸法無有生滅，而說一切生滅之相；雖知諸法無麁無細，而說諸法麁細之相；雖知諸法無上、中、下，而能宣說最上之法；雖知諸法不可言說，而能演說清淨言辭；雖知諸法無內無外，而說一切內外諸法；雖知諸法不可了知，而說種種智慧觀察；雖知諸法無有真實，而說出離真實之道；雖知諸法畢竟無盡，而能演說盡諸有漏；雖知諸法無違無諍，然亦不無自他差別；雖知諸法畢竟無師，而常尊敬一切師長；雖知諸法不由他悟，而常尊敬諸善知識；雖知法無轉，而轉法輪；雖知法無起，而示諸因緣；雖知諸法無有前際，而廣說過去；雖知諸法無有後際，而廣說未來；雖知諸法無有中際，而廣說現在；雖知諸法無有作者，而說諸作業；雖知諸法無有因緣，而說諸集因；雖知諸法無有等比，而說平等、不平等道；雖知諸法無有言說，而決定說三世之法；雖知諸法無有所依，而說依善法而得出離；雖知法無身，而廣說法身；雖知三世諸佛無邊，而能演說唯有一佛；雖知法無色，而現種種色；雖知法無見，而廣說諸見；雖知法無相，而說種種相；雖知諸法無有境界，而廣宣說智慧境界；雖知諸法無有差別，而說行果種種差別；雖知諸法無有出離，而說清淨諸出離行；雖知諸法本來常住，而說一切諸流轉法；雖知諸法無有照明，而恆廣說照明之法。

佛子！菩薩摩訶薩入如是大威德三昧智輪，則能證得一切佛法，則能趣入一切佛法，則能成就，則能圓滿，則能積集，則能清淨，則能安住，則能了達，與一切法自性相應，而此菩薩摩訶薩不作是念：「有若干諸菩薩、若干菩薩法、若干菩薩究竟、若干幻究竟、若干化究竟、若干神通成就、若干智成就、若干思惟、若干證入、若干趣向、若干境界。」何以故？菩薩三昧，如是體性，如是無邊，如是殊勝故。此三昧種種境界、種種威力、種種深入，所謂：入不可說智門、入離分別諸莊嚴、入無邊殊勝波羅蜜、入無數禪定、入百千億那由他不可說廣大智、入見無邊佛勝妙藏、入於境界不休息、入清淨信解助道法、入諸根猛利大神通、入於境界心無礙、入見一切佛平等眼、入積集普賢勝志行、入住那羅延妙智身、入說如來智慧海、入起無量種自在神變、入生一切佛無盡智門、入住一切佛現前境界、入淨普賢菩薩自在智、入開示無比普門智、入普知法界一切微細境界、入普現法界一切微細境界、入一切殊勝智光明、入一切自在邊際、入一切辯才法門際、入遍法界智慧身、入成就一切處遍行道、入善住一切差別三昧、入知一切諸佛心。

佛子！此菩薩摩訶薩住普賢行，念念入百億不可說三昧，然不見普賢菩薩三昧及佛境界莊嚴前際。何以故？知一切法究竟無盡故，知一切佛剎無邊故，知一切眾生界不思議故，知前際無始故，知未來無窮故，知現在盡虛空遍法界無邊故，知一切諸佛境界不可思議故，知一切菩薩行無數故，知一切諸佛辯才所說境界不可說無邊故，知一切幻心所緣法無量故。佛子！如如意珠，隨有所求一切皆得，求者無盡，意皆滿足，而珠勢力終不匱止。菩薩摩訶薩亦復如是，入此三昧，知心如幻，出生一切諸法境界，周遍無盡，不匱不息。何以故？菩薩摩訶薩成就普賢無礙行智，觀察無量廣大幻境，猶如影像無增減故。佛子！譬如凡夫，各別生心，已生、現生及以當生，無有邊際，無斷無盡；其心流轉，相續不絕，不可思議。菩薩摩訶薩亦復如是，入此普幻門三昧，無有邊際，不可測量。何以故？了達普賢菩薩普幻門無量法故。佛子！譬如難陀跋難陀、摩那斯龍王及餘大龍降雨之時，滴如車軸，無有邊際；雖如是雨，雲終不盡，此是諸龍無作境界。菩薩摩訶薩亦復如是，住此三昧，入普賢菩薩諸三昧門、智門、法門、見諸佛門、往諸方門、心自在門、加持門、神變門、神通門、幻化門、諸法如幻門、不可說不可說諸菩薩充滿門，親近不可說不可說佛剎微塵數如來正覺門，入不可說不可說廣大幻網門，知不可說不可說差別廣大佛剎門，知不可說不可說有體性、無體性世界門，知不可說不可說眾生想門，知不可說不可說時差別門，知不可說不可說世界成壞門，知不可說不可說覆住、仰住諸佛剎門，於一念中皆如實知。如是入時，無有邊際，無有窮盡，不疲不厭，不斷不息，無退無失；於諸法中不住非處，恆正思惟，不沈不舉；求一切智常無退捨，為一切佛剎照世明燈，轉不可說不可說法輪；以妙辯才諮問如來無窮盡時，示成佛道無有邊際，調伏眾生恆無廢捨，常勤修習普賢行願未曾休息，示現無量不可說不可說色相身無有斷絕。何以故？譬如然火，隨所有緣，於爾所時火起不息。菩薩摩訶薩亦復如是，觀察眾生界、法界、世界，猶如虛空無有邊際，乃至能於一念之頃，往不可說不可說佛剎微塵數佛所。一一佛所入不可說不可說一切智種種差別法；令不可說不可說眾生界出家為道，勤修善根，究竟清淨；令不可說不可說菩薩於普賢行願未決定者而得決定，安住普賢智慧之門；以無量方便，入不可說不可說三世成、住、壞廣大差別劫，於不可說不可說成、住、壞世間差別境界，起於爾所大悲大願，調伏無量一切眾生悉使無餘。何以故？此菩薩摩訶薩為欲度脫一切眾生，修普賢行，生普賢智，滿足普賢所有行願。是故，諸菩薩應於如是種類、如是境界、如是威德、如是廣大、如是無量、如是不思議、如是普照明、如是一切諸佛現前住、如是一切如來所護念、如是成就往昔善根、如是其心無礙不動三昧之中，勤加修習，離諸熱惱，無有疲厭，心不退轉，立深志樂，勇猛無怯，順三昧境界，入難思智地。不依文字，不著世間，不取諸法，不起分別，不染著世事，不分別境界，於諸法智但應安住，不應稱量。所謂：親近一切智，悟解佛菩提，成就法光明，施與一切眾生善根。於魔界中拔出眾生，令其得入佛法境界，令不捨大願，勤觀出道，增廣淨境，成就諸度，於一切佛深生信解。常應觀察一切法性，無時暫捨；應知自身與諸法性普皆平等；應當明解世間所作，示其如法智慧方便；應常精進，無有休息；應觀自身善根鮮少；應勤增長他諸善根；應自修行一切智道；應勤增長菩薩境界；應樂親近諸善知識；應與同行而共止住；應不分別佛；應不捨離念；應常安住平等法界；應知一切心識如幻；應知世間諸行如夢；應知諸佛願力出現猶如影像；應知一切諸廣大業猶如變化；應知言語悉皆如響；應觀諸法一切如幻；應知一切生滅之法皆如音聲；應知所往一切佛剎皆無體性；應為請問如來佛法不生疲倦；應為開悟一切世間，勤加教誨而不捨離；應為調伏一切眾生，知時說法而不休息。佛子！菩薩摩訶薩如是修行普賢之行，如是圓滿菩薩境界，如是通達出離之道，如是受持三世佛法，如是觀察一切智門，如是思惟不變異法，如是明潔增上志樂，如是信解一切如來，如是了知佛廣大力，如是決定無所礙心，如是攝受一切眾生。

佛子！菩薩摩訶薩入普賢菩薩所住如是大智慧三昧時，十方各有不可說不可說國土，一一國土各有不可說不可說佛剎微塵數如來名號，一一名號各有不可說不可說佛剎微塵數諸佛而現其前，與如來念力，令不忘失如來境界；與一切法究竟慧，令入一切智；與知一切法種種義決定慧，令受持一切佛法趣入無礙；與無上佛菩提，令入一切智開悟法界；與菩薩究竟慧，令得一切法光明，無諸黑闇；與菩薩不退智，令知時、非時，善巧方便調伏眾生；與無障礙菩薩辯才，令悟解無邊法演說為盡；與神通變化力，令現不可說不可說差別身無邊色相種種不同開悟眾生；與圓滿言音，令現不可說不可說差別音聲種種言辭開悟眾生；與不唐捐力，令一切眾生若得見形、若得聞法皆悉成就，無空過者。佛子！菩薩摩訶薩如是滿足普賢行故，得如來力，淨出離道，滿一切智，以無礙辯才神通變化，究竟調伏一切眾生；具佛威德，淨普賢行，住普賢道，盡未來際，為欲調伏一切眾生，轉一切佛微妙法輪。何以故？佛子！此菩薩摩訶薩成就如是殊勝大願諸菩薩行，則為一切世間法師，則為一切世間法日，則為一切世間智月；則為一切世間須彌山王，嶷然高出，堅固不動；則為一切世間無涯智海；則為一切世間正法明燈，普照無邊，相續不斷；為一切眾生開示無邊清淨功德，皆令安住功德善根；順一切智，大願平等，修習普賢廣大之行，常能勸發無量眾生，住不可說不可說廣大行三昧，現大自在。

佛子！此菩薩摩訶薩，獲如是智，證如是法，於如是法審住明見；得如是神力，住如是境界，現如是神變，起如是神通；常安住大悲，常利益眾生，開示眾生安隱正道，建立福智大光明幢；證不思議解脫，住一切智解脫，到諸佛解脫彼岸，學不思議解脫方便門已得成就，入法界差別門無有錯亂，於普賢不可說不可說三昧遊戲自在，住師子奮迅智心意無礙。其心恆住十大法藏。何者為十？所謂：住憶念一切諸佛，住憶念一切佛法，住調伏一切眾生大悲，住示現不思議清淨國土智，住深入諸佛境界決定解，住去、來、現在一切佛平等相菩提，住無礙無著際，住一切法無相性，住去、來、現在一切佛平等善根，住去、來、現在一切如來法界無差別身、語、意業先導智，住觀察三世一切諸佛受生、出家、詣道場、成正覺、轉法輪、般涅槃悉入剎那際。佛子！此十大法藏廣大無量，不可數、不可稱、不可思、不可說、無窮盡、難忍受，一切世智無能稱述。

佛子！此菩薩摩訶薩已到普賢諸行彼岸，證清淨法，志力廣大，開示眾生無量善根，增長菩薩一切勢力，於念念頃滿足菩薩一切功德，成就菩薩一切諸行，得一切佛陀羅尼法，受持一切諸佛所說；雖常安住真如實際，而隨一切世俗言說，示現調伏一切眾生。何以故？菩薩摩訶薩住此三昧，法如是故。佛子！菩薩摩訶薩以此三昧，得一切佛廣大智，得巧說一切廣大法自在辯才，得一切世中最為殊勝清淨無畏法，得入一切三昧智，得一切菩薩善巧方便，得一切法光明門，到安慰一切世間法彼岸，知一切眾生時、非時，照十方世界一切處，令一切眾生得勝智，作一切世間無上師，安住一切諸功德，開示一切眾生清淨三昧，令入最上智。何以故？菩薩摩訶薩如是修行，則利益眾生，則增長大悲，則親近善知識，則見一切佛，則了一切法，則詣一切剎，則入一切方，則入一切世，則悟一切法平等性，則知一切佛平等性，則住一切智平等性。於此法中，作如是業，不作餘業；住未足心，住不散亂心，住專一心，住勤修心，住決定心，住不變異心；如是思惟，如是作業，如是究竟。

佛子！菩薩摩訶薩無異語、異作，有如語、如作。何以故？譬如金剛，以不可壞而得其名，終無有時離於不壞；菩薩摩訶薩亦復如是，以諸行法而得其名，終無有時離諸行法。譬如真金，以有妙色而得其名，終無有時離於妙色；菩薩摩訶薩亦復如是，以諸善業而得其名，終無有時離諸善業。譬如日天子，以光明輪而得其名，終無有時離光明輪；菩薩摩訶薩亦復如是，以智慧光而得其名，終無有時離智慧光。譬如須彌山王，以四寶峯處於大海，迥然高出而得其名，終無有時捨離四峯；菩薩摩訶薩亦復如是，以諸善根處在於世，迥然高出而得其名，終無有時捨離善根。譬如大地，以持一切而得其名，終無有時捨離能持；菩薩摩訶薩亦復如是，以度一切而得其名，終無有時捨離大悲。譬如大海，以含眾水而得其名，終無有時捨離於水；菩薩摩訶薩亦復如是，以諸大願而得其名，終不暫捨度眾生願。譬如軍將，以能慣習戰鬪之法而得其名，終無有時捨離此能；菩薩摩訶薩亦復如是，以能慣習如是三昧而得其名，乃至成就一切智智，終無有時捨離此行。如轉輪王，馭四天下，常勤守護一切眾生，令無橫死，恆受快樂；菩薩摩訶薩亦復如是，入如是等諸大三昧，常勤化度一切眾生，乃至令其究竟清淨。譬如種子，植之於地，乃至能令莖葉增長；菩薩摩訶薩亦復如是，修普賢行，乃至能令一切眾生善法增長。譬如大雲，於夏暑月降霔大雨，乃至增長一切種子；菩薩摩訶薩亦復如是，入如是等諸大三昧，修菩薩行，雨大法雨，乃至能令一切眾生究竟清淨、究竟涅槃、究竟安隱、究竟彼岸、究竟歡喜、究竟斷疑，為諸眾生究竟福田，令其施業皆得清淨，令其皆住不退轉道，令其同得一切智智，令其皆得出離三界，令其皆得究竟之智，令其皆得諸佛如來究竟之法，置諸眾生一切智處。何以故？菩薩摩訶薩成就此法，智慧明了，入法界門，能淨菩薩不可思議無量諸行。所謂：能淨諸智，求一切智故；能淨眾生，使調伏故；能淨剎土，常迴向故；能淨諸法，普了知故；能淨無畏，無怯弱故；能淨無礙辯，巧演說故；能淨陀羅尼，於一切法得自在故；能淨親近行，常見一切佛興世故。佛子！菩薩摩訶薩住此三昧，得如是等百千億那由他不可說不可說清淨功德，於如是等三昧境界得自在故，一切諸佛所加被故，自善根力之所流故，入智慧地大威力故，諸善知識引導力故，摧伏一切諸魔力故，同分善根淳淨力故，廣大誓願欲樂力故，所種善根成就力故，超諸世間無盡之福、無對力故。

佛子！菩薩摩訶薩住此三昧，得十種法，同去、來、今一切諸佛。何者為十？所謂：得諸相好，種種莊嚴，同於諸佛；能放清淨大光明網，同於諸佛；神通變化，調伏眾生，同於諸佛；無邊色身，清淨圓音，同於諸佛；隨眾生業現淨佛國，同於諸佛；一切眾生所有語言皆能攝持、不忘不失，同於諸佛；無盡辯才隨眾生心而轉法輪令生智慧，同於諸佛；大師子吼無所怯畏，以無量法開悟群生，同於諸佛；於一念頃，以大神通普入三世，同於諸佛；普能顯示一切眾生諸佛莊嚴、諸佛威力、諸佛境界，同於諸佛。

爾時，普眼菩薩白普賢菩薩言：佛子！此菩薩摩訶薩得如是法，同諸如來，何故不名：佛？何故不名：十力？何故不名：一切智？何故不名：一切法中得菩提者？何故不得名為：普眼？何故不名：一切境中無礙見者？何故不名：覺一切法？何故不名：與三世佛無二住者？何故不名：住實際者？何故修行普賢行願猶未休息？何故不能究竟法界捨菩薩道？

爾時，普賢菩薩告普眼菩薩言：

善哉佛子！如汝所言，若此菩薩摩訶薩同一切佛，以何義故不名為：佛？乃至不能捨菩薩道？佛子！此菩薩摩訶薩已能修習去、來、今世一切菩薩種種行願，入智境界，則名為：佛；於如來所修菩薩行無有休息，說名：菩薩。如來諸力皆悉已入，則名：十力；雖成十力，行普賢行而無休息，說名：菩薩。知一切法而能演說，名：一切智；雖能演說一切諸法，於一一法善巧思惟未嘗止息，說名：菩薩。知一切法無有二相，是則說名：悟一切法；於二、不二一切諸法差別之道善巧觀察，展轉增勝無有休息，說名：菩薩。已能明見普眼境界，說名：普眼；雖能證得普眼境界，念念增長未曾休息，說名：菩薩。於一切法悉能明照，離諸闇障，名：無礙見；常勤憶念無礙見者，說名：菩薩。已得諸佛智慧之眼，是則說名：覺一切法；觀諸如來正覺智眼而不放逸，說名：菩薩。住佛所住，與佛無二，說名：與佛無二住者；為佛攝受，修諸智慧，說名：菩薩。常觀一切世間實際，是則說名：住實際者；雖常觀察諸法實際，而不證入亦不捨離，說名：菩薩。不來不去，無同無異，此等分別悉皆永息，是則說名：休息願者；廣大修習，圓滿不退，則名：未息普賢願者。了知法界無有邊際，一切諸法一相無相，是則說名：究竟法界捨菩薩道；雖知法界無有邊際，而知一切種種異相，起大悲心度諸眾生，盡未來際無有疲厭，是則說名：普賢菩薩。

佛子！譬如伊羅鉢那象王，住金脇山七寶窟中，其窟周圍悉以七寶而為欄楯，寶多羅樹次第行列，真金羅網彌覆其上；象身潔白猶如珂雪，上立金幢，金為瓔珞，寶網覆鼻，寶鈴垂下，七肢成就，六牙具足，端正充滿，見者欣樂，調良善順，心無所逆。若天帝釋將欲遊行，爾時象王即知其意，便於寶窟而沒其形，至忉利天釋主之前，以神通力種種變現，令其身有三十三頭，於一一頭化作七牙，於一一牙化作七池，一一池中有七蓮華，一一華中有七采女，一時俱奏百千天樂。是時，帝釋乘茲寶象，從難勝殿往詣華園，芬陀利華遍滿其中。是時，帝釋至華園已，從象而下，入於一切寶莊嚴殿，無量采女以為侍從，歌詠妓樂受諸快樂。爾時，象王復以神通隱其象形現作天身，與三十三天及諸采女，於芬陀利華園之內歡娛戲樂，所現身相、光明衣服、往來進止、語笑觀瞻，皆如彼天，等無有異，無能分別；此象、此天，象之與天，更互相似。

佛子！彼伊羅鉢那象王，於金脇山七寶窟中無所變化，至於三十三天之上，為欲供養釋提桓因，化作種種諸可樂物，受天快樂，與天無異。佛子！菩薩摩訶薩亦復如是，修習普賢菩薩行願及諸三昧以為眾寶莊嚴之具，七菩提分為菩薩身，所放光明以之為網，建大法幢，鳴大法鐘，大悲為窟，堅固大願以為其牙，智慧無畏猶如師子，法繒繫頂，開示祕密，到諸菩薩行願彼岸。為欲安處菩提之座，成一切智，得最正覺，增長普賢廣大行願，不退不息，不斷不捨，大悲精進，盡未來際度脫一切苦惱眾生。不捨普賢道，現成最正覺，現不可說不可說成正覺門，現不可說不可說轉法輪門，現不可說不可說住深心門；於不可說不可說廣大國土，現涅槃變化門；於不可說不可說差別世界，而現受生修普賢行，現不可說不可說如來；於不可說不可說廣大國土菩提樹下成最正覺，不可說不可說菩薩眾親近圍遶。或於一念頃，修普賢行而成正覺，或須臾頃，或於一時，或於一日，或於半月，或於一月，或於一年，或無數年，或於一劫，如是乃至不可說不可說劫，修普賢行而成正覺。復於一切諸佛剎中而為上首，親近於佛，頂禮供養，請問觀察如幻境界，淨修菩薩無量諸行、無量諸智、種種神變、種種威德、種種智慧、種種境界、種種神通、種種自在、種種解脫、種種法明、種種教化調伏之法。

佛子！菩薩摩訶薩本身不滅，以行願力於一切處如是變現。何以故？欲以普賢自在神力調伏一切諸眾生故，令不可說不可說眾生得清淨故，令其永斷生死輪故，嚴淨廣大諸世界故，常見一切諸如來故，深入一切佛法流故，憶念三世諸佛種故，憶念十方一切佛法及法身故，普修一切菩薩諸行使圓滿故，入普賢流自在能證一切智故。佛子！汝應觀此菩薩摩訶薩，不捨普賢行，不斷菩薩道，見一切佛，證一切智，自在受用一切智法。如伊羅鉢那象王不捨象身，往三十三天，為天所乘，受天快樂，作天遊戲，承事天主，與天采女而作歡娛，同於諸天無有差別。佛子！菩薩摩訶薩亦復如是，不捨普賢大乘諸行，不退諸願，得佛自在，具一切智，證佛解脫，無障無礙，成就清淨，於諸國土無所染著，於佛法中無所分別；雖知諸法普皆平等無有二相，而恆明見一切佛土；雖已等同三世諸佛，而修菩薩行相續不斷。佛子！菩薩摩訶薩安住如是普賢行願廣大之法，當知是人心得清淨。佛子！此是菩薩摩訶薩第十無礙輪大三昧殊勝心廣大智。

佛子！此是菩薩摩訶薩所住普賢行十大三昧輪。

註釋

❶「闇」，大正本原作「闇」，今依前後文意改之。

❷「妄」，大正本原作「忘」，今依前後文意改之。

白話華嚴經 第五冊

十通品 第二十八

卷四十四 導讀

THE HUA-YEN SUTRA

十通品　導讀

本品是第七會的第二品，此品亦由普賢菩薩來演說十通之法。本品在六十華嚴作「十明品」，慈恩寺梵本及西藏本皆作「神通品」。智慧明照故名「明」，智慧通達自在無礙故名「通」，通即是神通之意。本品宣說十種菩薩的神通妙用，依次是：

一、他心通。知無量世界無數眾生心。

二、天眼通。以無礙清淨天眼智通，見無數眾生之生死。

三、宿命通。以宿住隨念智通知自己及無量眾生過去無量劫之事。

四、未來際通。以知未來際劫智通，知未來一切事。

五、無礙清淨天耳通。成就清淨無礙天耳，於一切音聲自在聽聞。

六、無體性無動作往一切佛剎通。一聞佛名，即現身彼國土，而實無所往。

七、善分別一切言辭通。知一切世界種種眾生之言辭。

八、無數色身通。以出生無量阿僧祇色身莊嚴智通，知一切法離色相，而以無相入於法界，因而出生種種妙色。

九、一切法智通。以一切法智通，知一切法無來無去、非一非異。諸法從緣起，隨順寂滅性，非世諦非真諦，而以大悲辯才演說妙法。

十、入一切法滅盡三昧通。不捨大悲，念念入於寂滅。

住此十種神通，悉得一切三世無礙智神通。

十通品 第二十八

【白話語譯】

❶這時，普賢菩薩摩訶薩告訴眾菩薩：

佛子啊！菩薩摩訶薩有十種不可思議的神通妙用，是哪十種呢？

佛子啊！菩薩摩訶薩能以他心智慧神通，了知一切三千大千世界眾生心的差別，也就是：善心❷、不善心、廣心❸、狹心、大心❹、小心、順生死心、背生死心、聲聞心、獨覺心、菩薩心、聲聞行心、獨覺行心、菩薩行心、天心、龍心、夜叉心、乾闥婆心、阿修羅心、迦樓羅心、緊那羅心、摩睺羅伽心、人心、非人心、地獄心、畜生心、閻魔王處心、餓鬼心、八種苦難處眾生心……。如此等無量差別的種種眾生心，無不完全清楚了知。如同了知這個世界的眾生心，他對百個世界、千個世界、百千個世界、百千億那由他數個世界，乃至於不可說不可說佛國剎土微塵數世界中，所有眾生的心都能分別了知。這就是菩薩摩訶薩第一個善知他心智慧神通。

佛子啊！❺菩薩摩訶薩能以無礙清淨天眼智慧神通，見到不可說不可說佛國剎土微塵數世界的眾生，從此處死亡而往生彼處；投生善趣或是惡趣；具有福德的身相或是罪業的身相；長相美好或是醜陋；生處污垢或是清淨。如此種種不同的無量眾生，也就是：天眾、龍眾、夜叉眾、乾闥婆眾、阿修羅眾、迦樓羅眾、緊那羅眾、摩睺羅伽眾、人眾、非人眾、微細身的眾生、廣大身的眾生、小的眾生、大的眾生……。如此種種的眾生，他的無礙天眼無不明白看見。或是隨著眾生積集的業力、所受的苦樂、心念、分別、知見、言說、隨因、業、所緣、所起，無不明白看見，沒有錯謬。這就是菩薩摩訶薩第二個無礙天眼智慧神通。

佛子啊！❻菩薩摩訶薩以宿住隨念智慧神通，能了知自身及不可說不可說佛國剎土微塵數世界的一切眾生，及他們過去不可說不可說佛國剎土微塵數劫的宿昔往事。也就是：出生某處、姓名、種族、飲食、苦樂等等。從無始劫以來生死輪迴，因為因緣和合輾轉滋長各種生命，次第相續未曾斷絕。他對種種含識生靈、種種國土、種種趣生、種種形相、種種業行、種種煩惱；種種心念、種種差別受生的因緣，都明白了知。又憶及過去有這些佛國剎土微塵數劫，有這些佛國剎土微塵數世界，有這些佛國剎土微塵數的諸佛。每一佛的名號、出興、眾會、父母、服侍的隨從、聲聞、最優秀的兩位大弟子、城邑、出家、於菩提樹下成就正等正覺、在此處、坐此座、演說若干經典、利益這許多的眾生。施予造作如此的若干佛事，依止無餘涅槃，依止般涅槃界而滅度般涅槃，般涅槃滅度之後，正法住世的時期有多久，菩薩對這一切無不憶念。

他又憶念不可說不可說佛國剎土微塵數的諸佛名號，每一名號都有不可說不可說佛國剎土微塵數的諸佛。從初發心，發起大願修行，供養諸佛，調伏一切眾生。集會大眾說法，壽命多少，神通變化，乃至於趣入無餘涅槃。般涅槃之後，正法住世的時期有多久，造立種種莊嚴的廟塔，令眾生種植善根，都能明白了知。這就是菩薩摩訶薩第三知過去際劫的宿住智慧神通。

佛子啊！❼菩薩摩訶薩以知盡未來際劫神通智慧，了知不可說不可說佛國剎土微塵數世界的所有時劫，及每一時劫所有眾生：臨命終受生時，種種生命的存有相續不絕。業行果報，不管是善、不善；出離、不出離；決定、不決定；邪定、正定；善根與煩惱結使結合相俱，或是善根不與煩惱結使結合相俱；是具足善根，或是不具足善根；是攝取善根，或是不攝取善根；是積集善根，或是不積集善根；是積集罪業之法，或是沒有積集罪業之法，如此種種菩薩無不明白了知。他又了知不可說不可說佛國剎土微塵數的世界，盡未來際有不可說不可說佛國剎土微塵數時劫。每個時劫又有不可說不可說佛國剎土微塵數的諸佛名號，每一名號又有不可說不可說佛國剎土微塵數的諸佛如來。每一如來從初發心開始，發起大願通行不退轉，供養諸佛，教化眾生。大眾集會說法，佛陀住世多久，神通變化，乃至於趣入無餘涅槃。般涅槃後正法安住世間多久，造立種種莊嚴的塔廟，令諸眾生種植善根，如此等事，他都明白了知。這就是菩薩摩訶薩第四知盡未來際劫智慧神通。

佛子啊！❽菩薩摩訶薩以無礙清淨天耳智慧神通，圓滿廣大，聰敏明徹遠離障礙。了達沒有障礙，具足成就，對於種種一切所有的音聲，不管是想要聽聞的、或不想聽聞的，都隨意自在。

佛子啊！東方有不可說不可說的佛國剎土微塵數佛，那些佛所說、所示現、所開示、所演說、所安立、所教化、所調伏、所憶念、所分別，甚深廣大種種差別無量方便的善巧清淨之法，菩薩都能受持。他又對其中的義理、文辭、是一人、或是大眾集會，不管是音聲言辭、或是智慧，只要是諸佛所了達、示現、調伏、境界、依止的、出家成道等等，都能記憶奉持。不忘記、不漏失、不間斷、不退轉、無迷無惑。菩薩能把這一切為他人演說，令人悟解，始終不曾忘失一字一句，就如他在東方演說一般，南、西、北方、四維上下的佛國剎土也都是如此。此就是菩薩摩訶薩第五無礙清淨天耳智慧神通。

佛子啊！❾菩薩摩訶薩安住在無體性無動作往一切佛國剎土智慧神通，這個神通可說是無體性的神通、無造作的神通、平等的神通、廣大的神通、無量的神通、無依的神通、隨念的神通、起心動念的神通、不起心動念的神通、不退轉的神通、不間斷的神通、不毀壞的神通、增長的神通、隨心自在前往詣見一切世界的神通。這位菩薩還能聽聞所有極遠世界的諸佛名號，就是：無數的世界、無量的世界，乃至於不可說不可說佛國剎土微塵數世界的諸佛名號。他聽聞名號之後，無不立刻示現自身在彼佛所在，那些世界有的仰起、有的覆蓋。各種形狀、各種方位處所、各種差別不可盡說，但菩薩都能無礙地趣入。各種的國土、種種的時劫，無量的功德，都莊嚴不已。

無量無數的如來都出現其中，不管是示現神通變化，稱讚宣揚諸佛名號，都各各不同。這位菩薩一聽聞這些如來的名號，即能在本處不動而出現在諸佛所在。禮拜尊重，承事供養，請問菩薩法益，趣入佛智慧。能完全明了通達諸佛國土聚會時所說之法，乃至究竟的境界，但菩薩仍無任何取捨執著。如此，經過了不可說不可說佛國剎土微塵數的時劫，菩薩表面看起來普遍前往十方，但實無所往。他參訪佛國剎土，覲見佛陀聽聞佛法，請求佛道等都從不斷絕，也不曾廢棄捨離，不曾休息，也不感疲勞厭倦。他勤修菩薩行，成就大願，令一切具足，不曾退轉。這都是為了不斷絕如來廣大的種姓。以上就是菩薩摩訶薩第六住無體性無動作往一切佛國剎土智慧神通。

佛子啊！❿菩薩摩訶薩能以善分別一切眾生言音智慧神通，了知不可說不可說佛國剎土微塵數世界眾生的種種言辭。就是：聖者的言辭、非聖者的言辭、天人的言辭、龍的言辭、夜叉的言辭、乾闥婆、阿修羅、迦樓羅、緊那羅、摩睺羅伽、人及非人，乃至於不可說不可說眾生的所有言辭。各種不同的表達方法，其間種種的差別等等，菩薩無不了知。

這位菩薩能隨著他趣入的世界，了知其中眾生所有的根性欲望，並且能照他們的根性想望，用他們所能了解的話，為他們解說。讓他們都能完全了解，沒有任何疑惑。如同日光普遍照耀眾色，凡是目明的人都可以看見。菩薩摩訶薩也是如此，以善分別一切言辭的智慧，深入一切的言辭雲，因此他所有的言辭都能讓世間聰慧的人了解。以上就是菩薩摩訶薩第七善分別一切言辭智慧神通。

佛子啊！⑪菩薩摩訶薩能以無量阿僧祇色身莊嚴智慧神通，了知一切的法，遠離色相、無有差別相、無有種種相、無有無量相、無有分別相。無青色、黃色、赤色、白色相。菩薩如此深入法界，所以自身能夠化作種種色相。就是：無邊的色相、無量的色相、清淨的色相、莊嚴的色相、普遍的色相、無比的色相、普照的色相、增上的色相、無違逆的色相、具足諸相的色相、遠離眾惡的色相、大威力的色相、可尊重的色相、無窮盡的色相、各種雜妙的色相、非常莊嚴的色相、不可量的色相、善巧守護的色相、成熟圓滿的色相、隨順教化者的色相、無障礙的色相、甚為明澈的色相、無垢濁的色相、極為澄淨的色相、大勇健的色相、不可思議方便的色相、不可壞的色相、離瑕疵暗翳的色相、無障闇的色相、善安住的色相、妙莊嚴的色相、諸相端嚴的色相、種種隨形好的色相、大尊貴的色相、妙境界的色相、善巧研磨輝瑩的色相、清淨深心的色相、熾然明盛的色相、最勝廣大的色相、無間斷的色相、無所依的色相、充滿不可說佛國剎土的色相、增長的色相、堅固攝受的色相、最功德的色相、隨諸眾生心所樂的色相、清淨解了的色相、積集聚妙的色相、善巧決定淨的色相、清淨可樂的色相、遠離各種塵垢的色相、不可稱量的色相、微妙證見的色相、普見的色相、隨時示現的色相、寂靜的色相、遠離貪著的色相、真實福田的色相、能作安穩的色相、遠離一切怖畏的色相、遠離愚痴行為的色相、智慧勇猛的色相、身相無礙的色相、遊行普遍的色相、心無所依的色相、大慈所生的色相、大悲所示現的色相、平等出離的色相、具足福德的色相、隨心憶念的色相、無邊妙寶的色相、寶藏光明的色相、眾生信樂的色相、一切智慧現前的色相、歡喜眼色的色相、眾寶莊嚴第一的色相、性空無有處所的色相、自在示現的色相、種種神通的色相、出生如來家中的色相、超過一切譬諭的色相、周遍法界的色相、大眾都皆前往參詣的色相、種種的色相，成就的色相、出離的色相、隨順受教化者而示現威儀的色相、見無厭足的色相、種種光明清淨的色相、能放出無數光網的色相、不可說光明的種種差別色相、香光明不可思議超過三界的色相、不可量日輪光明照耀的色相、示現無比明月身的色相、無量可愛樂華雲的色相、出生種種蓮華鬘雲莊嚴的色相、超過一切世間香焰普熏的色相、出生一切如來藏的色相、不可說音聲開示演暢一切法的色相、具足一切普賢行的色相。

佛子啊！菩薩摩訶薩深入如此無色法界時，能夠示現像上面所說的種種色身，讓受教化的人無不親見，無不憶念，無不轉法輪。菩薩深知什麼時機該示現受教化者所認同的相，才能讓受教化者親近開悟。因此他能為受教化的人，生起種種的神通，示現種種的自在，施作種種能事。以上就是菩薩摩訶薩為了度化眾生勤修成就第八無數的色身智慧神通。

佛子啊！⑫菩薩摩訶薩能以通達一切佛法的法智通，了知一切法無有名字；無有種姓。無來、無去；非異、非不異；非種種、非不種種；非二、非不二；無我、無比⑬；不生、不滅；不動、不壞；無實、無虛；一相、無相；非無、非有；非法、非非法；不隨於俗、非不隨於俗；非業、非非業；非報、非非報；非有為、非無為；非第一義、非不第一義；非道、非非道；非出離、非不出離；非量、非無量；非世間、非出世間；非從因生、非不從因生；非決定、非不決定；非成就、非不成就；非出、非不出；非分別、非不分別；非如理、非不如理。這位菩薩不取世俗的義諦，也不安住於第一義。不分別諸法，不建立文字。因此能隨順寂滅的體性，不捨離一切願力。見義了知法，興起遍布法雲，降注法雨。

雖然他了知言語無法真正宣說實相，但是他能運用善巧方便的法門，而以無盡辯才隨著法門、隨著義理次第開示演說，以言辭辯說諸法。他的大慈心、大悲心都已完全清淨，因此能離一切文字法而出生文字。能隨順法門、義理而沒有無任何悖逆。他為了宣說諸法都是因緣而生，雖著言語說辭但卻從不執取。他能辯才無礙地演說一切的法，分別安立，示現教導啟發眾生，令眾生具足種種法性；斷除疑惑之網，完全清淨。雖然他攝受眾生，但從不捨棄真實的義理，仍安住不二法門，從不退轉。所以能以眾多妙音演說無礙法門，隨順眾生的心，普遍雨下法雨而不失度化眾生的時機。以上就是菩薩摩訶薩第九一切法智慧神通。

佛子啊！⑭菩薩摩訶薩能以一切法滅盡三昧智慧神通，念念趣入一切法滅盡三昧，也不退失菩薩道；不捨離菩薩事業；不捨離大慈大悲心。所以，他能修習到彼岸的智慧未曾休息，無有厭倦地觀察一切的佛國剎土。從不捨離度化眾生的誓願，不斷轉動法輪，教化眾生不曾懈怠。供養諸佛從不斷絕，不捨一切自在法門。常見諸佛從不捨離，恆常聞法從不捨離。了知一切法平等無礙，而能自在成就一切的佛法，圓滿所有殊勝的誓願。他了知一切國土的差別，因此能趣入佛陀的種性，而到達彼岸。雖然他了知諸法無相，了知一切的法皆從緣起，無有體性。但仍能學習所有世界的一切法，然後隨著世俗方便演說。

他雖不住諸法，仍能隨順眾生各種根性的欲樂，善巧方便地為他們演說種種法門。這位菩薩安住三昧時，能隨著他心中的喜樂，或安住一劫；或安住百劫；或安住千劫；或安住億劫；或安住百億劫；或安住千億劫；或安住百千億劫；或安住那由他數億劫；或安住百那由他數億劫；或安住千那由他數億劫；或安住百千那由他數億劫：或安住無數劫；或安住無量劫；乃至安住不可說不可說劫。菩薩趣入這個一切法滅盡三昧時，即使經歷上述所有的時劫，身體也會不離散，或消瘦變異。非見、非不見，不滅不壞。不疲勞不懈怠，不可窮盡枯竭。雖然他對有、無毫無造作，卻能成辦種種菩薩事業，就是：從不捨離眾生，教化調伏眾生都合於時宜。增長一切的佛法，圓滿所有的菩薩行。他為了利益一切眾生，神通變化從不稍歇。所以，他雖像光影般普遍示現，其實卻住於三昧，寂然不動。以上就是菩薩摩訶薩趣入一切法滅盡的三昧智慧神通。

佛子啊！菩薩安住在這十種神通時，一切的天人都覺得不可思議，一切的眾生也覺得不可思議。一切的聲聞、一切的獨覺，及其餘一切的菩薩眾，如此等等都覺得不可思議。這個菩薩的身業不可思議、語業不可思議、意業不可思議、三昧自在不可思議、智慧境界不可思議。除了諸佛及證得此神通的菩薩外，無人能詳說或稱揚讚歎這位菩薩的功德。佛子啊！以上就是菩薩摩訶薩的十種神通。菩薩摩訶薩若能安住這些神通時，就可完全得證一切三世的無礙智慧神通。

【註釋】

❶這一品是在回答第二會中十通的問題。通，神通的意思，因為它妙用難測，自在無礙，所以叫神通。依定力引發神通，所以十定品說明十通，有十段。最初是他心智通。

❷善、不善心是概括諸心的總說，以下是別說。

❸廣心、狹心是約心行而言，自利獨善其身的是狹心，利他救濟眾生的是廣心。

❹大心、小心是依福報而言，以天界為大，人界為小。

❺第二是天眼智通。

❻第三是宿住隨念智通。

❼第四是知盡未來際劫智通。

❽第五是無礙清淨天耳通。

❾第六是無體性智通。

❿第七是善分別言音通。

⓫第八是色身莊嚴智通。

⓬第九是一切法智通。

⓭無比，指「我所」和「我」不為對比之意。

⓮第十是滅定智通。

【原典】

爾時，普賢菩薩摩訶薩告諸菩薩言：

佛子！菩薩摩訶薩有十種通。何者為十？

佛子！菩薩摩訶薩以他心智通，知一三千大千世界眾生心差別，所謂：善心、不善心、廣心、狹心、大心、小心、順生死心、背生死心、聲聞心、獨覺心、菩薩心、聲聞行心、獨覺行心、菩薩行心、天心、龍心、夜叉心、乾闥婆心、阿修羅心、迦樓羅心、緊那羅心、摩睺羅伽心、人心、非人心、地獄心、畜生心、閻魔王處心、餓鬼心、諸難處眾生心，如是等無量差別種種眾生心悉分別知。如一世界，如是百世界、千世界、百千世界、百千億那由他世界，乃至不可說不可說佛剎微塵數世界中所有眾生心悉分別知。是名：菩薩摩訶薩第一善知他心智神通。

佛子！菩薩摩訶薩以無礙清淨天眼智通，見無量不可說不可說佛剎微塵數世界中眾生，死此生彼，善趣、惡趣，福相、罪相，或好或醜，或垢或淨。如是品類無量眾生，所謂：天眾、龍眾、夜叉眾、乾闥婆眾、阿修羅眾、迦樓羅眾、緊那羅眾、摩睺羅伽眾、人眾、非人眾、微細身眾生眾、廣大身眾生眾、小眾、大眾，如是種種眾生眾中，以無礙眼悉皆明見；隨所積集業、隨所受苦樂、隨心、隨分別、隨見、隨言說、隨因、隨業、隨所緣、隨所起，悉皆見之，無有錯謬。是名：菩薩摩訶薩第二無礙天眼智神通。

佛子！菩薩摩訶薩以宿住隨念智通，能知自身及不可說不可說佛剎微塵數世界中一切眾生，過去不可說不可說佛剎微塵數劫宿住之事。所謂：某處生，如是名，如是姓，如是種族，如是飲食，如是苦樂。從無始來，於諸有中，以因以緣，展轉滋長，次第相續，輪迴不絕，種種品類、種種國土、種種趣生、種種形相、種種業行、種種結使、種種心念、種種因緣、受生差別，如是等事皆悉了知。又憶過去爾所佛剎微塵數劫，爾所佛剎微塵數世界中，有爾所佛剎微塵數諸佛，一一佛如是名號，如是出興，如是眾會，如是父母，如是侍者，如是聲聞，如是最勝二大弟子，於如是城邑，如是出家，復於如是菩提樹下成最正覺，於如是處，坐如是座，演說如是若干經典，如是利益爾所眾生，於爾所時住於壽命，施作如是若干佛事，依無餘依般涅槃界而般涅槃，般涅槃後法住久近，如是一切悉能憶念。又憶念不可說不可說佛剎微塵數諸佛名號，一一名號有不可說不可說佛剎微塵數佛，從初發心，起願修行，供養諸佛，調伏眾生，眾會說法，壽命多少，神通變化，乃至入於無餘涅槃，般涅槃後法住久近，造立塔廟種種莊嚴，令諸眾生種植善根，皆悉能知。是名：菩薩摩訶薩第三知過去際劫宿住智神通。

佛子！菩薩摩訶薩以知盡未來際劫智通，知不可說不可說佛刹微塵數世界中所有劫，一一劫中所有眾生，命終受生，諸有相續，業行果報，若善，若不善，若出離，若不出離，若決定，若不決定，若邪定，若正定，若善根與使俱，若善根不與使俱，若具足善根，若不具足善根，若攝取善根，若不攝取善根，若積集善根，若不積集善根，若積集罪法，若不積集罪法，如是一切皆能了知。又知不可說不可說佛刹微塵數世界，盡未來際有不可說不可說佛刹微塵數劫，一一劫有不可說不可說佛刹微塵數諸佛名號，一一名號有不可說不可說佛刹微塵數諸佛如來，一一如來，從初發心，起願立行，供養諸佛，教化眾生，眾會說法，壽命多少，神通變化，乃至入於無餘涅槃，般涅槃後法住久近，造立塔廟種種莊嚴，令諸眾生種植善根，如是等事悉能了知。是名：菩薩摩訶薩第四知盡未來際劫智神通。

佛子！菩薩摩訶薩成就無礙清淨天耳，圓滿廣大，聰徹離障，了達無礙，具足成就，於諸一切所有音聲，欲聞、不聞，隨意自在。佛子！東方有不可說不可說佛刹微塵數佛，是諸佛所說、所示、所開、所演、所安立、所教化、所調伏、所憶念、所分別，甚深廣大、種種差別、無量方便、無量善巧清淨之法，於彼一切皆能受持。又於其中若義、若文、若一人、若眾會，如其音辭，如其智慧，如所了達，如所示現，如所調伏，如其境界，如其所依，如其出道，於彼一切悉能記持，不忘不失，不斷不退，無迷無惑；為他演說，令得悟解，終不忘失❶一文一句。如東方，南、西、北方，四維、上、下，亦復如是。是名：菩薩摩訶薩第五無礙清淨天耳智神通。

佛子！菩薩摩訶薩住無體性神通、無作神通、平等神通、廣大神通、無量神通、無依神通、隨念神通、起神通、不起神通、不退神通、不斷神通、不壞神通、增長神通、隨詣神通。此菩薩聞極遠一切世界中諸佛名，所謂：無數世界、無量世界乃至不可說不可說佛剎微塵數世界中諸佛名；聞其名已，即自見身在彼佛所。彼諸世界或仰或覆，各各形狀，各各方所，各各差別，無邊無礙；種種國土，種種時劫，無量功德各別莊嚴。彼彼如來於中出現，示現神變，稱揚名號，無量無數，各各不同。此菩薩一得聞彼諸如來名，不動本處，而見其身在彼佛所，禮拜尊重，承事供養，問菩薩法，入佛智慧，悉能了達諸佛國土道場眾會及所說法，至於究竟無所取著。如是，經不可說不可說佛剎微塵數劫，普至十方而無所往，然詣佛剎觀佛聽法請道，無有斷絕，無有廢捨，無有休息，無有疲厭；修菩薩行，成就大願，悉令具足，曾無退轉，為令如來廣大種性不斷絕故。是名：菩薩摩訶薩第六住無體性無動作往一切佛剎智神通。

佛子！菩薩摩訶薩以善分別一切眾生言音智通，知不可說不可說佛剎微塵數世界中眾生種種言辭。所謂：聖言辭、非聖言辭、天言辭、龍言辭、夜叉言辭、乾闥婆、阿修羅、迦樓羅、緊那羅、摩睺羅伽、人及非人乃至不可說不可說眾生所有言辭，各各表示，種種差別，如是一切皆能了知。此菩薩隨所入世界，能知其中一切眾生所有性欲，如其性欲為出言辭，悉令解了無有疑惑。如日光出現，普照眾色，令有目者悉得明見。菩薩摩訶薩亦復如是，以善分別一切言辭智，深入一切言辭雲，所有言辭令諸世間聰慧之者悉得解了。是名：菩薩摩訶薩第七善分別一切言辭智神通。

佛子！菩薩摩訶薩以出生無量阿僧祇色身莊嚴智通，知一切法遠離色相，無差別相，無種種相，無無量相，無分別相，無青、黃、赤、白相。菩薩如是入於法界，能現其身，作種種色。所謂：無邊色、無量色、清淨色、莊嚴色、普遍色、無比色、普照色、增上色、無違逆色、具諸相色、離眾惡色、大威力色、可尊重色、無窮盡色、眾雜妙色、極端嚴色、不可量色、善守護色、能成熟色、隨化者色、無障礙色、甚明徹色、無垢濁色、極澄淨色、大勇健色、不思議方便色、不可壞色、離瑕翳色、無障闇色、善安住色、妙莊嚴色、諸相端嚴色、種種隨好色、大尊貴色、妙境界色、善磨瑩色、清淨深心色、熾然明盛色、最勝廣大色、無間斷色、無所依色、無等比色、充滿不可說佛剎色、增長色、堅固攝受色、最勝功德色、隨諸心樂色、清淨解了色、積集眾妙色、善巧決定色、無有障礙色、虛空明淨色、清淨可樂色、離諸塵垢色、不可稱量色、妙見色、普見色、隨時示現色、寂靜色、離貪色、真實福田色、能作安隱色、離諸怖畏色、離愚癡行色、智慧勇猛色、身相無礙色、遊行普遍色、心無所依色、大慈所起色、大悲所現色、平等出離色、具足福德色、隨心憶念色、無邊妙寶色、寶藏光明色、眾生信樂色、一切智現前色、歡喜眼色、眾寶莊嚴第一色、無有處所色、自在示現色、種種神通色、生如來家色、過諸譬諭色、周遍法界色、眾皆往詣色、種種色、成就色、出離色、隨所化者威儀色、見無厭足色、種種明淨色、能放無數光網色、不可說光明種種差別色、不可思香光明超過三界色、不可量日輪光明照耀色、示現無比月身色、無量可愛樂華雲色、出生種種蓮華鬘雲莊嚴色、超過一切世間香焰普熏色、出生一切如來藏色、不可說音聲開示演暢一切法色、具足一切普賢行色。佛子！菩薩摩訶薩深入如是無色法界，能現此等種種色身，令所化者見，令所化者念，為所化者轉法輪；隨所化者時，隨所化者相，令所化者親近，令所化者開悟，為所化者起種種神通，為所化者現種種自在，為所化者施種種能事。是名：菩薩摩訶薩為度一切眾生故勤修成就第八無數色身智神通。

　佛子！菩薩摩訶薩以一切法智通，知一切法無有名字、無有種性，無來、無去，非異、非不異，非種種、非不種種，非二、非不二，無我、無比，不生、不滅，不動、不壞，無實、無虛，一相、無相，非無、非有，非法、非非法，不隨於俗、非不隨俗，非業、非非業，非報、非非報，非有為、非無為，非第一義、非不第一義，非道、非非道，非出離、非不出離，非量、非無量，非世間、非出世間，非從因生、非不從因生，非決定、非不決定，非成就、非不成就，非出、非不出，非分別、非不分別，非如理、非不如理。此菩薩不取世俗諦，不住第一義，不分別諸法，不建立文字，隨順寂滅性，不捨一切願，見義知法，興布法雲，降霔法雨。雖知實相不可言說，而以方便無盡辯才，隨法、隨義次第開演；以於諸法言辭辯說皆得善巧，大慈大悲悉已清淨，能於一切離文字法中出生文字，與法、與義隨順無違，為說諸法悉從緣起，雖有言說而無所著。演一切法辯才無盡，分別安立，開發示導，令諸法性具足明顯，斷眾疑網悉得清淨。雖攝眾生不捨真實，於不二法而無退轉，常能演說無礙法門，以眾妙音，隨眾生心，普雨法雨而不失時。是名：菩薩摩訶薩第九一切法智神通。

佛子！菩薩摩訶薩以一切法滅盡三昧智通，於念念中入一切法滅盡三昧，亦不退菩薩道，不捨菩薩事，不捨大慈大悲心，修習波羅蜜未嘗休息，觀察一切佛國土無有厭倦，不捨度眾生願，不斷轉法輪事，不廢教化眾生業，不捨供養諸佛行，不捨一切法自在門，不捨常見一切佛，不捨常聞一切法；知一切法平等無礙，自在成就一切佛法，所有勝願皆得圓滿，了知一切國土差別，入佛種性到於彼岸；能於彼彼諸世界中，學一切法，了法無相，知一切法皆從緣起，無有體性，然隨世俗方便演說；雖於諸法心無所住，然順眾生諸根欲樂，方便為說種種諸法。此菩薩住三昧時，隨其心樂，或住一劫，或住百劫，或住千劫，或住億劫，或住百億劫，或住千億劫，或住百千億劫，或住那由他億劫，或住百那由他億劫，或住千那由他億劫，或住百千那由他億劫，或住無數劫，或住無量劫，乃至或住不可說不可說劫。菩薩入此一切法滅盡三昧，雖復經於爾所劫住，而身不離散、不羸瘦、不變異，非見非不見，不滅不壞，不疲不懈，不可盡竭。雖於有於無悉無所作，而能成辦❷諸菩薩事。所謂：恆不捨離一切眾生，教化調伏未曾失時，令其增長一切佛法，於菩薩行悉得圓滿；為欲利益一切眾生，神通變化無有休息，譬如光影普現一切，而於三昧寂然不動。是為菩薩摩訶薩入一切法滅盡三昧智神通。

佛子！菩薩摩訶薩住於如是十種神通，一切天人不能思議，一切眾生不能思議；一切聲聞、一切獨覺，及餘一切諸菩薩眾，如是皆悉不能思議。此菩薩，身業不可思議，語業不可思議，意業不可思議，三昧自在不可思議，智慧境界不可思議，唯除諸佛及有得此神通菩薩，餘無能說此人功德稱揚讚歎。佛子！是為菩薩摩訶薩十種神通。若菩薩摩訶薩住此神通，悉得一切三世無礙智神通。

註釋

❶「失」，大正本原作「天」，今依前後文意改之。
❷「辦」，大正本原作「辨」，今依明、宮本改之。

白話華嚴經 第五冊

十忍品 第二十九

卷四十四（續）

導讀

THE HUA-YEN SUTRA

十忍品　導讀

本品仍是由普賢菩薩宣說。忍是忍解印可之意，十忍位是等覺位的後心。以此忍斷微細無明，但亦可通前五位（信、住、行、迴向、地）。十忍的體性是智，一般來說忍是因、智是果，實皆是以智慧為體。大乘行或普賢行，皆以忍而不證入實際，為趣向佛果的方法。否則證入涅槃將落入二乘，則不能圓滿菩薩行，是非常可惜而違背發菩提心的初衷。

本品內容主要是說得十忍則能到達一切菩薩無礙忍地，此十忍是：

一、音聲忍。於佛所說法音，樂於聞、思、修。

二、順忍。隨順諸法思惟觀察。

三、無生法忍。不見法生或法滅。

四、如幻忍。知一切法如幻從緣起，一中解多，多中解一。

五、如燄忍。知一切法如陽燄，一切世間非實而假言說。

六、如夢忍。知一切世間如夢想分別而覺悟。

七、如響忍。知一切音聲如空谷回響虛妄不實，而能示現種種善巧言句轉法無礙。

八、如影忍。於水、鏡中現影，而不漂生死、不沈涅槃。

九、如化忍。知一切世間皆如化現，以願力化現利益眾生。

十、如空忍。了知一切法界如虛空無相、無起、無二，又菩薩智慧如虛空清淨、無邊而含持一切法。成就此忍得無來身、無去身等種種身。

末了再以重頌複述十忍之義。這十忍近似《般若經》的精神，但更加入了普賢菩薩的無盡行願，而有種種不可思議的成就。

十忍品　第二十九

【白話語譯】

⓯這時，普賢菩薩告訴諸菩薩眾：

佛子啊！菩薩摩訶薩有十種忍境界，如果他能得證這十種法忍，就能證得到一切菩薩無礙法忍的境地，及無障礙無窮盡的一切佛法。是哪十種法忍呢？就是：一、音聲忍。二、順忍。三、無生法忍。四、如幻忍。五、如燄忍。六、如夢忍。七、如響忍。八、如影忍。九、如化忍。十、如空忍。這十種忍，三世諸佛過去已經宣說、現正在宣說、將來也當宣說。

佛子啊！什麼是菩薩摩訶薩的音聲忍？就是在聽聞諸佛所說的法時，不驚、不怖、不畏，深心信奉開悟了解。樂於趣向，專心憶念，修習安住。以上就是菩薩摩訶薩的第一音聲忍。

佛子啊！什麼是菩薩摩訶薩的順忍？就是能思惟觀察諸法，並且平等看待，無有違背。隨順因緣了知一切，內心清淨，正確地安住修習，趣入成就。以上就是菩薩摩訶薩的第二順忍。

佛子啊！什麼是菩薩摩訶薩的無生法忍？佛子啊！這位菩薩摩訶薩不曾見到有任何法生起，亦不曾見到有任何法消滅。為什麼呢？因為無生則無滅，無滅則無窮盡。無窮盡則離煩惱垢，若離煩惱垢則無差別。無差別則無處所，無處所則寂靜，寂靜則離欲，離欲則無造作。無造作則無願想，無願想則無住執。無住執則無去來。以上就是菩薩摩訶薩的第三無生法忍。

佛子啊！什麼是菩薩摩訶薩的如幻法忍？佛子啊！這位菩薩摩訶薩了知一切的法如幻不實，都是從因緣生起。因此，得以一法解悟多法，或以多法解悟一法。這位菩薩了知諸法如幻，因此能明了通達國土；明了通達眾生；明了通達法界；明了通達世間的平等；明了通達諸佛出現的平等；明了通達三世的平等，而成就種種神通變化。

譬如幻術，不是象、不是馬；不是車、不是步騎；不是男，也不是女；不是童男，也不是童女；不是樹，也不是葉；不是花，也不是果；不是地，也不是水；不是火、不是風；不是晝、不是夜；不是日、不是月；不是半月、不是一日；不是一年、也不是百年；不是一劫、也不是多劫；不是入定、也不是散亂；不是純淨、也不是雜染；既不相同、但也不相異；不是廣大，也不是狹小；既不是多，也不是少；不是量，也不是無量；不是粗，也不是細：不是一切種種的各種事物。種種事物不是幻化，而幻化也不是種種事物。然而因為如幻不實，才能示現種種差別的事相。菩薩摩訶薩也是如此，觀看一切世間如幻不實，就是：業的世間、煩惱的世間、國土的世間、法的世間、時劫的世間、生趣的世間、生成的世間、毀壞的世間、運動的世間、造作的世間。

菩薩摩訶薩觀察一切的世間如幻時，不見有任何眾生生起，不曾見到有什麼眾生滅失；不見有任何的國土生起，也不曾看見有哪一個國土滅失；不曾看見哪一個法生起，也不曾看見有哪一個法滅失；不見過去有何可分別的，也不見未來有何生起造作；不見現在安住一念；不觀察菩提，不分別菩提；不曾看見有哪位佛陀出現，也不曾看見有哪位佛陀涅槃；不曾看見有誰安住大願，也沒看見有誰趣入正住，不出離平等本性。

所以菩薩雖然成就佛土，卻了知所有的國土其實沒有任何差別；雖然成就眾生界，卻了知眾生沒有任何差別；雖然普遍觀察法界，而仍能安住法性，寂然不動；雖然通達三世平等，而仍不違背分別三世法；雖然成就蘊處，而仍能永遠斷除依止；雖然度化解脫眾生，而卻了知法界平等，無二無別；雖然了知一切法遠離文字不可言說，而卻恆常說法，辯才無盡；雖然不取著度化眾生的事業，而卻不捨離大悲，為了度化眾生不斷轉動法輪，無有稍歇；雖然為眾生開示宿昔因緣，卻了知因緣的體性沒有任何動靜。以上就是菩薩摩訶薩的第四如幻忍。

佛子啊！什麼是菩薩摩訶薩的如焰法忍？佛子啊！這位菩薩摩訶薩了知一切世間等同太陽的火焰。譬如太陽的光芒沒有固定的方向。不在內，也不在外；不是有，也不是無；不是斷，也不是常；不是一種顏色，但也沒有很多顏色。但也不是沒有顏色，只是隨著世間的說法而顯示。菩薩如此如實的觀察，因此能夠了知諸法，示現證得一切，得證圓滿。以上就是菩薩摩訶薩的第五如燄忍。

佛子啊！什麼是菩薩摩訶薩的如夢法忍？佛子啊！這位菩薩摩訶薩了知世間如夢一般。譬如夢，不在世間，也沒有離開世間；不在欲界，也不在色界，也不在無色界；沒有受生，但也不是沒有；不染著。但也不可說它清淨。菩薩摩訶薩也是如此，了知一切世間宛如夢境；無有變異；如夢的自性無常⓰；如夢執著；如夢離本性；如夢本性，現多種相⓱；如夢所示現的；如夢無差別；如夢想而分別，如夢覺醒了知是虛幻⓲。以上就是菩薩摩訶薩的第六如夢忍。

佛子啊！什麼是菩薩摩訶薩的如響法忍？佛子啊！這位菩薩摩訶薩聽聞佛陀說法，然後觀察種種法性，修學成就到達彼岸的淨土時，所有一切的聲音都跟回聲一樣，無來也無去。佛子啊！這位菩薩摩訶薩觀察如來的音聲，不是從裡面發出，也不是從外面發出，也不從內外而發出。雖然他明了如來的音聲不是在內，也不在外，亦不是從內外發出的。但卻能示現善巧的名句，成就演說佛法。就譬如空谷迴響，雖從因緣而發起，但卻不與法性相違。因此菩薩能使各種眾生隨著根器的不同而各自解悟修學。如帝釋的夫人阿修羅女，名為；舍支⑲，她能在一種音聲發出千種音聲。雖然她沒想要出聲，但卻能發出一切音聲。菩薩摩訶薩也是如此，他趣入無分別的境界，成就善巧隨類的音聲時，能在無邊的世界恆常轉動法輪。這位菩薩善於觀察眾生，因此能以廣長舌相為他們演說佛法，音聲毫無障礙，遍布十方國土。所以眾生都能修行適合自己的法門，因此他們聽聞的佛法就各不相同。

菩薩雖然了知音聲無所起，而卻能普現音聲；雖然了知諸法無所說，而卻能廣說各種法。菩薩的妙音平等，因此能隨著眾生的類別根器而使他們解悟，智慧明了通達。以上就是菩薩摩訶薩的第七如響忍。

佛子啊！什麼是菩薩摩訶薩的如影法忍？佛子啊！這位菩薩摩訶薩並非出生於世間，也非是死於世間；不在世間內，也不是在世間外；不行於世間，也不是不行於世間；不等同世間，但也不是與世間相異；不往來世間，但也不是不往來世間；不安住世間，也不是不安住世間；不行世間法，但也不行出世間法；不修菩薩行，但也沒有捨離願行；沒有實在，也不是不實在。雖然他常行一切佛法，卻能辨解一切世間事。但卻不會隨逐世間流轉，也不安住法流。就譬如日月、男子、女人、舍宅、山林、河泉等事物，映照在油中、在水中、在身器、寶器、明鏡等清淨的反射物時，影像與油等等的關係，既不是一體，也不是相異；不能說是分開，也不能說是和合；不會漂渡於川流裡，也不會沈沒在池井中。影像的本體雖然示現其中，但卻從無染著。

然而眾生都了知這裡有這個影像，也知道彼處其實並沒有這個影像。所以說遠物、近物雖然都有影像，但影像卻不會隨著物體而分遠近。菩薩摩訶薩也是如此，能了知自身以及他身，一切都是智之境界，不會想成其他的事情。分別自他，因此不管是自己的國土，或是他人國土，其中的種種差別，菩薩都能同時普遍示現。就如同種子中沒有根芽，但卻能生起像莖節、枝葉等等的事。菩薩摩訶薩也是如此，能在無二法中分別二相，行善巧方便，通達無礙。以上就是菩薩摩訶薩的第八如影忍。

菩薩摩訶薩成就這個法忍時，雖然沒有前往參拜十方國土，卻能普遍示現身形於一切佛國剎土。不離此處，也不到彼處。因此能如影像般普遍示現，沒有任何障礙。讓眾生見到的差別身，等同世間的堅實之相。然而這種差別即不是差別，所以不管是分別與不分別，菩薩都無所障礙。因為這位菩薩是從如來的種姓中出生，所以身、語、意都清淨無礙，獲證清淨的無邊色相身。

佛子啊！什麼是菩薩摩訶薩的如化法忍？佛子啊！這位菩薩摩訶薩了知世間都是幻化，就是：一切的眾生都是意業的化現，因為這些眾生都是由覺了的思想所生起；一切的世間都是由各種心行化現，因為世間都是由心念的分別所生起；一切苦樂顛倒的化現，都是由虛妄貪取所生起；一切世間的不實法，都是因為假名與言說所示現；一切煩惱與分別心，都是由於人們生起想念；清淨調伏，都是無分別心的示現；能夠化現三世堅固不轉，是因為他已證得一切法都是無生平等；菩薩因為修行廣大，所以能示現願力。因為如來能夠方便示現，所以能化現大悲。轉法輪的方便化現，因為諸法都是以智慧無畏的辯才宣說。菩薩如此了知世間與出世間的化現，所以能現證地了知、廣大地了知、無邊地了知、宛如真實事件地了知、自在地了知、真實地了知，這些真知是虛妄邪見所不能傾動的，即使隨著世間運行也絲毫不會損失敗壞。

譬如一切的化現都不是從心中生起，不是從心法生起；不是從業生起，不受果報；不在世間生起，也不在世間毀滅；不隨波逐流，不可攬觸；雖不能久住，但也不能短暫地止住；不行於世間，也不是離於世間；不專繫一方，也不普遍屬於諸方；不能計量，也不是不能計量；不厭離、不止息，也不是不厭離、不止息，不可說是凡夫，也不可說是聖人；不染著，也不是清淨；既不是生，也不是死；不能說是有智慧，但也不能說是愚痴；非見，非不見，不依於世間，也不可說是入於法界；既不可說是慧黠，也不可說是遲鈍；非取，非不取；既不是生死，也不是涅槃；不是有，也不是沒有。菩薩如此於世間普行善巧方便，修菩薩道。了知世間法，分身化現而前往教誨。卻從不為世間所染著，不取於自身。所以，完全不會分別世間或自身。他不安住世間，但也不離開世間；既不安住於法，也不離於法。因為宿昔的本願，使他從不捨棄一個眾生界，也不會只調伏極少數的眾生界。他不會分別法，但也不是不分別法。因為他了知諸法自性本無來去，雖然無所有而卻能滿足佛法。了知諸法如幻，不是有也不是無。

佛子啊！菩薩摩訶薩如此安住於如此法忍時，能滿足諸佛的菩提道法，利益眾生。以上就是菩薩摩訶薩的第九如化忍。

菩薩摩訶薩成就了這個法忍時，所有的造作都等同幻化。譬如幻化的大師，不住在一切的佛國剎土，也不取著一切的世間。不分別一切的佛法，只是精勤地趣向菩提無有懈怠。他修習菩薩行，遠離各種顛倒。雖然沒有身形而卻又能示現種種身形，雖然無所止住而卻又安住諸佛國土。他雖然沒有色相，卻又普遍示現眾色。雖然不執著實際卻又明照法性，平等圓滿。

佛子啊！這位菩薩摩訶薩對一切的法都無所依止，所以稱為；解脫者。他已捨離一切的過失，所以稱為：調伏者。他不動不轉，卻能普遍進入一切如來眾會，所以稱為：神通者。他已能善巧治理無生法，所以稱為：無退者。他具足一切力量，連須彌、鐵圍山也不能障礙他，所以稱為無礙者。

佛子啊！什麼是菩薩摩訶薩的如空法忍？佛子啊！這位菩薩摩訶薩了知一切法界猶如虛空，因為無相；因為無生起，所以一切的世界猶如虛空；因為無二，所以一切的法猶如虛空；因為無所行，所以一切的眾生行猶如虛空；因為無分別，所以諸佛猶如虛空；因為無差別，所以一切佛力猶如虛空；因為三際平等，所以一切的禪定猶如虛空；因為不可言說，所以所說的一切法猶如虛空；因為無執著、無障礙，所以一切的佛身猶如虛空。菩薩以如同虛空的方便了知一切法皆無所有。

佛子啊！菩薩摩訶薩以如同虛空的忍智了知一切法時，因此證得如虛空的身、身業；證得如虛空的語、語業；證得如虛空的意、意業。譬如虛空，一切的法依止不生不滅。菩薩摩訶薩也是如此，一切的法身不生不歿。譬如虛空不可破壞，菩薩摩訶薩也是如此，智慧的各種力量皆不可破壞。譬如虛空，一切世間無不依止它，而實無所依。菩薩摩訶薩也是如此，一切諸法無不依止，而實無所依。譬如虛空無生無滅，卻能總持一切世間的生滅。菩薩摩訶薩也是如此，無趣向、無證得，亦能示現趣向證得，普遍使世間清淨。

譬如虛空無方所，也無有角落，卻能顯現無邊的方隅。菩薩摩訶薩也是如此，無業、無報，卻能顯示種種的業報。譬如虛空非行、非住，而能顯示種種的威儀。菩薩摩訶薩也是如此，非行、非住，而能分別一切的諸行。譬如虛空沒有色相，但也不是沒有色相，卻能示現諸色。菩薩摩訶薩也是如此，沒有世間的色相，也沒有出世間的色相，但卻能示現一切色相。譬如虛空非久、非近，卻能久住，示現一切物。菩薩摩訶薩也是如此，非久、非近，卻能久住，顯示菩薩所行的諸行。譬如虛空不是清淨，也不污穢，卻不離淨穢。菩薩摩訶薩也是如此，不是有障礙，也不是沒有障礙，卻不離有障礙、無障礙。譬如虛空，一切世間皆示現眼前，但也沒有示現在一切世間之前。菩薩摩訶薩也是如此，一切諸法皆示現於其前，但也沒有示現於一切諸法之前。譬如虛空，普遍入於一切而無邊際。菩薩摩訶薩也是如此，他雖普遍入於諸法，而菩薩心卻無有邊際。

為什麼呢？乃因菩薩的作為如同虛空，就是：所有的修習、所有的莊嚴清淨、所有的成就都完全平等。體性一同、一味、一種，卻能分量成如此的虛空境，清淨遍布一切處。菩薩如此證知一切法，而不分別一切法。莊嚴清淨一切的諸佛國土，圓滿一切無所依之身。了知一切的方所，無有迷惑。具足一切力量，不可摧壞。滿足一切的無邊功德，已到達一切甚深法處。通達一切波羅蜜道，普遍安坐一切的金剛座。因此能發出各類生靈不同的聲音，為世間轉動佛法法輪，不曾錯失恰當的時節因緣。

以上就是菩薩摩訶薩的第十如空忍。菩薩摩訶薩成就這個法忍時，因為無去，所以得證無來之身；因為無滅，所以得證無生的身；因為無壞，所以得證無動的身；因為遠離虛空，所以得證不實的身；因為無相，所以得證一相的身；因為佛力無量，所以得證無量的身；因為同如一相，所以得到平等的身；因為等觀三世，所以得證無差別的身；因為清淨眼目平等照耀無有障礙，所以得至一切處之身；因為了知一切法無和合離散，所以得證離欲際的身；因為福德藏無盡如同虛空，所以得證虛空的無邊際身；因為以無體性為體性如同虛空，所以得證無斷無盡法性平等辯才之身。了知一切法相是唯一相。

因為無所障礙如同虛空，所以得證無量無礙的音聲身；因為在一切處皆無障礙如同虛空，所以得證具足一切的善巧清淨的菩薩行身；因為不可斷絕如同虛空，所以得證一切的佛法大海次第相續身；因為如同虛空遠離無邊際的貪著，所以得證在一切佛國剎土示現無量的佛國剎土身；因為如同虛空大海無邊無際，所以得證示現一切自在法無休息身；因為如同虛空任持一切世間，所以得證一切不可壞的堅固勢力身；因為如同虛空，一切劫火不能燃燒，所以得證諸根明利如金剛堅固的不可壞身；因為智慧力宛如虛空，所以得證執持一切世間的力身。佛子啊！以上就是菩薩摩訶薩的十種法忍。

這時，普賢菩薩想要重新宣說本來的意思，而說出下面的偈頌：

譬如世間有人，聞有大寶藏處，
以其可獲得故，心生極大歡喜。
如是廣大智慧，菩薩真佛之子，
聽聞諸佛妙法，甚深寂滅之相。
大士勤求菩提，聞斯廣大妙音，
心淨能堪忍受，於此無有疑惑。
自念以聞此音，甚深微妙法義，

當成一切智者，人天偉大導師。
菩薩聞此妙音，其心生大歡喜，
發生大堅固意，願求諸佛妙法。
以樂求菩提故，其心漸趣調伏，
令信心益增長，於法無有違謗。
是故聞此妙音，其心能得堪忍，
安住而不動搖，修行菩薩勝行。
為求大菩提故，專行而向彼道，
精進無有退轉，不捨眾善車軛。
以求大菩提故，其心無有恐畏，
聞法增益勇猛，供佛令得歡喜。
如有大福德人，獲得真金寶藏，
隨身所應服者，造作莊嚴之具。
菩薩亦復如是，聞此甚深法義，
思惟增益智海，以修隨順妙法。
法有亦順了知，法無亦隨順知，

隨彼法爾如是，如是了知諸法。
成就清淨妙心，明澈生大歡喜，
知法從緣起生，勇猛精勤修習。
平等觀察諸法，了知其自本性，
不違諸佛法藏，普覺一切妙法。
志樂常能堅固，嚴淨諸佛菩提，
不動如須彌山，一心勤求正覺。
以發精進心意，亦復修三昧道，
無量時劫勤行，未曾有所退失。
菩薩所入妙法，是佛之所行處，
於此悉能了知，其心無有厭怠。
亦如無等所說，平等觀察諸法，
具非不平等忍，能成平等智慧。
隨順諸佛所說，成就此忍法門，
如法而能了知，亦不分別諸法。
共同一器中食，所食各有不同，

三十三天之中，所有一切天子，
所食種種妙食，不從十方而來，
如其所有修業，自然咸在器中。
菩薩亦復如是，觀察一切諸法，
悉從因緣中起，無生故亦無滅。
無滅故無有盡，無盡故無染著，
於世變異諸法，了知本無變異。
無異則無處所，無處則為寂滅，
其心無有染著，願度一切群生。
專念於諸佛法，未嘗有所散動，
而以悲願大心，方便行於世間。
精勤求於十力，處世而不止住，
無去亦復無來，方便善巧說法。
此忍最為無上，了法無有窮盡，
入於其實法界，其實亦無所入。
菩薩安住此忍，普見諸佛如來，

同時與之授記，斯名受佛職位。
了達三世佛法，寂滅清淨妙相，
而能化導眾生，置於善道之中。
世間種種諸法，一切皆如幻化，
若能如是了知，其心無所動搖。
諸業從心出生，故說是心如幻，
若離此中分別，普滅一切有趣。
譬如工巧幻師，普現一切色像，
徒令大眾貪樂，畢竟空無所得。
世間亦復如是，眾生皆如幻化，
無性亦復無生，示現有種種相。
度脫一切眾生，令知諸法如幻，
眾生不異幻化，了幻亦無眾生。
眾生以及國土，三世所有諸法，
如是悉皆無餘，一切皆如幻化。
幻作男女形相，以及象馬牛羊，

屋宅池泉之類，園林華果等等。
幻物了無知覺，亦無有諸住處，
畢竟寂滅無相，但隨分別顯現。
菩薩亦能如是，普見所有世間，
有無一切諸法，了達悉皆如幻。
眾生以及國土，種種業力所造，
入於如幻之際，於彼無依無著。
如是能得善巧，寂滅無諸戲論，
住於無礙境地，普現廣大威力。
勇猛一切佛子，隨順入於妙法，
善觀一切心想，纏綑於諸世間。
眾想宛如陽焰，令眾生顛倒解，
菩薩善了知想，捨離一切顛倒。
眾生各有別異，形類非僅一種，
了達皆是心想，一切無有真實。
十方一切眾生，皆為心想所覆，

若捨顛倒見解，則滅世間心想。
世間宛如陽焰，以心想有差別，
知世住於心想，遠離三種顛倒。
譬如熱時陽焰，世間謂之為水，
然水實無所有，智者不應追求。
眾生亦復皆然，世趣皆無所有，
如焰住於心想，無礙心之境界。
若離於諸心想，亦離一切戲論，
愚癡著心想者，悉令能得解脫。
遠離憍慢之心，除滅世間心想，
住盡無盡之處，是為菩薩方便。
菩薩了達世法，一切皆如夢幻，
非處亦非無處，體性恆住寂滅。
諸法無有分別，如夢不異於心，
三世一切世間，一切悉皆如是。
夢體實無生滅，亦無有何方所，

三界悉亦如是，見者心得解脫。
夢不在於世間，亦不在非世間，
此二不可分別，得入於忍地中。
譬如夢中相見，種種一切異相，
世間亦復如是，與夢無有差別。
安住於夢定者，了世皆如夢幻，
非同非是異相，非一亦非種種。
眾生諸剎土業，雜染以及清淨，
如是悉皆了知，與夢皆為平等。
菩薩所行之行，及以一切大願，
明了皆如夢幻，與世亦無分別。
了世悉皆空寂，不壞於世間法，
譬如夢幻所見，長短等諸色相。
是名如夢之忍，因此了達世法，
疾成無礙智慧，廣度一切群生。
修行如是妙行，出生廣大慧解，

善巧知諸法性，於法心無所著。
一切諸世間中，種種所有音聲，
非內亦復非外，了之悉皆如響。
如聞種種聲響，心不生於分別，
菩薩聞諸音聲，其心亦復如是。
瞻仰諸佛如來，以及聽說法音，
演說契經無量，雖聞亦無所著。
如響無有來處，所聞聲亦復然，
而能分別諸法，與法無有乖謬。
善巧了諸音聲，於聲而不分別，
了知聲悉空寂，普出清淨妙音。
了法不在言語，善入無言之際，
而能示現言說，如響遍達世間。
了知言語妙道，具足音聲之分，
了知聲性空寂，以世言音演說。
如世所有音聲，示同分別之法，

其音悉皆周遍，開悟一切群生。
菩薩獲證此忍，淨音化導世間，
善巧演說三世，於世無所貪著。
為欲利益世間，專意欣求菩提，
而當入於法性，於彼無所分別。
普觀一切世間，寂滅空無體性，
而恆為諸饒益，修行心意不動。
不住於諸世間，亦不離於世間，
於世無所依止，依處亦不可得。
了知世間體性，於性無所染著，
雖不依止世間，化世令彼超度。
世間所有諸法，悉知其中自性，
了法無有二相，無二亦無染著。
心不離於世間，亦不住於世間，
非於世間之外，修行一切智慧。
譬如水中影像，非內亦復非外，

菩薩勤求菩提，了世亦非世間。
不於世間住出，以世間不可說，
亦不在於內外，如影現於世間。
入此甚深妙義，離垢悉皆明澈，
不捨本誓願心，普照智慧明燈。
世間無有邊際，智入悉皆齊等，
普化一切群生，令其捨眾執著。
觀察甚深妙法，利益諸群生眾，
從此入於智慧，修行一切妙道。
菩薩觀察諸法，諦了悉皆如化，
而行如幻化行，畢竟永不捨棄。
隨順化導自性，修習菩提大道，
一切法如幻化，菩薩行亦復然。
一切所有世間，及以無量眾業，
平等悉如幻化，畢竟住於寂滅。
三世所有諸佛，一切亦如幻化，

本願勤修諸行，變化成就如來。
佛以大慈大悲，度脫化導眾生，
度脫亦如幻化，幻化力為說法。
了知世皆如化，不分別於世間，
化事種種殊異，皆由業力差別。
修習菩提勝行，莊嚴於幻化藏，
無量善巧莊嚴，如業造作世間。
化法遠離分別，亦不分別諸法，
此二俱皆寂滅，菩薩行亦如是。
化海了於智慧，化性印諸世間，
幻化非生滅法，智慧亦復如是。
第十忍明觀照，眾生以及諸法，
體性悉皆寂滅，如空無有處所。
獲此如空智慧，永遠貪取執著，
如空無種種相，於世無所障礙。
成就空忍大力，如空無有窮盡，

境界宛如虛空，不作空之分別。
虛空無有體性，亦復非斷滅相，
亦無種種分別，智力亦復如是。
虛空無有初際，亦復無中後際，
其量實不可得，菩薩智慧亦然。
如是觀察法性，一切宛如虛空，
無生亦復無滅，乃菩薩之所得。
自住如空妙法，復為眾生宣說，
降伏一切眾魔，皆斯空忍方便。
世間相之差別，皆空無有眾相，
入於無相之處，諸相悉皆平等。
唯以一方便力，普入於眾世間，
謂知三世諸法，悉等虛空體性。
智慧與眾音聲，及以菩薩妙身，
其性宛如虛空，一切悉皆寂滅。
如是十種忍力，佛子所修妙行，

其心善巧安住，廣為眾生宣說。
於此善巧修學，成就廣大威力，
法力以及智力，是為菩提方便。
通達此十忍門，成就無礙智慧，
超過一切大眾，轉於無上法輪。
所修廣大勝行，其量實不可得，
佛調御師智海，乃能分別了知。
捨我而勤修行，入於甚深法性，
心常安住淨法，以是布施群生。
眾生以及剎塵，尚可了知其數，
菩薩一切功德，無能度其界限。
菩薩乃能成就，如是十種忍門，
智慧及其所行，眾生莫能測度。

【註釋】

⑮這品在說明智慧深奧。忍，是忍解印可的意義，又稱為智慧的觀照。

⑯夢的自性無恆常，所以前句顯示恆常義，這句顯示無常義。

⑰第二句就體性與外相來說明，就是說本性一如，但現相多種。

⑱此句在說明覺醒，覺醒時知道是夢，因為有夢才知道覺醒，因為覺醒才知道實無有夢，這是就迷悟相對的止觀門而言。

⑲舍支　梵語Śaci的音譯，又作「舍脂」，意譯作「可愛」、「能縛」等。

【原典】

爾時，普賢菩薩告諸菩薩言：

佛子！菩薩摩訶薩有十種忍，若得此忍，則得到於一切菩薩無礙忍地，一切佛法無礙無盡。何者為十？所謂：音聲忍、順忍、無生法忍、如幻忍、如焰忍、如夢忍、如響忍、如影忍、如化忍、如空忍。此十種忍，三世諸佛已說、今說、當說。

佛子！云何為菩薩摩訶薩音聲忍？謂聞諸佛所說之法不驚、不怖、不畏，深信悟解，愛樂趣向，專心憶念，修習安住。是名：菩薩摩訶薩第一音聲忍。

佛子！云何為菩薩摩訶薩順忍？謂於諸法，思惟觀察，平等無違，隨順了知，令心清淨，正住修習，趣入成就。是名：菩薩摩訶薩第二順忍。

佛子！云何為菩薩摩訶薩無生法忍？佛子！此菩薩摩訶薩不見有少法生，亦不見有少法滅。何以故？若無生則無滅，若無滅則無盡，若無盡則離垢，若離垢則無差別，若無差別則無處所，若無處所則寂靜，若寂靜則離欲，若離欲則無作，若無作則無願，若無願則無住，若無住則無去無來。是名：菩薩摩訶薩第三無生法忍。

佛子！云何為菩薩摩訶薩如幻忍？佛子！此菩薩摩訶薩知一切法，皆悉如幻，從因緣起，於一法中解多法，於多法中解一法。此菩薩知諸法如幻已，了達國土，了達眾生，了達法界，了達世間平等，了達佛出現平等，了達三世平等，成就種種神通變化。譬如幻，非象、非馬，非車、非步，非男、非女，非童男、非童女，非樹、非葉、非華、非果，非地、非水、非火、非風，非晝、非夜，非日、非月，非半月、非一月，非一年、非百年，非一劫、非多劫，非定、非亂，非純、非雜，非一、非異，非廣、非狹，非多、非少，非量、非無量，非麁、非細，非是一切種種眾物；種種非幻，幻非種種，然由幻故，示現種種差別之事。菩薩摩訶薩亦復如是，觀一切世間如幻，所謂：業世間、煩惱世間、國土世間、法世間、時世間、趣世間、成世間、壞世間、運動世間、造作世間。菩薩摩訶薩觀一切世間如幻時，不見眾生生，不見眾生滅；不見國土生，不見國土滅；不見諸法生，不見諸法滅；不見過去可分別，不見未來有起作，不見現在一念住；不觀察菩提，不分別菩提；不見佛出現，不見佛涅槃；不見住大願，不見入正位❸，不出平等性。是菩薩雖成就佛國土，知國土無差別；雖成就眾生界，知眾生無差別；雖普觀法界，而安住法性寂然不動；雖達三世平等，而不違分別三世法；雖成就蘊、處，而永斷所依；雖度脫眾生，而了知法界平等無種種差別；雖知一切法遠離文字不可言說，而常說法辯才無盡；雖不取著化眾生事，而不捨大悲，為度一切轉於法輪；雖為開示過去因緣，而知因緣性無有動轉。是名：菩薩摩訶薩第四如幻忍。

佛子！云何為菩薩摩訶薩如焰忍？佛子！此菩薩摩訶薩知一切世間同於陽焰。譬如陽焰，無有方所，非內、非外，非有、非無，非斷、非常，非一色、非種種色亦非無色，但隨世間言說顯示。菩薩如是如實觀察，了知諸法，現證一切，令得圓滿。是名：菩薩摩訶薩第五如焰忍。

佛子！云何為菩薩摩訶薩如夢忍？佛子！此菩薩摩訶薩知一切世間如夢。譬如夢，非世間、非離世間，非欲界、非色界、非無色界，非生、非沒，非染、非淨，而有示現。菩薩摩訶薩亦復如是，知一切世間悉同於夢，無有變異故，如夢自性故，如夢執著故，如夢性離故，如夢本性故，如夢所現故，如夢無差別故，如夢想分別故，如夢覺時故。是名：菩薩摩訶薩第六如夢忍。

佛子！云何為菩薩摩訶薩如響忍？佛子！此菩薩摩訶薩聞佛說法，觀諸法性，修學成就，到於彼岸；知一切音聲，悉同於響，無來無去，如是示現。佛子！此菩薩摩訶薩觀如來聲，不從內出，不從外出，亦不從於內外而出；雖了此聲非內、非外、非內外出，而能示現善巧名句，成就演說。譬如谷響，從緣所起，而與法性無有相違，令諸眾生隨類各解而得修學。如帝釋夫人阿修羅女，名曰：舍支，於一音中出千種音，亦不心念令如是出。菩薩摩訶薩亦復如是，入無分別界，成就善巧隨類之音，於無邊世界中恆轉法輪。此菩薩善能觀察一切眾生，以廣長舌相而為演說，其聲無礙，遍十方土，令隨所宜，聞法各異；雖知聲無起而普現音聲，雖知無所說而廣說諸法；妙音平等，隨類各解，悉以智慧而能了達。是名❹：菩薩摩訶薩第七如響忍。

佛子！云何為菩薩摩訶薩如影忍？佛子！此菩薩摩訶薩，非於世間生，非於世間沒；非在世間內，非在世間外；非行於世間，非不行世間；非同於世間，非異於世間；非往於世間，非不往世間；非住於世間，非不住世間；非是世間，非出世間；非修菩薩行，非捨於大願；非實，非不實。雖常行一切佛法，而能辦一切世間事，不隨世間流，亦不住法流。譬如日月、男子、女人、舍宅、山林、河泉等物，於油、於水、於身、於寶、於明鏡等清淨物中而現其影。影與油等，非一、非異，非離、非合，於川流中亦不漂度，於池井內亦不沈沒，雖現其中，無所染著。然諸眾生，知於此處有是影現，亦知彼處無如是影；遠物、近物雖皆影現，影不隨物而有近遠。菩薩摩訶薩亦復如是，能知自身及以他身，一切皆是智之境界，不作二解，謂自、他別，而於自國土、於他國土，各各差別，一時普現。如種子中，無有根芽、莖節、枝葉，而能生起如是等事。菩薩摩訶薩亦復如是，於無二法中分別二相，善巧方便，通達無礙。是名：菩薩摩訶薩第八如影忍。菩薩摩訶薩成就此忍，雖不往詣十方國土，而能普現一切佛剎；亦不離此，亦不到彼，如影普現，所行無礙；令諸眾生見差別身，同於世間堅實之相，然此差別即非差別，別與不別無所障礙。此菩薩從於如來種性而生，身、語及意清淨無礙，故能獲得無邊色相清淨之身。

佛子！云何為菩薩摩訶薩如化忍？佛子！此菩薩摩訶薩知一切世間皆悉如化。所謂：一切眾生意業化，覺想所起故；一切世間諸行化，分別所起故；一切苦樂顛倒化，妄取所起故；一切世間不實法化，言說所現故；一切煩惱分別化，想念所起故；復有清淨調伏化，無分別所現故；於三世不轉化，無生平等故；菩薩願力化，廣大修行故；如來大悲化，方便示現故；轉法輪方便化，智慧無畏辯才所說故。菩薩如是了知世間、出世間化，現證知，廣大知，無邊知，如事知，自在知，真實知，非虛妄見所能傾動，隨世所行亦不失壞。譬如化，不從心起、不從心法起，不從業起、不受果報，非世間生、非世間滅，不可隨逐、不可攬觸，非久住、非須臾住，非行世間、非離世間，不專繫一方，不普屬諸方，非有量、非無量，不厭不息、非不厭息，非凡、非聖，非染、非淨，非生、非死，非智、非愚，非見、非不見，非依世間、非入法界，非黠慧、非遲鈍，非取、非不取，非生死、非涅槃，非有、非無有。菩薩如是善巧方便，行於世間修菩薩道，了知世法，分身化往；不著世間，不取自身，於世、於身無所分別；不住世間，不離世間；不住於法，不離於法；以本願故，不棄捨一眾生界，不調伏少眾生界。不分別法；非不分別，知諸法性無來無去，雖無所有而滿足佛法，了法如化非有非無。佛子！菩薩摩訶薩如是安住如化忍時，悉能滿足一切諸佛菩提之道，利益眾生。是名：菩薩摩訶薩第九如化忍。菩薩摩訶薩成就此忍，凡有所作悉同於化，譬如化士，於一切佛剎無所依住，於一切世間無所取著，於一切佛法不生分別，而趣佛菩提無有懈倦，修菩薩行離諸顛倒，雖無有身而現一切身，雖無所住而住眾國土，雖無有色而普現眾色，雖不著實際而明照法性平等圓滿。佛子！此菩薩摩訶薩於一切法無所依止，名：解脫者；一切過失悉皆捨離，名：調伏者；不動不轉，普入一切如來眾會，名：神通者；於無生法已得善巧，名：無退者；具一切力，須彌、鐵圍不能為障，名：無礙者。

佛子！云何為菩薩摩訶薩如空忍？佛子！此菩薩摩訶薩了一切法界猶如虛空，以無相故；一切世界猶如虛空，以無起故；一切法猶如虛空，以無二故；一切眾生行猶如虛空，無所行故；一切佛猶如虛空，無分別故；一切佛力猶如虛空，無差別故；一切禪定猶如虛空，三際平等故；所說一切法猶如虛空，不可言說故；一切佛身猶如虛空，無著無礙故。菩薩如是，以如虛空方便，了一切法皆無所有。佛子！菩薩摩訶薩以如虛空忍智了一切法時，得如虛空身、身業，得如虛空語、語業，得如虛空意、意業。譬如虛空，一切法依不生不歿；菩薩摩訶薩亦復如是，一切法身不生不歿。譬如虛空，不可破壞；菩薩摩訶薩亦復如是，智慧諸力不可破壞。譬如虛空，一切世間之所依止而無所依；菩薩摩訶薩亦復如是，一切諸法之所依止而無所依。譬如虛空，無生、無滅，能持一切世間生、滅；菩薩摩訶薩亦復如是，無向、無得，能示向、得，普使世間修行清淨。譬如虛空，無方、無隅，而能顯現無邊方、隅；菩薩摩訶薩亦復如是，無業、無報，而能顯示種種業、報。譬如虛空，非行、非住，而能示現種種威儀；菩薩摩訶薩亦復如是，非行、非住，而能分別一切諸行。譬如虛空，非色、非非色，而能示現種種諸色；菩薩摩訶薩亦復如是，非世間色、非出世間色，而能示現一切諸色。譬如虛空，非久、非近，而能久住，現一切物；菩薩摩訶薩亦復如是，非久、非近，而能久住，顯示菩薩所行諸行。譬如虛空，非淨、非穢，不離淨、穢；菩薩摩訶薩亦復如是，非障、非無障，不離障、無障。譬如虛空，一切世間皆現其前，非現一切世間之前；菩薩摩訶薩亦復如是，一切諸法皆現其前，非現一切諸法之前。譬如虛空，普入一切，而無邊際；菩薩摩訶薩亦復如是，普入諸法，而菩薩心無有邊際。何以故？菩薩所作如虛空故。謂所有修習、所有嚴淨、所有成就皆悉平等，一體、一味、一種，分量如虛空，清淨遍一切處。如是證知一切諸法，於一切法無有分別，嚴淨一切諸佛國土，圓滿一切無所依身，了一切方無有迷惑，具一切力不可摧壞，滿足一切無邊功德，已到一切甚深法處，通達一切波羅蜜道，普坐一切金剛之座，普發一切隨類之音，為一切世間轉於法輪未曾失時。是名：菩薩摩訶薩第十如空忍。菩薩摩訶薩成就此忍，得無來身，以無去故；得無生身，以無滅故；得無動身，以無壞故；得不實身，離虛妄故；得一相身，以無相故；得無量身，佛力無量故；得平等身，同如相故；得無差別身，等觀三世故；得至一切處身，淨眼等照無障礙故；得離欲際身，知一切法無合散故；得虛空無邊際身，福德藏無盡如虛空故；得無斷無盡法性平等辯才身，知一切法相唯是一相，無性為性如虛空故；得無量無礙音聲身，無所障礙如虛空故；得具足一切善巧清淨菩薩行身，於一切處皆無障礙如虛空故；得一切佛法海次第相續身，不可斷絕如虛空故；得一切佛剎中現無量佛剎身，離諸貪著如虛空無邊故；得示現一切自在法無休息身，如虛空大海無邊際故；得一切不可壞堅固勢力身，如虛空任持一切世間故；得諸根明利如金剛堅固不可壞身，如虛空一切劫火不能燒故；得持一切世間力身，智慧力如虛空故。

佛子！是名菩薩摩訶薩十種忍。

爾時，普賢菩薩摩訶薩欲重宣其義而說頌言：

譬如世有人，聞有寶藏處，以其可得故，心生大歡喜。
如是大智慧，菩薩真佛子，聽聞諸佛法，甚深寂滅相。
聞此深法時，其心得安隱，不驚亦不怖，亦不生恐畏。
大士求菩提，聞斯廣大音，心淨能堪忍，於此無疑惑。
自念以聞此，甚深微妙法，當成一切智，人天大導師。
菩薩聞此音，其心大歡喜，發生堅固意，願求諸佛法。
以樂菩提故，其心漸調伏，令信益增長，於法無違謗。

是故聞此音，其心得堪忍，安住而不動，修行菩薩行。
為求菩提故，專行向彼道，精進無退轉，不捨眾善軛。
以求菩提故，其心無恐畏，聞法增勇猛，供佛令歡喜。
如有大福人，獲得真金藏，隨身所應服，造作莊嚴具。
菩薩亦如是，聞此甚深義，思惟增智海，以修隨順法。
法有亦順知，法無亦順知，隨彼法如是，如是知諸法。
成就清淨心，明徹大歡喜，知法從緣起，勇猛勤修習。
平等觀諸法，了知其自性，不違佛法藏，普覺一切法。
志樂常堅固，嚴淨佛菩提，不動如須彌，一心求正覺。
以發精進意，復修三昧道，無量劫勤行，未曾有退失。
菩薩所入法，是佛所行處，於此能了知，其心無厭怠。
如無等所說，平等觀諸法，非不平等忍，能成平等智。
隨順佛所說，成就此忍門，如法而了知，亦不分別法。
三十三天中，所有諸天子，共同一器食，所食各不同。
所食種種食，不從十方來，如其所修業，自然咸在器。
菩薩亦如是，觀察一切法，悉從因緣起，無生故無滅，

無滅故無盡，無盡故無染，於世變異法，了知無變異，
無異則無處，無處則寂滅，其心無染著，願度諸群生。
專念於佛法，未嘗有散動，而以悲願心，方便行於世。
勤求於十力，處世而不住，無去亦無來，方便善說法。
此忍最為上，了法無有盡，入於真法界，實亦無所入。
菩薩住此忍，普見諸如來，同時與授記，斯名受佛職。
了達三世法，寂滅清淨相，而能化眾生，置於善道中。
世間種種法，一切皆如幻，若能如是知，其心無所動。
諸業從心生，故說心如幻，若離此分別，普滅諸有趣。
譬如工幻師，普現諸色像，徒令眾貪樂，畢竟無所得。
世間亦如是，一切皆如幻，無性亦無生，示現有種種。
度脫諸眾生，令知法如幻，眾生不異幻，了幻無眾生。
眾生及國土，三世所有法，如是悉無餘，一切皆如幻。
幻作男女形，及象馬牛羊，屋宅池泉類，園林華果等。
幻物無知覺，亦無有住處，畢竟寂滅相，但隨分別現。
菩薩能如是，普見諸世間，有無一切法，了達悉如幻。

眾生及國土，種種業所造，入於如幻際，於彼無依著。
如是得善巧，寂滅無戲論，住於無礙地，普現大威力。
勇猛諸佛子，隨順入妙法，善觀一切想，纏網於世間。
眾想如陽焰，令眾生倒解，菩薩善知想，捨離一切倒。
眾生各別異，形類非一種，了達皆是想，一切無真實。
十方諸眾生，皆為想所覆，若捨顛倒見，則滅世間想。
世間如陽焰，以想有差別，知世住於想，遠離三顛倒。
譬如熱時焰，世見謂為水，水實無所有，智者不應求。
眾生亦復然，世趣皆無有，如焰住於想，無礙心境界。
若離於諸想，亦離諸戲論，愚癡著想者，悉令得解脫。
遠離憍慢心，除滅世間想，住盡無盡處，是菩薩方便。
菩薩了世法，一切皆如夢，非處非無處，體性恆寂滅。
諸法無分別，如夢不異心，三世諸世間，一切悉如是。
夢體無生滅，亦無有方所，三界悉如是，見者心解脫。
夢不在世間，不在非世間，此二不分別，得入於忍地。
譬如夢中見，種種諸異相，世間亦如是，與夢無差別。

住於夢定者，了世皆如夢，非同非是異，非一非種種。
眾生諸剎業，雜染及清淨，如是悉了知，與夢皆平等。
菩薩所行行，及以諸大願，明了皆如夢，與世亦無別。
了世皆空寂，不壞於世法，譬如夢所見，長短等諸色。
是名如夢忍，因此了世法，疾成無礙智，廣度諸群生。
修行如是行，出生廣大解，巧知諸法性，於法心無著。
一切諸世間，種種諸音聲，非內亦非外，了之悉如響。
如聞種種響，心不生分別；菩薩聞音聲，其心亦如是。
瞻仰諸如來，及聽說法音，演契經無量，雖聞無所著。
如響無來處，所聞聲亦然，而能分別法，與法無乖謬。
善了諸音聲，於聲不分別，知聲悉空寂，普出清淨音。
了法不在言，善入無言際，而能示言說，如響遍世間。
了知言語道，具足音聲分，知聲性空寂，以世言音說。
如世所有音，示同分別法，其音悉周遍，開悟諸群生。
菩薩獲此忍，淨音化世間，善巧說三世，於世無所著。
為欲利世間，專意求菩提，而常入法性，於彼無分別。

普觀諸世間，寂滅無體性，而恆為饒益，修行意不動。
不住於世間，不離於世間，於世無所依，依處不可得。
了知世間性，於性無染著，雖不依世間，化世令超度。
世間所有法，悉知其自性，了法無有二，無二亦無著。
心不離世間，亦不住世間，非於世間外，修行一切智。
譬如水中影，非內亦非外，菩薩求菩提，了世非世間。
不於世住出，以世不可說，亦不在內外，如影現世間。
入此甚深義，離垢悉明徹，不捨本誓心，普照智慧燈。
世間無邊際，智入悉齊等，普化諸群生，令其捨眾著。
觀察甚深法，利益群生眾，從此入於智，修行一切道。
菩薩觀諸法，諦了悉如化，而行如化行，畢竟永不捨。
隨順化自性，修習菩提道，一切法如化，菩薩行亦然。
一切諸世間，及以無量業，平等悉如化，畢竟住寂滅。
三世所有佛，一切亦如化，本願修諸行，變化成如來。
佛以大慈悲，度脫化眾生，度脫亦如化，化力為說法。
知世皆如化，不分別世間，化事種種殊，皆由業差別。

修習菩提行，莊嚴於化藏，無量善莊嚴，如業作世間。
化法離分別，亦不分別法，此二俱寂滅，菩薩行如是。
化海了於智，化性印世間，化非生滅法，智慧亦如是。
第十忍明觀，眾生及諸法，體性皆寂滅，如空無處所。
獲此如空智，永離諸取著，如空無種種，於世無所礙。
成就空忍力，如空無有盡，境界如虛空，不作空分別。
虛空無體性，亦復非斷滅，亦無種種別，智力亦如是。
虛空無初際，亦復無中後，其量不可得，菩薩智亦然。
如是觀法性，一切如虛空，無生亦無滅，菩薩之所得。
自住如空法，復為眾生說，降伏一切魔，皆斯忍方便。
世間相差別，皆空無有相，入於無相處，諸相悉平等。
唯以一方便，普入眾世間，謂知三世法，悉等虛空性。
智慧與音聲，及以菩薩身，其性如虛空，一切皆寂滅。
如是十種忍，佛子所修行，其心善安住，廣為眾生說。
於此善修學，成就廣大力，法力及智力，為菩提方便。
通達此忍門，成就無礙智，超過一切眾，轉於無上輪。

所修廣大行，其量不可得，調御師智海，乃能分別知。

捨我而修行，入於深法性，心常住淨法，以是施群生。

眾生及剎塵，尚可知其數，菩薩諸功德，無能度其限。

菩薩能成就，如是十種忍，智慧及所行，眾生莫能測。

註釋

❸「位」，大正本原作「住」，今依三本及宮本改之。

❹「名」，大正本原作「各」，今依三本及宮本改之。

白話華嚴經 第五冊

阿僧祇品 第三十

導讀

卷四十五

THE HUA-YEN SUTRA

阿僧祇品　導讀

本品是第七會的第四品，自此以下三品，總明等覺的深奧。本品在六十華嚴及梵本皆名為「心王菩薩問阿僧祇品」。本品的發問者是心王菩薩，請問佛陀阿僧祇的意義。「阿」是無之意，「僧祇」是數，所以阿僧祇是「無數」之意。經論中常用「僧祇」為十大數之首。

本品由心王菩薩啟問諸佛所知的數量，而由佛陀回答。回答分兩部份，先是數量的名稱及大小；次以偈頌說明數量的意義。此義是唯佛乃知，所以難可了知、難以宣說。偈有一百二十，前六偈說明普賢德行廣大，其餘說明佛德深廣難測。

普賢德行無盡，窮盡不可說的劫數也無法稱揚讚歎得盡。而一一毛端又有不可說之普賢，所以法界普賢的德行無盡。其次佛德無盡中說明國土無盡，而佛陀亦不可數。佛陀依正二報能自在融攝入出，自在利益眾生。對於這些，菩薩能完全分別說明，也能說一切的種種菩薩因行。如三業勤勇行、應器攝生行、游方供佛行、廣修十度行、游剎自在行、調伏眾生行、三業自在行、願智自在行，所以讚一切德行無盡。

大方廣佛華嚴經卷　第四十五

阿僧祇品　第三十

【白話語譯】

這時，心王菩薩對佛陀說：

世尊啊！諸佛如來演說阿僧祇、無量、無邊、無等、不可數、不可稱、不可思、不可量、不可說、不可說不可說等數之法。世尊！到底什麼是阿僧祇乃至於不可說不可說的數目呢？

佛陀告訴心王菩薩說：

善哉！善哉！善男子！你現在為了讓世人進入佛陀所了知數量的意義，而請問諸佛關於這些數目的含意。善男子！現在你應仔細地諦聽，善巧思惟憶念這些數字！我現在就要為你解說些數字的含意。

這時，心王菩薩尊敬而專注的接受如來的教誨。

佛陀說：

善男子啊！一百個洛叉等於一個俱胝，俱胝個俱胝為一個阿庾多。阿庾多個阿庾多為一個那由他，那由他個那由他為一個頻波羅。頻波羅個頻波羅為一個矜羯羅，矜羯羅個矜羯羅為一個阿伽羅。阿伽羅個阿伽羅為一個最勝，最勝個最勝為一個摩婆羅。摩婆羅個摩婆羅為一個阿婆羅，阿婆羅個阿婆羅為一個多婆羅。多婆羅個多婆羅為一個界分，界分個界分為一個普摩。普摩個普摩為一個禰摩，禰摩個禰摩為一個阿婆鈐。阿婆鈐個阿婆鈐為一個彌伽婆，彌伽婆個彌伽婆為一個毘攞伽。毘攞伽個毘攞伽為一個毘伽婆，毘伽婆個毘伽婆為一個僧羯邏摩。僧羯邏摩個僧羯邏摩為一個毘薩羅，毘薩羅個毘薩羅為一個毘瞻婆。毘瞻婆個毘瞻婆為一個毘盛伽，毘盛伽個毘盛伽為一個毘素陀。毘素陀個毘素陀為一個毘婆訶，毘婆訶個毘婆訶為一個毘薄底。毘薄底個毘薄底為一個毘佉擔，毘佉擔個毘佉擔為一個稱量。

稱量個稱量為一個一持，一持個一持為一個異路。異路個異路為一個顛倒，顛倒個顛倒為一個三末耶，三末耶個三末耶為一個毘覩羅，毘覩羅個毘覩羅為一個奚婆羅。奚婆羅個奚婆羅為一個伺察，伺察個伺察為一個周廣。周廣個周廣為一個高出，高出個高出為一個最妙。最妙個最妙為一個泥羅婆，泥羅婆個泥羅婆為一個訶理婆。訶理婆個訶理婆為一個一動，一動個一動為一個訶理蒲。訶理蒲個訶理蒲為一個訶理三，訶理三個訶理三為一個奚魯伽。奚魯伽個奚魯伽為一個達攞步陀，達攞步陀個達攞步陀為一個訶魯那。訶魯那個訶魯那為一個摩魯陀，摩魯陀個摩魯陀為一個懺慕陀。

懺慕陀個懺慕陀為一個毉攞陀，毉攞陀個毉攞陀為一個摩魯摩。摩魯摩個摩魯摩為一個調伏，調伏個調伏為一個離憍慢。離憍慢個離憍慢為一個不動，不動個不動為一個極量。極量個極量為一個阿麼怛羅，阿麼怛羅個阿麼怛羅為一個勃麼怛羅。勃麼怛羅個勃麼怛羅為一個伽麼怛羅，伽麼怛羅個伽麼怛羅為一個那麼怛羅。那麼怛羅個那麼怛羅為一個奚麼怛羅，奚麼怛羅個奚麼怛羅為一個鞞麼怛羅。鞞麼怛羅個鞞麼怛羅為一個鉢羅麼怛羅，鉢羅麼怛羅個鉢羅麼怛羅為一個尸婆麼怛羅。尸婆麼怛羅個尸婆麼怛羅為一個翳羅。翳羅個翳羅為一個薜羅，薜羅個薜羅為一個諦羅。

諦羅個諦羅為一個偈羅，偈羅個偈羅為一個窣步羅。窣步羅個窣步羅為一個泥羅，泥羅個泥羅為一個計羅。計羅個計羅為一個細羅，細羅個細羅為一個睥羅。睥羅個睥羅為一個謎羅，謎羅個謎羅為一個娑攞荼。娑攞荼個娑攞荼為一個謎魯陀，謎魯陀個謎魯陀為一個契魯陀。契魯陀個契魯陀為一個摩覩羅，摩覩羅個摩覩羅為一個娑母羅。娑母羅個娑母羅為一個阿野娑，阿野娑個阿野娑為一個迦麼羅。迦麼羅個迦麼羅為一個摩伽婆，摩伽婆個摩伽婆為一個阿怛羅。

阿怛羅個阿怛羅為一個醯魯耶，醯魯耶個醯魯耶為一個薜魯婆。薜魯婆個薜魯婆為一個羯羅波，羯羅波個羯羅波為一個訶婆婆。訶婆婆個訶婆婆為一個毘婆羅，毘婆羅個毘婆羅為一個那婆羅。那婆羅個那婆羅為一個摩攞羅，摩攞羅個摩攞羅為一個娑婆羅。娑婆羅個娑婆羅為一個迷攞普，迷攞普個迷攞普為一個者麼羅。者麼羅個者麼羅為一個馱麼羅，馱麼羅個馱麼羅為一個鉢攞麼陀。鉢攞麼陀個鉢攞麼陀為一個毘伽摩，毘伽摩個毘伽摩為一個烏波跋多。烏波跋多個烏波跋多為一個演說，演說個演說為一個無盡。無盡個無盡為一個出生，出生個出生為一個無我。無我個無我為一個阿畔多，阿畔多個阿畔多為一個青蓮華。青蓮華個青蓮華為一個鉢頭摩。

鉢頭摩個鉢頭摩為一個僧祇，僧祇個僧祇為一個趣。趣個趣為一個至，至個至為一個阿僧祇。阿僧祇個阿僧祇為一個阿僧祇轉，阿僧祇轉個阿僧祇轉為一個無量。無量個無量為一個無量轉，無量轉個無量轉為一個無邊。無邊個無邊為一個無邊轉，無邊轉個無邊轉為一個無等。無等個無等為一個無等轉，無等轉個無等轉為一個不可數。不可數個不可數為一個不可數轉，不可數轉個不可數轉為一個不可稱。不可稱個不可稱為一個不可稱轉，不可稱轉個不可稱轉為一個不可思。不可思個不可思為一個不可思轉，不可思轉個不可思轉為一個不可量。不可量個不可量為一個不可量轉，不可量轉個不可量轉為一個不可說。不可說個不可說為一個不可說轉，不可說轉個不可說轉為一個不可說不可說。而不可說不可說個不可說不可說為一個不可說不可說轉。

這時，世尊為心王菩薩宣說如下的偈頌：

不可言說不可說中，充滿一切不可說數，
不可言說諸時劫中，宣說不可說不可盡。
不可言說諸佛剎土，皆悉碎末化為微塵，
一微塵中剎不可說，如一塵一切皆如是。
此不可說諸佛剎土，一念碎塵亦不可說，
念念所碎塵悉亦然，盡不可說劫常恆爾。
此塵中有剎不可說，此剎為塵說復更難，
以不可說算數之法，不可說劫如是數量。
以此諸塵數諸時劫，一塵十萬不可說數，
爾劫稱讚一普賢尊，無能盡其功德數量。
於一微細毛端之處，有不可說數諸普賢，
一切毛端悉復亦爾，如是乃至遍諸法界。
一毛端處所有剎土❶，其數無量不可說數，
盡虛空量諸毛之端，一一處剎悉亦如是。
彼毛端處諸國土中，無量種類差別安住，
有不可說異類剎土，有不可說同類剎土。

不可言說毛端之處，皆有淨剎不可說數，
種種莊嚴不可說數，種種奇妙不可說數。
於彼一一毛端之處❷，演不可說諸佛名稱，
一一名稱有諸如來，皆不可說不可說數。
一一諸佛於其身上，示現不可說諸毛孔，
於彼一一毛孔之中，現眾色相不可說數。
不可言說諸毛孔中，咸放光明不可說數，
於彼一一光明之中，悉現蓮華不可說數。
於彼一一蓮華之內，悉有眾葉不可說數，
不可說華眾葉之中，各現色相不可說數。
彼不可說數諸色內，復現眾葉不可說數，
葉中光明不可說數，光中色相不可說數。
此不可說色相之中，一一現光不可說數，
光中現月不可說數，月復現月不可說數。
於不可說數諸月中，一一現光不可說數，
於彼一一光明之內，復現於日不可說數。

於不可說數諸日中，一一現色不可說數，
於彼一一諸色之內，又現光明不可說數。
於彼一一光明之內，現不可說之師子座，
一一嚴具不可說數，一一光明不可說數。
光中妙色不可說數，色中淨光不可說數，
於彼一一淨光之內，復現種種微妙光明。
此光復現種種光明，不可言說不可說數，
如是種種光明之內，各現妙寶如須彌山。
一一光中所現妙寶，不可言說不可說數，
彼如須彌一妙寶中，現眾剎土不可說數。
窮盡須彌寶無有餘，示現剎土悉皆如是，
以一剎土末為微塵，一塵色相不可說數。
眾剎為塵塵有色相，不可言說不可說數，
如是種種諸塵色相，皆出光明不可說數。
光中現佛不可說數，佛所說法不可說數，
法中妙偈不可說數，聞偈得解不可說數。

不可說解念念之中，顯了真諦不可說數，
示現未來一切諸佛，常演說法無有窮盡。
一一佛法不可說數，種種清淨不可說數，
出妙音聲不可說數，轉正法輪不可說數。
於彼一一法輪之中，演修多羅不可說數，
於彼一一修多羅中，分別法門不可說數。
於彼一一法門之中，又說諸法不可說數，
於彼一一諸法之中，調伏眾生不可說數。
或復於一毛端之處，不可說劫恆常安住，
如一毛端餘處悉然，所住劫數悉皆如是。
其心無礙不可說數，變化諸佛不可說數，
一一變化諸佛如來，復現於化不可說數。
彼佛法身不可說數，彼佛分身不可說數，
莊嚴無量不可說數，往詣十方不可說數，
周行國土不可說數，觀察眾生不可說數，
清淨眾生不可說數，調伏眾生不可說數，

彼諸莊嚴不可說數，彼諸神力不可說數，
彼諸自在不可說數，彼諸神變不可說數，
所有神通不可說數，所有境界不可說數，
所有加持不可說數，所住世間不可說數，
清淨實相不可說數，說修多羅不可說數。
於彼一一修多羅中，演說法門不可說數，
於彼一一法門之中，又說諸法不可說數。
於彼一一諸法之中，所有決定不可說數，
於彼一一決定之中，調伏眾生不可說數。
不可言說同類諸法，不可言說同類之心，
不可言說異類諸法，不可言說異類之心，
不可言說異類根器，不可言說異類言語，
念念於一切所行處，調伏眾生不可說數。
所有神變不可說數，所有示現不可說數，
於中時劫不可說數，於中差別不可說數，
菩薩悉能分別演說，諸明算者莫能分辨。

一毛端處大小剎土，雜染清淨粗細剎土，
如是一切不可說數，一一明了皆可分別。
以一國土碎為微塵，其塵無量不可說數，
如是塵數無邊剎土，俱來共集於一毛端。
此諸國土不可說數，共集毛端亦無迫隘，
不使毛端有所增大，而彼國土俱來集會。
於中所有諸國剎土，形相如本無有雜亂，
如一國土不亂餘剎，一切國土皆亦如是。
虛空境界無有邊際，悉布毛端皆使充滿，
如是毛端諸國剎土，菩薩一念皆能演說。
於一微細毛孔之中，不可說剎次第趣入，
毛孔能受彼諸剎土，諸剎不能遍於毛孔。
趣入時劫數不可說，受時劫數亦不可說，
於此行列安住之時，一切諸劫無能宣說。
如是攝受亦安住已，所有境界不可說數，
入時方便不可說數，入已所作不可說數。

意根明了不可說數，遊歷諸方不可說數，
勇猛精進不可說數，自在神變不可說數。
所有思惟不可說數，所有大願不可說數，
所有境界不可說數，一切通達不可說數。
身業清淨不可說數，語業清淨不可說數，
意業清淨不可說數，信解清淨不可說數。
妙智清淨不可說數，妙慧清淨不可說數，
了諸實相不可說數，斷諸疑惑不可說數。
出離生死不可說數，超昇正位不可說數，
甚深三昧不可說數，了達一切不可說數。
一切眾生不可說數，一切佛剎不可說數，
知眾生身不可說數，知其心樂不可說數。
知其業果不可說數，知其意解不可說數，
知其品類不可說數，知其種性不可說數。
知其受身不可說數，知其生處不可說數，
知其正生不可說數，知其生已不可說數。

知其解了不可說數，知其趣向不可說數，
知其言語不可說數，知其作業不可說數。
菩薩如是大慈大悲，利益一切所有世間，
普現其身不可說數，入諸佛剎不可說數。
見諸菩薩不可說數，發生智慧不可說數，
請問正法不可說數，敷揚佛教不可說數。
現種種身不可說數，詣諸國土不可說數，
示現神通不可說數，普遍十方不可說數。
處處分身不可說數，親近諸佛不可說數，
作諸供具不可說數，種種無量不可說數。
清淨眾寶不可說數，上妙蓮華不可說數，
最勝香鬘不可說數，供養如來不可說數。
清淨信心不可說數，最勝悟解不可說數，
增上志樂不可說數，恭敬諸佛不可說數。
修行於施不可說數，其心過去不可說數，
有求皆施不可說數，一切悉施不可說數。

持戒清淨不可說數，心意清淨不可說數，
讚歎諸佛不可說數，愛樂正法不可說數。
成就諸忍不可說數，無生法忍不可說數，
具足寂靜不可說數，住寂靜地不可說數。
起大精進不可說數，其心過去不可說數，
不退轉心不可說數，不傾動心不可說數。
一切定藏不可說數，觀察諸法不可說數，
寂然在定不可說數，了達諸禪不可說數。
智慧通達不可說數，三昧自在不可說數，
了達諸法不可說數，明見諸佛不可說數。
修無量行不可說數，發廣大願不可說數，
甚深境界不可說數，清淨法門不可說數。
菩薩法力不可說數，菩薩法住不可說數，
彼諸正念不可說數，彼諸法界不可說數。
修方便智不可說數，學甚深智不可說數，
無量智慧不可說數，究竟智慧不可說數。

彼諸法智不可說數，彼淨法輪不可說數，
彼大法雲不可說數，彼大法雨不可說數。
彼諸神力不可說數，彼諸方便不可說數，
入空寂智不可說數，念念相續不可說數。
無量行門不可說數，念念恆住不可說數，
諸佛刹海不可說數，悉能往詣不可說數，
諸刹差別不可說數，種種清淨不可說數。
差別莊嚴不可說數，無邊色相不可說數，
種種間錯不可說數，種種妙好不可說數。
清淨佛土不可說數，雜染世界不可說數，
了知眾生不可說數，知其種性不可說數。
知其業報不可說數，知其心行不可說數，
知其根性不可說數，知其解欲不可說數。
雜染清淨不可說數，觀察調伏不可說數，
變化自在不可說數，現種種身不可說數。
修行精進不可說數，度脫眾生不可說數，

示現神變不可說數，放大光明不可說數。
種種色相不可說數，令眾生淨不可說數，
一一毛孔不可說數，放光明網不可說數。
光網現色不可說數，普照佛剎不可說數，
勇猛無畏不可說數，方便善巧不可說數。
調伏眾生不可說數，令出生死不可說數，
清淨身業不可說數，清淨語業不可說數。
無邊意業不可說數，殊勝妙行不可說數，
成就智寶不可說數，深入法界不可說數。
菩薩總持不可說數，善能修學不可說數，
智者音聲不可說數，音聲清淨不可說數。
正念真實不可說數，開悟眾生不可說數，
具足威儀不可說數，清淨修行不可說數。
成就無畏不可說數，調伏世間不可說數，
諸佛子眾不可說數，清淨勝行不可說數。
稱歎諸佛不可說數，讚揚無盡不可說數，

世間導師不可說數，演說讚歎不可說數。
彼諸菩薩不可說數，清淨功德不可說數，
彼諸邊際不可說數，能住其中不可說數。
住中智慧不可說數，盡諸劫住無能宣說，
欣樂諸佛不可說數，智慧平等不可說數。
善入諸法不可說數，於法無礙不可說數，
三世如空不可說數，三世智慧不可說數。
了達三世不可說數，住於智慧不可說數，
殊勝妙行不可說數，無量大願不可說數。
清淨大願不可說數，成就菩提不可說數，
諸佛菩提不可說數，發生智慧不可說數。
分別義理不可說數，知一切法不可說數，
嚴淨佛剎不可說數，修行諸力不可說數。
長時修習不可說數，一念悟解不可說數，
諸佛自在不可說數，廣演正法不可說數。
種種神力不可說數，示現世間不可說數，

清淨法輪不可說數，勇猛能轉不可說數。
種種開演不可說數，哀愍世間不可說數。
不可言說一切諸法，讚不可說數諸功德，
不可說劫猶可窮盡，不可說功德不可盡。
不可言說諸佛如來，不可言說一切舌根，
歎佛不可言說功德，不可說劫無能窮盡。
十方所有一切眾生，一切同時現成正覺，
於中一佛普能示現，不可言說一切妙身。
此不可說數中一身，示現於頭不可說數；
此不可說數中一頭，示現於舌不可說數。
此不可說數中一舌，示現於聲不可說數；
此不可說數中一聲，經於劫住不可說數。
如一如是一切諸佛，如一如是一切妙身，
如一如是一切頭首，如一如是一切舌根。
如一如是一切音聲，不可說劫恆讚佛陀，
不可說勢猶可窮盡，歎佛功德無能窮盡。

一微塵中能悉皆有，不可言說蓮華世界，
一一蓮華世界之中，賢首如來不可說數。
乃至法界悉皆周遍，其中所有一切微塵，
世界若成若住壞空，其數無量不可說數。
一微塵處無有邊際，無量諸剎普來趣入，
十方差別不可說數，剎海分布不可說數。
一一剎中有佛如來，壽命劫數不可說數，
諸佛所行不可說數，甚深妙法不可說數。
神通大力不可說數，無障礙智不可說數，
入於毛孔不可說數，毛孔因緣不可說數。
成就十力不可說數，覺悟菩提不可說數，
入淨法界不可說數，獲深智藏不可說數。
種種數量不可說數，如其一切悉皆了知，
種種形量不可說數，於此靡不皆能通達。
種種三昧不可說數，悉能經劫於中安住，
於不可說數諸佛所，所行清淨不可說數。

得不可說數無礙心，往詣十方不可說數，
神力示現不可說數，所行無際不可說數。
往詣眾剎不可說數，了達諸佛不可說數，
精進勇猛不可說數，智慧通達不可說數。
於法非行亦非不行，入諸境界不可說數，
不可稱說諸大劫中，恆遊十方不可說數。
方便智慧不可說數，其實智慧不可說數，
神通智慧不可說數，念念示現不可說數。
於不可說數諸佛法，一一了知不可說數，
能於一時現證菩提，或種種時而能證入。
毛端佛剎不可說數，塵中佛剎不可說數，
如是佛剎悉皆往詣，見諸如來不可說數。
通達一實不可說數，善入佛種不可說數，
諸佛國土不可說數，悉能往詣現成菩提。
國土眾生以及諸佛，體性差別不可說數，
如是三世無有邊際，菩薩一切皆能明見。

【註釋】

❶以上說明普賢之德廣大不可盡，以下一百十四偈說明普賢窮究佛陀功德的深廣。

❷前三偈說明依報自在，依偈說明依、正二報之融攝，即入自在。

【原典】

爾時，心王菩薩白佛言：世尊！諸佛如來演說阿僧祇無量、無邊、無等、不可數、不可稱、不可思、不可量、不可說、不可說不可說。世尊！云何阿僧祇乃至不可說不可說耶？佛告心王菩薩言：善哉善哉！善男子！汝今為欲令諸世間入佛所知數量之義，而問如來、應、正等覺。善男子！諦聽諦聽！善思念之！當為汝說。時，心王菩薩唯然受教。

佛言：善男子！一百洛叉為一俱胝，俱胝俱胝為一阿庾多，阿庾多阿庾多為一那由他，那由他那由他為一頻波羅，頻波羅頻波羅為一矜羯羅，矜羯羅矜羯羅為一阿伽羅，阿伽羅阿伽羅為一最勝，最勝最勝為一摩婆（上聲呼❶）羅，摩婆羅摩婆羅為一阿婆（上聲❷）羅，阿婆羅阿婆羅為一多婆（上聲＊）羅，多婆羅多婆羅為一界分，界分界分為一普摩，普摩普摩為一禰摩，禰摩禰摩為一阿婆（上聲❸）鈐，阿婆鈐阿婆鈐為一彌伽（上聲＊）婆，彌伽婆彌伽婆為一毘攞伽，毘攞伽毘攞伽為一毘伽（上聲＊）婆，毘伽婆毘伽婆為一僧羯邏摩，僧羯邏摩僧羯邏摩為一毘薩羅，毘薩羅毘薩羅為一毘贍婆，毘贍婆毘贍婆為一毘盛❹伽，毘盛伽毘盛伽為一毘素陀，毘素陀毘素陀為一毘婆訶，毘婆訶毘婆訶為一毘薄底，毘薄底毘薄底為一毘佉擔，毘佉擔毘佉擔為一稱量，稱量稱量為一一持，一持一持為一異路，異路異路為一顛倒，顛倒顛倒為一三末耶，三末耶三末耶為一毘覩羅，毘覩羅毘覩羅為一奚婆（上聲＊）羅，奚婆羅奚婆羅為一伺察，伺察伺察為一周廣，周廣周廣為一高出，高出高出為一最妙，最妙最妙為一泥羅婆，泥羅婆泥羅婆為一訶理婆，訶理婆訶理婆為一一動，一動一動為一訶理蒲，訶理蒲訶理蒲為一訶理三，訶理三訶理三為一奚魯伽，奚魯伽奚魯伽為一達攞步陀，達攞步陀達攞步陀為一訶魯那，訶魯那訶魯那為一摩魯陀，摩魯陀摩魯陀為一懺慕陀，懺慕陀懺慕陀為一瑿攞陀，瑿攞陀瑿攞陀為一摩魯摩，摩魯摩摩魯摩為一調伏，調伏調伏為一離憍慢，離憍慢離憍慢為一不動，不動不動為一極量，極量極量為一阿麼怛羅，阿麼怛羅阿麼怛羅為一勃麼怛羅，勃麼怛羅勃麼怛羅為一伽麼怛羅，伽麼怛羅伽麼怛羅為一那麼怛羅，那麼怛羅那麼怛羅為一奚麼怛羅，奚麼怛羅奚麼怛羅為一鞞麼怛羅，鞞麼怛羅鞞麼怛羅為一鉢羅麼怛羅，鉢羅麼怛羅鉢羅麼怛羅為一尸婆麼怛羅，尸婆麼怛羅尸婆麼怛羅為一翳羅，翳羅翳羅為一薜羅，薜羅薜羅為一諦羅，諦羅諦羅為一偈羅，偈羅偈羅為一窣步羅，窣步羅窣步羅為一泥羅，泥羅泥羅為一計羅，計羅計羅為一細羅，細羅細羅為一睥羅，睥羅睥羅為一謎羅，謎羅謎羅為一娑攞荼，娑攞荼娑攞荼為一謎魯陀，謎魯陀謎魯陀為一契魯陀，契魯陀契魯陀為一摩覩羅，摩睹羅摩覩羅為一娑母羅，娑母羅娑母羅為一阿野娑，阿野娑阿野娑為一迦麼羅，迦麼羅迦麼羅為一摩伽婆，摩伽婆摩伽婆為一阿怛羅，阿怛羅阿怛羅為一醯魯耶，醯魯耶醯魯耶為一薜魯婆，薜魯婆薜魯婆為一羯羅波，羯羅波羯羅波為一訶婆婆，訶婆婆訶婆婆為一毘婆（上聲＊）羅，毘婆羅毘婆羅為一那婆（上聲＊）羅，那婆羅那婆羅為一摩攞羅，摩攞羅摩攞羅為一娑婆（上聲＊）羅，娑婆羅娑婆羅為一迷攞普，迷攞普迷攞普為一者麼羅，者麼羅者麼羅為一馱麼羅，馱麼羅馱麼羅為一鉢攞麼陀，鉢攞麼陀鉢攞麼陀為一毘迦摩，毘迦摩毘迦摩為一烏波跋多，烏波跋多烏波跋多為一演說，演說演說為一無盡，無盡無盡為一出生，出生出生為一無我，無我無我為一阿畔多，阿畔多阿畔多為一青蓮華，青蓮華青蓮華為一鉢頭摩，鉢頭摩鉢頭摩為一僧祇，僧祇僧祇為一趣，趣趣為一至，至至為一阿僧祇，阿僧祇阿僧祇為一阿僧祇轉，阿僧祇轉阿僧祇轉為一無量，無量無量為一無量轉，無量轉無量轉為一無邊，無邊無邊為一無邊轉，無邊轉無邊轉為一無等，無等無等為一無等轉，無等轉無等轉為一不可數，不可數不可數為一不可數轉，不可數轉不可數轉為一不可稱，不可稱不可稱為一不可稱轉，不可稱轉不可稱轉為一不可思，不可思不可思為一不可思轉，不可思轉不可思轉為一不可量，不可量不可量為一不可量轉，不可量轉不可量轉為一不可說，不可說不可說為一不可說轉，不可說轉不可說轉為一不可說不可說，此又不可說不可說為一不可說不可說轉。

爾時，世尊為心王菩薩而說頌曰：

不可言說不可說，充滿一切不可說，不可言說諸劫中，說不可說不可盡。

不可言說諸佛剎，皆悉碎末為微塵，一塵中剎不可說，如一一切皆如是。

此不可說諸佛剎，一念碎塵不可說，念念所碎悉亦然，盡不可說劫恒爾。

此塵有剎不可說，此剎為塵說更難，以不可說算數法，不可說劫如是數。

以此諸塵數諸劫，一塵十萬不可說，爾劫稱讚一普賢，無能盡其功德量。

於一微細毛端處，有不可說諸普賢，一切毛端悉亦爾，如是乃至遍法界。

一毛端處所有剎，其數無量不可說，盡虛空量諸毛端，一一處剎悉如是。

彼毛端處諸國土，無量種類差別住，有不可說異類剎，有不可說同類剎。

不可言說毛端處，皆有淨剎不可說，種種莊嚴不可說，種種奇妙不可說。

於彼一一毛端處，演不可說諸佛名，一一名有諸如來，皆不可說不可說。

一一諸佛於身上，現不可說諸毛孔，於彼一一毛孔中，現眾色相不可說。

不可言說諸毛孔，咸放光明不可說，於彼一一光明中，悉現蓮華不可說。

於彼一一蓮華內，悉有眾葉不可說，不可說華眾葉中，各現色相不可說。

彼不可說諸色內，復現眾葉不可說，葉中光明不可說，光中色相不可說。

此不可說色相中，一一現光不可說，光中現月不可說，月復現月不可說。

於不可說諸月中，一一現光不可說，於彼一一光明內，復現於日不可說。
於不可說諸日中，一一現色不可說，於彼一一諸色內，又現光明不可說。
於彼一一光明內，現不可說師子座，一一嚴具不可說，一一光明不可說。
光中妙色不可說，色中淨光不可說，於彼一一淨光內，復現種種妙光明。
此光復現種種光，不可言說不可說，如是種種光明內，各現妙寶如須彌。
一一光中所現寶，不可言說不可說，彼如須彌一妙寶，現眾剎土不可說。
盡須彌寶無有餘，示現剎土皆如是，以一剎土末為塵，一塵色相不可說。
眾剎為塵塵有相，不可言說不可說，如是種種諸塵相，皆出光明不可說。
光中現佛不可說，佛所說法不可說，法中妙偈不可說，聞偈得解不可說。
不可說解念念中，顯了真諦不可說，示現未來一切佛，常演說法無窮盡。
一一佛法不可說，種種清淨不可說，出妙音聲不可說，轉正法輪不可說。
於彼一一法輪中，演修多羅不可說；於彼一一修多羅，分別法門不可說；
於彼一一法門中，又說諸法不可說；於彼一一諸法中，調伏眾生不可說。
或復於一毛端處，不可說劫常安住，如一毛端餘悉然，所住劫數皆如是。
其心無礙不可說，變化諸佛不可說，一一變化諸如來，復現於化不可說。
彼佛法身不可說，彼佛分身不可說，莊嚴無量不可說，往詣十方不可說，周行國土不可說，觀察眾生不可說，清淨眾生不可說，調伏眾生不可說。
彼諸莊嚴不可說，彼諸神力不可說，彼諸自在不可說，彼諸神變不可說。
所有神通不可說，所有境界不可說，所有加持不可說，所住世間不可說。
清淨實相不可說，說修多羅不可說，於彼一一修多羅，演說法門不可說；
於彼一一法門中，又說諸法不可說；於彼一一諸法中，所有決定不可說；
於彼一一決定中，調伏眾生不可說。
不可言說同類法，不可言說同類心，不可言說異類法，不可言說異類心，
不可言說異類根，不可言說異類語，念念於諸所行處，調伏眾生不可說。
所有神變不可說，所有示現不可說，於中時劫不可說，於中差別不可說，
菩薩悉能分別說，諸明算者莫能辨。
一毛端處大小剎，雜染清淨麁細剎，如是一切不可說，一一明了可分別。
以一國土碎為塵，其塵無量不可說，如是塵數無邊剎，俱來共集一毛端。
此諸國土不可說，共集毛端無迫隘，不使毛端有增大，而彼國土俱來集。
於中所有諸國土，形相如本無雜亂，如一國土不亂餘，一切國土皆如是。
虛空境界無邊際，悉布毛端使充滿，如是毛端諸國土，菩薩一念皆能說。
於一微細毛孔中，不可說剎次第入，毛孔能受彼諸剎，諸剎不能遍毛孔。

入時劫數不可說，受時劫數不可說，於此行列安住時，一切諸劫無能說。
如是攝受安住已，所有境界不可說，入時方便不可說，入已所作不可說，
意根明了不可說，遊歷諸方不可說，勇猛精進不可說，自在神變不可說，
所有思惟不可說，所有大願不可說，所有境界不可說，一切通達不可說，
身業清淨不可說，語業清淨不可說，意業清淨不可說，信解清淨不可說，
妙智清淨不可說，妙慧清淨不可說，了諸實相不可說，斷諸疑惑不可說，
出離生死不可說，超昇正位不可說，甚深三昧不可說，了達一切不可說，
一切眾生不可說，一切佛剎不可說，知眾生身不可說，知其心樂不可說，
知其業果不可說，知其意解不可說，知其品類不可說，知其種性不可說，
知其受身不可說，知其生處不可說，知其正生不可說，知其生已不可說，
知其解了不可說，知其趣向不可說，知其言語不可說，知其作業不可說。
菩薩如是大慈悲，利益一切諸世間，普現其身不可說，入諸佛剎不可說，
見諸菩薩不可說，發生智慧不可說，請問正法不可說，敷揚佛教不可說，
現種種身不可說，詣諸國土不可說，示現神通不可說，普遍十方不可說，
處處分身不可說，親近諸佛不可說，作諸供具不可說，種種無量不可說，
清淨眾寶不可說，上妙蓮華不可說，最勝香鬘不可說，供養如來不可說，

清淨信心不可說，最勝悟解不可說，增上志樂不可說，恭敬諸佛不可說，
修行於施不可說，其心過去不可說，有求皆施不可說，一切悉施不可說，
持戒清淨不可說，心意清淨不可說，讚歎諸佛不可說，愛樂正法不可說，
成就諸忍不可說，無生法忍不可說，具足寂靜不可說，住寂靜地不可說，
起大精進不可說，其心過去不可說，不退轉心不可說，不傾動心不可說，
一切定藏不可說，觀察諸法不可說，寂然在定不可說，了達諸禪不可說，
智慧通達不可說，三昧自在不可說，了達諸法不可說，明見諸佛不可說，
修無量行不可說，發廣大願不可說，甚深境界不可說，清淨法門不可說，
菩薩法力不可說，菩薩法住不可說，彼諸正念不可說，彼諸法界不可說，
修方便智不可說，學甚深智不可說，無量智慧不可說，究竟智慧不可說，
彼諸法智不可說，彼淨法輪不可說，彼大法雲不可說，彼大法雨不可說，
彼諸神力不可說，彼諸方便不可說，入空寂智不可說，念念相續不可說，
無量行門不可說，念念恆住不可說，諸佛剎海不可說，悉能往詣不可說，
諸剎差別不可說，種種清淨不可說，差別莊嚴不可說，無邊色相不可說，
種種間錯不可說，種種妙好不可說，清淨佛土不可說，雜染世界不可說，
了知眾生不可說，知其種性不可說，知其業報不可說，知其心行不可說，

知其根性不可說，知其解欲不可說，雜染清淨不可說，觀察調伏不可說，
變化自在不可說，現種種身不可說，修行精進不可說，度脫眾生不可說，
示現神變不可說，放大光明不可說，種種色相不可說，令眾生淨不可說，
一一毛孔不可說，放光明網不可說，光網現色不可說，普照佛剎不可說，
勇猛無畏不可說，方便善巧不可說，調伏眾生不可說，令出生死不可說，
清淨身業不可說，清淨語業不可說，無邊意業不可說，殊勝妙行不可說，
成就智寶不可說，深入法界不可說，菩薩總持不可說，善能修學不可說，
智者音聲不可說，音聲清淨不可說，正念真實不可說，開悟眾生不可說，
具足威儀不可說，清淨修行不可說，成就無畏不可說，調伏世間不可說，
諸佛子眾不可說，清淨勝行不可說，稱歎諸佛不可說，讚揚無盡不可說，
世間導師不可說，演說讚歎不可說，彼諸菩薩不可說，清淨功德不可說，
彼諸邊際不可說，能住其中不可說，住中智慧不可說，盡諸劫住無能說，
欣樂諸佛不可說，智慧平等不可說，善入諸法不可說，於法無礙不可說，
三世如空不可說，三世智慧不可說，了達三世不可說，住於智慧不可說，
殊勝妙行不可說，無量大願不可說，清淨大願不可說，成就菩提不可說，
諸佛菩提不可說，發生智慧不可說，分別義理不可說，知一切法不可說，

嚴淨佛剎不可說，修行諸力不可說，長時修習不可說，一念悟解不可說，
諸佛自在不可說，廣演正法不可說，種種神力不可說，示現世間不可說，
清淨法輪不可說，勇猛能轉不可說，種種開演不可說，哀愍世間不可說。
不可言說一切劫，讚不可說諸功德，不可說劫猶可盡，不可說德不可盡。
不可言說諸如來，不可言說諸舌根，歎佛不可言說德，不可說劫無能盡。
十方所有諸眾生，一切同時成正覺，於中一佛普能現，不可言說一切身。
此不可說中一身，示現於頭不可說；此不可說中一頭，示現於舌不可說；
此不可說中一舌，示現於聲不可說；此不可說中一聲，經於劫住不可說。
如一如是一切佛，如一如是一切身，如一如是一切頭，如一如是一切舌，
如一如是一切聲，不可說劫恒讚佛，不可說劫猶可盡，歎佛功德無能盡。
一微塵中能悉有，不可言說蓮華界，一一蓮華世界中，賢首如來不可說。
乃至法界悉周遍，其中所有諸微塵，世界若成若住壞，其數無量不可說。
一微塵處無邊際，無量諸剎普來入，十方差別不可說，剎海分布不可說。
一一剎中有如來，壽命劫數不可說，諸佛所行不可說，甚深妙法不可說，
神通大力不可說，無障礙智不可說，入於毛孔不可說，毛孔因緣不可說，
成就十力不可說，覺悟菩提不可說，入淨法界不可說，獲深智藏不可說。

種種數量不可說，如其一切悉了知；種種形量不可說，於此靡不皆通達。
種種三昧不可說，悉能經劫於中住，於不可說諸佛所，所行清淨不可說。
得不可說無礙心，往詣十方不可說，神力示現不可說，所行無際不可說，
往詣眾剎不可說，了達諸佛不可說，精進勇猛不可說，智慧通達不可說。
於法非行非不行，入諸境界不可說，不可稱說諸大劫，恆遊十方不可說。
方便智慧不可說，真實智慧不可說，神通智慧不可說，念念示現不可說。
於不可說諸佛法，一一了知不可說，能於一時證菩提，或種種時而證入。
毛端佛剎不可說，塵中佛剎不可說，如是佛剎皆往詣，見諸如來不可說。
通達一實不可說，善入佛種不可說，諸佛國土不可說，悉能往詣成菩提。
國土眾生及諸佛，體性差別不可說，如是三世無有邊，菩薩一切皆明見。

註釋

❶大正本「聲」字之後原有「呼」字，今依明本刪之。
❷（＊）「聲」，大正本原無，今依明本增之。
❸「聲」，大正本原無，今依前後文意增之。
❹大正本「伽」字之前原有細註「上」字，今依明本刪之。

白話華嚴經 第五冊

壽量品 第三十一

如是我聞

卷四十五（續）導讀

THE HUA-YEN SUTRA

壽量品　導讀

本品說明佛國剎土住世的長短，別行的經典名為《無邊佛土經》，即是以佛土的久暫說明佛陀住世的長短。而或長或短，法性等同，本無長短可言；或生或滅，而實無生滅。因此《金光明經》〈如來壽量品〉說如來壽量無盡，《法華經》〈如來壽量品〉說如來久遠以前已成佛終不入涅槃，都是壽量無盡之意。

本品由心王菩薩宣說諸佛世界久暫之次第，首為娑婆世界釋迦牟尼佛剎土，其一劫為極樂世界之一日夜；終為勝蓮華世界賢勝佛剎土，普賢等菩薩住於其中。

壽量品　第三十一

【白話語譯】

這時，心王菩薩摩訶薩於大眾聚會中，告訴諸位菩薩：

佛子啊！在娑婆世界釋迦牟尼佛剎的一劫，等於極樂世界阿彌陀佛佛剎的一日一夜；極樂世界的一劫，等於袈裟幢世界金剛堅佛佛剎的一日一夜；袈裟幢世界的一劫，等於不退轉音聲輪世界善光明蓮華開敷佛佛剎的一日一夜；不退轉音聲輪世界的一劫，等於離垢世界法幢佛佛剎的一日一夜；離垢世界的一劫，等於善燈世界師子佛佛剎的一日一夜；善燈世界的一劫，等於妙光明世界光明藏佛佛剎的一日一夜；妙光明世界的一劫，等於難超過世界法光明蓮華開敷佛佛剎的一日一夜；難超過世界的一劫，等於莊嚴慧世界一切神通光明佛佛剎的一日一夜；莊嚴慧世界的一劫，等於鏡光明世界月智佛佛剎的一日一夜。

佛子啊！以這種次第推演，乃至過百萬阿僧祇世界，最後世界的一劫，等於勝蓮華世界賢勝佛佛剎的一日一夜。普賢菩薩及同行的諸大菩薩，無不充滿其中。

【原典】

爾時，心王菩薩摩訶薩於眾會中告諸菩薩言：佛子！此娑婆世界釋迦牟尼佛剎一劫，於極樂世界阿彌陀佛剎為一日一夜；極樂世界一劫，於袈裟幢世界金剛堅佛剎為一日一夜；袈裟幢世界一劫，於不退轉音聲輪世界善勝光明蓮華開敷佛剎為一日一夜；不退轉音聲輪世界一劫，於離垢世界法幢佛剎為一日一夜；離垢世界一劫，於善燈世界師子佛剎為一日一夜；善燈世界一劫，於妙光明世界光明藏佛剎為一日一夜；妙光明世界一劫，於難超過世界法光明蓮華開敷佛剎為一日一夜；難超過世界一劫，於莊嚴慧世界一切神通光明佛剎為一日一夜；莊嚴慧世界一劫，於鏡光明世界月智佛剎為一日一夜。佛子！如是次第，乃至過百萬阿僧祇世界，最後世界一劫，於勝蓮華世界賢勝佛剎為一日一夜，普賢菩薩及諸同行大菩薩等充滿其中。

如是我聞

白話華嚴經 第五冊

諸菩薩住處品 第三十二

導讀

卷四十五（續）

THE HUA-YEN SUTRA

大方廣佛華嚴經卷　第四十五（續）

諸菩薩住處品　導讀

本品仍是由心王菩薩宣說。本品承上二品而宣說與娑婆世界有緣的菩薩住處，雖然阿僧祇品說法界毛端有無量不可說的普賢，但此品中則舉有緣的來說明。

其中東北方有清涼山，文殊菩薩住於其中。在中國認為清涼山就是五台山，因為五台山冬積堅冰而夏仍飛雪，所以又稱為清涼山，是文殊菩薩的住地。另外，有震旦國的那羅延窟，有說是五台山南台的那羅延窟，有說是東台的那羅延窟。也有說是河南省安陽靈泉寺的大住聖石窟，此窟是隋代高僧靈裕開鑿的，石窟門右側是那羅延神王，左側是迦毘羅神王。那羅延王即是金剛力士，此窟是靈裕擔憂法滅而造的。

大方廣佛華嚴經卷　第四十五（續）

諸菩薩住處品　第三十二

【白話語譯】

這時，心王菩薩摩訶薩在大眾聚會中告訴諸菩薩：

佛子啊！東方有一個地方叫做：仙人山。從往昔已來，有許多菩薩安止居住此山。現在居住此處的菩薩是：金剛勝菩薩，還有他的諸菩薩眷屬，共三百人，常在其中演說正法。

南方有一個地方叫做：勝峰山。往昔已來，就有許多菩薩在山中安止居住。現在居住在此處的菩薩是：法慧菩薩，和他的諸菩薩眷屬，共五百人，常在其中演說正法。

西方有一個地方叫做：金剛焰山。從往昔已來，就有諸菩薩安止居住此山。現在居住在此處的菩薩名為：精進無畏行菩薩，與其眷屬菩薩大眾，共三百人，時常在其中演說正法。

北方有一個地方叫做：香積山。從往昔已來，就有許多菩薩安止居住此山。現在住在此處的菩薩是：香象菩薩，和他的諸菩薩眷屬，共三千人，常在其中演說正法。

東北方有一個地方叫做：清涼山。從往昔已來，就有許多菩薩安止居住此山。現在居住在此處的菩薩是：文殊師利菩薩，和他的諸菩薩眷屬、共一萬人，常在其中演說正法。

海中有一個地方叫做：金剛山。從往昔已來，便有許多菩薩安止居住此山。現在居住在此處的菩薩是：法起菩薩，和他的諸菩薩眷屬，共千二百人，常在其中演說正法。

東南方有一個地方叫做：支提山❸。從往昔已來，便有許多菩薩安止居住此山。現在居住在此處的菩薩是：天冠菩薩，和他的諸菩薩眷屬，共一千人，常在其中演說正法。

西南方有一個地方叫做：光明山。從往昔已來，便有許多菩薩安止居住此山。現在居住在此處的菩薩叫做：賢勝菩薩，還有他的諸菩薩眷屬，共三千人，常住在其中演說正法。

西北方有一個地方叫做：香風山。從往昔已來，便有許多菩薩安止居住此山，現在居住在此處的菩薩是：香光菩薩，和他的諸菩薩眷屬，共五千人，常在其中演說正法。

大海之中又有一個地方叫做：莊嚴窟。從往昔已來，便有許多菩薩安住於此。

毘舍離❹南有一個地方叫做：善住根。從往昔已來，便有許多菩薩安住於此。

摩度羅城有一個地方叫做：滿足窟。從往昔已來，便有許多菩薩安住於此。

俱珍那城有一個地方叫做：法座。從往昔已來，便有許多菩薩安住於此。

清淨彼岸城有一個地方叫做：目真隣陀窟。從往昔已來，就有許多菩薩安住於此。

摩蘭陀❺國有一個地方叫做：無礙龍王建立。從往昔已來，就有許多的菩薩安住於此。

甘菩遮❻國有一個地方叫做：出生慈。從往昔已來：便有許多菩薩安住於此。

震旦❼國有一個地方叫做：那羅延窟。從往昔已來，就有許多菩薩安住於此。

疏勒❽國有一個地方叫做：牛頭山。從往昔已來，就有許多菩薩安住於此。

迦葉彌羅❾國有一個地方叫做：次第。從往昔已來，就有許多菩薩安住於此。

增長歡喜城有一個地方叫做：尊者窟。從往昔已來，就有許多菩薩安住於此。

菴浮梨摩❿國有一個地方叫做：見億藏光明。從往昔已來，就有許多菩薩安住於此。

乾陀羅⓫國有一個地方叫做：苫婆羅窟。從往昔已來，就有許多菩薩安住於此。

【註釋】

❸支提山　沒有舍利的塔叫做「支提」，或許是因為有支提之山，或是依照山形而命名。

❹毘舍離　梵語 Vaiśālī，意譯作「廣嚴城」。中印度北境之都邑。

❺摩蘭陀　梵語 Magadha，依大疏當作「摩訶陀國」。

❻甘菩遮　梵語 kamboja，為北印度地名。

❼震旦　中土。

❽疏勒　梵語 khāsa，詳譯作「佉路數怛勒」。中亞細亞一地名。

❾迦葉彌羅　梵語 kaśmīra 之音譯，又名罽賓。

❿菴浮梨摩　即是菴羅，梵語 Āmra，意譯作「無垢」。中印度國名。

⓫乾陀羅　梵語 Gandhāra，北印度北境地名。

【原典】

爾時，心王菩薩摩訶薩於眾會中告諸菩薩言：

佛子！東方有處，名：仙人山，從昔已來，諸菩薩眾於中止住；現有菩薩，名：金剛勝，與其眷屬、諸菩薩眾三百人俱，常在其中而演說法。南方有處，名：勝峰山，從昔已來，諸菩薩眾於中止住；現有菩薩，名曰：法慧，與其眷屬、諸菩薩眾五百人俱，常在其中而演說法。西方有處，名：金剛焰山，從昔已來，諸菩薩眾於中止住；現有菩薩，名：精進無畏行，與其眷屬、諸菩薩眾三百人俱，常在其中而演說法。北方有處，名：香積山，從昔已來，諸菩薩眾於中止住；現有菩薩，名曰：香象，與其眷屬、諸菩薩眾三千人俱，常在其中而演說法。東北方有處，名：清涼山，從昔已來，諸菩薩眾於中止住；現有菩薩，名：文殊師利，與其眷屬、諸菩薩眾一萬人俱，常在其中而演說法。海中有處，名：金剛山，從昔已來，諸菩薩眾於中止住；現有菩薩，名曰：法起，與其眷屬、諸菩薩眾千二百人俱，常在其中而演說法。東南方有處，名：支提山，從昔已來，諸菩薩眾於中止住；現有菩薩，名曰：天冠，與其眷屬、諸菩薩眾一千人俱，常在其中而演說法。西南方有處，名：光明山，從昔已來，諸菩薩眾於中止住；

現有菩薩，名曰：賢勝，與其眷屬、諸菩薩眾三千人俱，常在其中而演說法。西北方有處，名：香風山，從昔已來，諸菩薩眾於中止住；現有菩薩，名曰：香光，與其眷屬、諸菩薩眾五千人俱，常在其中而演說法。

大海之中復有住處，名：莊嚴窟，從昔已來，諸菩薩眾於中止住。毘舍離南有一住處，名：善住根，從昔已來，諸菩薩眾於中止住。摩度羅城有一住處，名：滿足窟，從昔已來，諸菩薩眾於中止住。俱珍那城有一住處，名曰：法座，從昔已來，諸菩薩眾於中止住。清淨彼岸城有一住處，名：目真隣陀窟，從昔已來，諸菩薩眾於中止住。摩蘭陀國有一住處，名：無礙龍王建立，從昔已來，諸菩薩眾於中止住。甘菩遮國有一住處，名：出生慈，從昔已來，諸菩薩眾於中止住。震旦國有一住處，名：那羅延窟，從昔已來，諸菩薩眾於中止住。疏勒國有一住處，名：牛頭山，從昔已來，諸菩薩眾於中止住。迦葉彌羅國有一住處，名曰：次第，從昔已來，諸菩薩眾於中止住。增長歡喜城有一住處，名：尊者窟，從昔已來，諸菩薩眾於中止住。菴浮梨摩國有一住處，名：見億藏光明，從昔已來，諸菩薩眾於中止住。乾陀羅國有一住處，名：苫婆羅窟，從昔已來，諸菩薩眾於中止住。

白話華嚴經　第五冊

佛不思議法品　第三十三

導讀
卷四十六
卷四十七

THE HUA-YEN SUTRA

佛不思議法品　導讀

本品是第七會重普光明殿會的第七品，前六品宣明菩薩十地後的勝進行用，此品之後的三品明佛果德相之差別。如來之果法不可思議，所以稱為佛不思議法。本品所提出的如來果法不可思議有十種，即諸佛國土不可思議，諸佛本願、種性、出現、身、音聲、智慧、自在、無礙、解脫不可思議。

佛果是如何不可思議呢？青蓮華藏菩薩以三十二門回答，每一門都回答這十問。其中一、二門答國土問；念念出生以下二門答本願問；不思議境下二門答種性問；普入以下二門答出現問；離過清淨以下五門答身問；演說以下二門答音聲問；最勝以下二門答智慧問；自在以下八門答自在問；決定以下三門答無礙問；一切智住以下三門答解脫問。

諸佛國土不可思議是說諸佛有十種住及有十種法普遍於無量法界。

本願不可思議是諸佛有十種念念出生智及十種不失時。

種性不可思議是諸佛有十種不可思議境及能出生十種智。

出現不可思議是說諸佛有十種普入法及十種廣大法。

身不可思議是說諸佛有十種大功德離過清淨、十種究竟清淨、十種佛事、十種無盡智海法、十種常法。

音聲不可思議是說諸佛有十種演說無量法門及十種為眾生作佛事。

智慧不可思議是說諸佛有十種最勝法、十種無障礙住、十種最勝無上莊嚴。

自在不可思議是說諸佛有十自在法、十圓滿法、十善巧方便、十廣大佛事、十無二行、十住一切法、十盡知一切法、十廣大力。

無礙不可思議是說諸佛有十決定法、十速疾法、十常憶念清淨法。

解脫不可思議是說諸佛有十種一切智住、十種佛三昧、十種無礙解脫。

佛不思議法品❶　第三十三之一

【白話語譯】

這時，大會中有許多菩薩，心中都這樣想著：諸佛的國土為何不可思議？諸佛的本願為何不可思議？諸佛的種性為何不可思議？諸佛的出現為何不可思議？諸佛的佛身為何不可思議？諸佛的音聲為何不可思議？諸佛的智慧為何不可思議？諸佛的自在為何不可思議？諸佛的無礙為何不可思議？諸佛的解脫為何不可思議？

這時，世尊知道這些菩薩的心念，便立刻用神通力加持他們，用智慧攝受他們。並以光明照耀，以威勢充滿，使青蓮華藏菩薩安住諸佛的大無畏境地，證入諸佛的法界，證得諸佛的廣大威德。證得大神通、大自在，得到與佛一般無礙的廣大觀察智慧。了知諸佛的種性與次第，安住在不可說、難以思議的佛法方便。

這時，青蓮華藏菩薩立刻通達法界無礙，立刻安住在遠離障礙的甚深妙行。立刻成就圓滿普賢的大願力，立刻了知證見一切佛法。並以大悲心觀察眾生，使眾生清淨。而更精勤努力地修習佛法，毫不厭倦懈怠。他信受奉行一切菩薩的大法，念念都能出生諸佛的智慧。了解無盡的智慧法門，並且具足總持不忘的辯才。這時，青蓮華藏菩薩承受佛陀神力的加持，告訴蓮華藏菩薩說：

佛子啊！❷諸佛世尊有無量的安住境界，這些安住的境界就是：常住的境界、安住大悲的境界、安住種種化身作諸佛事業的境界、安住用平等心轉動清淨法輪的境界、安住用四種辯才解說無量法的境界、安住不可思議的一切佛法境界、安住清淨音聲遍滿無量剎土的境界、安住不可說甚深法界的境界、安住示現一切最殊勝神通的境界。菩薩安住這些境界，所以能夠開示演說沒有障礙的究竟佛法。

佛子啊！諸佛世尊有十種法，能夠遍滿無量無邊的法界。這十種遍滿無量無邊法界的法到底是什麼呢？就是：

一、諸佛的微妙身無邊無際，這些微妙身的形色相貌十分清淨，因此能普遍進入六道眾生的諸趣生處，沒有任何染著。
二、諸佛的眼目無邊無礙，所以能明白澈見一切法。
三、諸佛的耳根無邊無礙，所以能了解一切音聲。
四、諸佛的鼻根無邊，所以能到達自在的彼岸。

五、諸佛的舌根廣大長遠，所以能發出微妙音聲，週遍法界。
六、諸佛的化身無有邊際，所以能順應眾生的心念，心中所想的無不得見，甚至得見佛陀。
七、諸佛的心意清淨無有邊際，因此能安住無礙的平等法身。
八、諸佛的解脫境界無邊無礙，因此能示現無窮盡的大神通力。
九、諸佛的清淨世界無邊無際，所以能隨順眾生的欣樂，示現各種佛土。具足無量莊嚴，而於其中毫不染著。
十、諸佛的菩薩行願無邊無際，所以智慧圓滿，並且能夠安住於遊戲自在的境界，通達一切佛法。

佛子啊！以上就是諸佛普遍示現法界無邊際境界的十種佛法。

佛子啊！❸諸佛世尊有十種清淨的心念，能夠從這些心念生出智慧。是哪十種心念呢？就是：

一、諸佛在一念之間，就能示現在無量的世界，從兜率天處下生到人間。
二、諸佛在一念之間，就能示現無量世界的菩薩受生母胎。
三、諸佛在一念之間，就能示現在無量世界出家學道。
四、諸佛在一念之間，就能示現自己在無量世界的菩提樹下，成就無上正等正覺。

五、諸佛在一念之間，就能示現自己在無量世界轉勝妙法輪。

六、諸佛在一念之間，就能示現自己在無量世界，教化眾生，供養諸佛。

七、諸佛在一念之間，就能示現自己在無量世界不可言說的種種佛身。

八、諸佛在一念之間，就能示現無量世界的種種莊嚴、無數莊嚴，以及如來一切自在的智慧寶藏。

九、諸佛在一念之間，就能示現無量世界，無數的清淨眾生。

十、諸佛在一念之間，就能示現無量世界，過去、現在、未來三世諸佛種種的根器體性、種種的精進、種種的修行知解。於過去、現在、未來三世成就無上正等正覺。

以上就是十種清淨的心念所出生的智慧。

佛子啊！諸佛世尊有十種一切順適恰當，不會錯失時節因緣的境界。是哪十種呢？就是：

一、諸佛不會錯失成就正等正覺的時節因緣。

二、諸佛不會錯失成熟有緣眾生的時節因緣。

三、諸佛不會錯失為菩薩授記的時節因緣。

四、諸佛不會錯失隨順教化眾生、示現神通的時節因緣。

五、諸佛不會錯失隨順眾生知解、示現佛身的時節因緣。
六、諸佛不會錯失安住大捨境界的時節因緣。
七、諸佛不會錯失進入各種居住聚落的時節因緣。
八、諸佛不會錯失攝受各類清淨善信的時節因緣。
九、諸佛不會錯失調伏一切惡性眾生的時節因緣。
十、諸佛不會錯失示現不可思議神通的時節因緣。
就是這十種不會錯失合適時節因緣的境界。
佛子啊！❹諸佛世尊有十種無比不可思議的境界。是哪十種呢？就是：
一、諸佛一跏趺盤坐，就能遍滿十方的無量世界。
二、諸佛只要演說一句義理語句，就能開示一切的佛法。
三、諸佛放出一道光明，就能遍照一切世界。
四、諸佛以一身，就能示現一切佛身。
五、諸佛在一處所，就能示現一切世界。
六、諸佛以一種智慧，就能決定了知諸法，無所罣礙。
七、諸佛在一念之間，就能遍往十方世界。
八、諸佛在一念之間，就能現出如來的無量威德。

九、諸佛在一念之間，就能夠普遍攝緣三世諸佛及眾生，而心中毫無雜亂。

十、諸佛的一念與三世諸佛的體性同等無二。

就是這十種不可思議的境界。

佛子啊！諸佛能生出十種智慧。是哪十種呢？就是：

一、諸佛了知一切的法都是性空如幻，沒有任何的自性，所以也沒有任何的真實趣向，但還是能夠出生迴向的願力智慧。

二、諸佛了知一切法都是空幻、毫不實在，但還是能生出清淨的法身智慧。

三、諸佛了知一切法門，本來無二相，但還是能夠生出覺悟的智慧。

四、諸佛了知一切法無我，亦無眾生，但還是能夠生出調伏眾生的智慧。

五、諸佛了知一切法本來無相，但還是能夠生出了知通達諸相的智慧。

六、諸佛了知世界根本如幻，無有真實的生成毀壞之相，但還是能夠了知一切世間成壞的智慧。

七、諸佛了知一切法都是性空而沒有任何的造作，但還是能夠生出了知業力、果報的智慧。

八、諸佛了知一切法都無有言語說辭，但還是能夠生出了知一切言說的智慧。

九、諸佛了知一切法無有染污清淨之分，但還是能夠生出了知諸法染污清淨的智慧。

十、諸佛了知一切法無有生起與滅失，但還是能夠生出了知諸法生滅的智慧。

就是這十種智慧。

佛子啊！❺諸佛世尊有十種能普遍進入一切的法門。是哪十種呢？就是：

一、諸佛身相清淨微妙，能夠普遍趣入過去、未來、現在三世。

二、諸佛身體、語言、意念都自在無礙，因此能普遍教化所有的眾生。

三、諸佛對所有陀羅尼都總持不忘，所以能普遍受持一切佛法。

四、諸佛具足四種無礙的辯才，所以能普遍轉動一切清淨的法輪。

五、諸佛的大悲平等，因此恆常不捨離眾生。

六、諸佛的禪定甚深，所以能普遍觀察眾生，從不休息。

七、諸佛具足利益他人的善根，所以能調伏教化眾生，從不歇息。

八、諸佛心無障礙，所以能安住一切法界。

九、諸佛的神通無礙，所以能在一念之間普遍示現三世諸佛。

十、諸佛的智慧無礙，所以能在一念之間，普遍安立三世的時劫。

就是這十種普入一切的法門。

佛子啊！諸佛世尊有十種一般人難以信奉受持的廣大法門。是哪十種呢？就是：

一、諸佛能完全摧除毀滅諸魔。

二、諸佛能降伏一切外道。

三、諸佛能調伏眾生，並使他們信受奉行歡喜愉悅。

四、諸佛能前往所有世界，化導各類眾生。

五、諸佛能以智慧證入甚深法界。

六、諸佛能以無二的微妙身示現種種身相，充滿所有的世界。

七、諸佛能以清淨的音聲，生起四種無礙的辯才，演說佛法而無斷絕。凡是信奉受持的人，都能夠獲益，功不唐捐。

八、諸佛能在一個毛孔中示現的諸佛等同一切世界微塵數，而且能相續不斷地示現。

九、諸佛能在一微塵中示現等同一切世界微塵數的各種剎土，這些世界又具足種種無上微妙的莊嚴。諸佛並且能夠恆常於其中轉動微妙的法輪，教化所有的眾生。雖然如此，但是微塵卻不變大，而世界也不縮小。諸佛仍以證得的智慧，安住法界。

十、諸佛了知通達清淨的法界，所以能以智慧的光明，照破世間的愚痴昏闇。使眾生都知曉佛法，隨順追尋如來，安住佛陀的十力。

就是這十種一般人難以信奉受持的廣大法門。

佛子啊！❻諸佛世尊有十種廣大的功德，離於一切的過患而且清淨圓滿。是哪十種廣大的功德呢？就是❼：

一、諸佛具足廣大的威德，離於一切過患，具足清淨。

二、諸佛出生三世諸佛如來家中，他的種性十分調柔良善，所以能遠離一切過患，具足清淨。

三、諸佛即使窮盡時劫，都安住空性，而心無所住，所以能遠離一切過患，具足清淨。

四、諸佛從不執著過去、現在、未來三世，所以遠離一切過患，具足清淨。

五、諸佛了知種種體性皆是一體，境界如實無所從來。所以能遠離一切過患，具足清淨。

六、諸佛前際與後際的福德無盡，等同法界。所以能遠離一切過患，具足清淨。

七、諸佛的身相無邊，遍滿十方佛國剎土。所以能隨時地調伏教化一切眾生，遠離一切過患，具足清淨。

八、諸佛有四種無畏，所以能遠離所有的恐怖。在大眾法會做大獅子吼，廣宣佛法。又他能明了分別演說一切諸法，所以遠離一切過患，具足清淨。

九、諸佛在不可說不可說的時劫進入涅槃，眾生即使只聽聞他的名號，就都能獲得無量福報，宛如佛陀親現其前。所以能遠離於一切過患，具足清淨。

十、諸佛如果身處極遙遠、不可說不可說的世界時，若有眾生一心憶念佛陀，無不立刻得見諸佛。所以能遠離一切過患，具足清淨。

就是這十種廣大的功德。

佛子啊！❽諸佛世尊有十種究竟清淨。是哪十種呢？就是：

一、諸佛往昔所發的大願，究竟清淨。

二、諸佛所修持的梵行，究竟清淨。

三、諸佛遠離世間的眾多誘惑，究竟清淨。

四、諸佛的國土莊嚴，究竟清淨。

五、諸佛的所有眷屬，究竟清淨。

六、諸佛所投生的種族，究竟清淨。

七、諸佛的色身相貌，殊勝妙好，究竟清淨。

八、諸佛的法身毫無染著，究竟清淨。

九、諸佛的一切佛智，沒有障礙，究竟清淨。

十、諸佛解脫自在，一切所作都已成辦圓滿，到達涅槃的彼岸，究竟清淨。

就是這十種究竟清淨。

佛子啊！❾諸佛世尊在一切世界、一切時劫中，有十種事業。是哪十種呢？

一、如果有眾生能衷心憶念諸佛，諸佛無不現前。
二、如果有眾生，心性不調和柔順，諸佛就為他說法。
三、如果有眾生能生起清淨的信解，諸佛必定使他獲得無量善根。
四、如果有眾生能夠趣入正法體性的法位，馬上能現證一切佛法，了知通達所有的法。
五、教化眾生，從不疲憊厭倦。
六、往來諸佛剎土自在無礙。
七、因大悲故不捨離眾生。
八、示現變化的化身，恆常沒有斷絕。
九、神通變化自在，未曾休息。
十、安住法界普遍觀察眾生。
就是這十種諸佛的事業。
佛子啊！❿諸佛世尊有十種無窮盡的智慧海法門。是哪十種呢？就是：
一、諸佛有無邊法身無窮盡的智慧海法門。
二、諸佛有無量諸佛事業無窮盡的智慧海法門。
三、諸佛有佛眼境界無窮盡的智慧海法門。

四、諸佛有無量無數，難以思議善根的無窮盡智慧海法門。
五、諸佛有普降一切解脫甘露妙法的無窮盡智慧海法門。
六、諸佛有讚歎佛陀功德無窮盡的智慧海法門。
七、諸佛有往昔修持種種願行的無窮盡智慧海法門。
八、諸佛有窮盡未來際，恆常不斷興作佛事的無窮盡智慧海法門。
九、諸佛有了知一切眾生心行的無窮盡智慧海法門。
十、諸佛有具足福德智慧莊嚴，沒有人能超越的無窮盡智慧海法門。
就是這十種無窮盡的智慧海法門。
佛子啊！⓫諸佛世尊有十種恆常實行的法門。是哪十種呢？就是：
一、常行所有波羅蜜的法門。
二、對於一切法永遠斷離迷惑。
三、恆常具足大悲。
四、恆常具足十力。
五、恆常轉法輪。
六、恆常為眾生示現成就正等正覺。
七、恆常樂於調伏教化一切眾生。

八、心中恆常正念不二之法。
九、度化眾生，恆常示現進入無餘涅槃，因為諸佛的境界無有邊際。
就是這十種恆常實行的法門。
佛子啊！⓬諸佛世尊經常演說十種無量法門。是哪十種呢？就是：
一、演說無量眾生界的法門。
二、演說無量眾生心行的法門。
三、演說無量眾生的業行與果報的法門。
四、演說無量度化眾生的法門。
五、演說無量清淨眾生的法門。
六、演說無量菩薩心行的法門。
七、演說無量世界生成、毀壞的法門。
八、演說無量菩薩甚深的心行，清淨諸佛國剎土的法門。
九、演說無量世界三世諸佛，及他的剎土及時劫中次第出現的法門。
十、演說諸佛智慧的法門。
就是這十種法門。
佛子啊！諸佛世尊有十種法，能為眾生興作佛事。是哪十種呢？就是：

一、示現色身為眾生興作佛事。
二、發出美妙的音聲為眾生興作佛事。
三、以覺受為眾生興作佛事。
四、以無覺受為眾生興作佛事。
五、以地、水、火、風為眾生興作佛事。
六、以自在神通力，示現一切所緣的境界，為眾生興作佛事。
七、以種種名號為眾生興作佛事。
八、以佛國剎土的境界為眾生興作佛事。
九、以莊嚴清淨的佛國剎土為眾生興作佛事。
十、以寂靜默然無言為眾生興作佛事。
就是這十種。

佛子啊！⑬諸佛世尊有十種最殊勝的法。是哪十種呢？就是：
一、願眾生成佛之心堅固，宛如金剛不可破壞。凡所說的必定實踐，絕不會言行不一。
二、為了圓滿一切功德，窮盡未來的時劫，修習菩薩行，不會懈怠厭倦。
三、即使只為了調伏一個眾生，也能前往不可說不可說的世界教化，並且也能夠如此調伏教化一切眾生而實行不斷。

四、不管眾生是信解佛法或是詆毀佛法，諸佛都能平等地以大悲心普遍觀察因緣。

五、諸佛從初發心，乃至成佛，菩提心始終不曾退失。

六、諸佛積集的無量功德，都用以迴向一切智，即使身處世間也從不染著。

七、在諸佛處所修學的身、語、意三業，完全用以實踐佛陀的行持，而非實行聲聞、緣覺，乘的行持。並且迴向一切智慧的體性，成就無上正等正覺。

八、放出廣大平等的光明，普照一切處所，照耀一切佛法。一切菩薩無不證得清淨，圓滿一切智慧。

九、捨離所有世間的欲樂，不貪戀、不染著。普願世間離苦得樂，沒有任何戲論，所以能實際地度化眾生。

十、哀愍眾生受種種痛苦逼迫，又為了守護諸佛種性，實行佛的境界，出離生死輪迴，終於得證十力。

就是這十種最殊勝之法。

佛子啊！⓮諸佛世尊有十種無障礙的安住。是哪十種呢？就是：

一、能前往一切世界，無障礙地安住。

二、能無障礙地安住一切世界。

三、能無障礙地安住一切世界行、住、坐、臥。
四、能無障礙地安住一切世界演說正法。
五、能無障礙地安住一切世界的兜率天宮。
六、能趣入法界過去、現在、未來三世，無障礙地安住。
七、能無障礙地安住端坐法界的一切道場。
八、念念都能無障礙地安住觀察眾生的心行，以身、語、意三種淨業，並自在教化調伏眾生。
九、能以一身無障礙地安住無量不可思議的佛處所，以及一切處所，利益眾生。
十、能無障礙地安住開示無量諸佛所演說的正法。
就是這十種無障礙的安住。
佛子啊！⑮諸佛世尊有十種最殊勝的無上莊嚴。是哪十種呢？就是：
一、具足三十二相、八十種隨形等相好莊嚴，這是諸佛最殊勝無上的身相莊嚴。
二、具足六十種妙音，每一妙音又有五百分支的妙音。每一支分的妙音又有無量百千種清淨妙音伴隨，莊嚴妙好。諸佛並能用大獅子吼的妙音演說如來的甚深法義，所以法界眾生聽聞之後，都不會心生恐怖，只會更加歡喜。並且能隨著各自的根器與欲求受諸佛教化調伏，這是諸佛最殊勝無上的語言莊嚴。

三、具足十力一切的大三昧與十八種不共同的莊嚴意業，所行的境界無不通達無礙。能無餘證得所有的佛法，因此能用法界的莊美威嚴莊嚴自身。所有法界眾生的心念所行，不管是過去、未來與現在各種差別，都能在一念之間完全明見，這就是諸佛最殊勝無上的意業莊嚴。

四、諸佛放出的無數光明中，每一道光明都伴隨不可說的光明網，普照諸佛的國土，滅除世間的黑暗，示現無量諸佛的出生與興起。他們的法身平等清淨，所興作的佛法事業都功不唐捐。因此，能讓眾生達到不退轉境，這就是諸佛最殊勝無上的光明莊嚴。

五、諸佛微笑時，口中都會放出百千億那由他阿僧祇數的光明。每一光明中又有無量不可思議的種種色彩，遍照十方世界。在大眾中發出誠實的言語，授記無量不可思議的眾生，這就是諸佛離於世間愚痴迷惑最殊勝無上的微笑莊嚴。

六、諸佛法身清淨無礙，因此能究竟通達一切法，安住在無有邊際的法界。雖然身在世間，卻不染著世間。因為他早已了知世間的真實體性，實行出世間的佛法。超越斷除一切言語道法，也超越了五蘊、十八界、十二處等內在的身心、外在的世界與身心的覺受等，這就是諸佛最殊勝無上的法身莊嚴。

七、諸佛無量恆常妙好的光明，都是以不可說不可說的種種色相莊嚴，才成為大光明的寶藏。因此能生出無量的圓滿光明，普照十方，沒有障礙。這就是諸佛最殊勝無上的常妙光明莊嚴。

八、諸佛具足無邊的微妙色相、可愛的微妙色相、清淨的微妙色相、隨心所顯現的微妙色相，映蔽一切欲界、色界、無色界三界的微妙色相，到達解脫彼岸的無上微妙色相，這就是諸佛最殊勝無上的微妙色相莊嚴。

九、諸佛受生於過去、現在、未來三世的佛種，累積各種善業寶藏，究竟清淨，沒有任何過失。遠離世間的譏笑毀謗，所以能用最殊勝清淨的妙行自我莊嚴，具足成就一切佛智。他的種族清淨，沒有人能詆毀他，這就是諸佛最殊勝無上的種族莊嚴。

十、諸佛以大慈的力量莊嚴自身，究竟清淨。沒有任何渴愛，永遠止息所有的造作。心中早已善巧解脫，凡見到的人無不歡喜，毫無厭倦。因此他能用大悲救護世間，成為世間第一的福田，普受最尊貴的供養。他哀愍利益眾生，希望眾生都能增長無量福德，聚集智慧，這就是諸佛最殊勝無上的大慈大悲功德莊嚴。

以上就是諸佛十種最殊勝的無上莊嚴。

佛子啊！⑯諸佛世尊有十種自在之法。是哪十種呢？就是：

一、諸佛對一切法都得自在，明了通達所有文句的法義意味。因此能夠演說諸法，辯才無礙。

二、諸佛未曾錯失教化眾生的時節因緣，因此能隨順眾生的心願意樂，為他們宣說諸佛正法，使他們調伏柔順，相續不斷。

三、諸佛能莊嚴無量無邊的虛空界，使一切世界產生六種震動。讓這些世界不管是被舉起、放下，或變大，或縮小；或聚合，或離散時，都不會煩惱傷害任何眾生。眾生甚至察覺不到，也不會懷疑或感到奇怪。

四、諸佛能以神通力莊嚴清淨所有世界，一念之間就能普遍示現所有世界的莊嚴。這些莊嚴，完全遠離雜染，清淨無比。所以，即使經過無數劫的演說也不能窮盡。所以諸佛能使一切佛國剎土的莊嚴清淨之事，都平等地攝入一個剎土。

五、諸佛即使只有見到一個應受教化的眾生，也會為這個人住壽，繼續示現人間。經過不可說不可說的時劫，乃至窮盡未來，都還是端正地結跏趺坐，身心無有疲倦，專心憶念，不曾荒廢忘失。因為他始終善巧方便地調伏治理眾生，從不錯失時機。就像他對這個眾生一般，他對一切眾生也是如此。

六、諸佛雖能遍往一切世界，一切如來所行的處所，但也不會捨棄一切法界。十方法界雖然各各有別，每一個方向又有無量的世界海，每一個世界海又有無量的世界，但佛陀都能以神力在一念之間立刻到達，並且轉動無礙的清淨法輪。

七、諸佛為了調伏教化眾生，念念都能證得無上正等正覺，而對於一切佛法並非已經現前覺知，也不是應當在未來覺知，也不是止住尚在修學的有學階段。而是能完全知見一切佛法，通達無礙，具足無量智慧、無量自在，教化調伏眾生。

八、諸佛能用眼處成作耳處的佛事；能用耳處成作鼻處的佛事；能用鼻處成作舌處的佛事；能用舌處成作身處的佛事；能用身處成作意處的佛事；能用意處安住一切世界，生出世界的種種境界。並能在每一個境界都成作廣大的佛事。

九、諸佛身上的每一個毛孔，都能容納一切眾生。而其中每一個眾生的身體即使等同不可說的各個佛國剎土，也不會感覺逼迫、狹隘。即使真有這樣身相的眾生，他一步就能越過無數的世界，如是前行，展轉窮盡無數的時劫。他在這段時間中，能完全澈見諸佛出現世間，教化眾生。轉動清淨的法輪，開示過去、未來、現在的不可說之法門。如此窮盡虛空的一切的眾生，在六道各趣出生受身。他們示現各種威儀的外表，行動往來，具足受用的各種玩樂器具。即使在毛孔中，都毫無障礙。

十、諸佛能在一念之間示現一切世界微塵數的佛陀，每一位佛陀都在法界眾妙蓮華廣大莊嚴世界的蓮華藏獅子座成就正等正覺，示現自在的神通力。就如同在眾妙蓮華廣大莊嚴世界一般，一切法界不可說不可說的種種莊嚴、種種境界、種種形相、種種示現、種種劫數清淨世界也是一樣。就如同在一念之間，在無量無邊阿僧祇劫的一切心念，一念之中一切示現；一念之中無量安住，諸佛都未曾動用少許的方便力量。

佛子啊！⑰諸佛世尊有十種無量不可思議的圓滿佛法。是哪十種呢？就是：

一、諸佛所有的清淨相貌都具足百福莊嚴。

二、諸佛能完全圓滿成就一切佛法。

三、諸佛都能完全圓滿成就一切的善根。

四、諸佛能完全圓滿成就一切的功德。

五、諸佛能教化一切的眾生。

六、諸佛能做一切眾生的主導。

七、諸佛能圓滿成就清淨的佛國剎土。

八、諸佛能圓滿成就一切佛智。

九、諸佛能完全圓滿成就妙好的色身相貌，使見到的人無不獲利、功不唐捐。

十、諸佛具足諸佛的平等正法。

十一、諸佛成作佛事之後，沒有不示現進入涅槃的。

就是這十種無量不可思議的圓滿佛法。

佛子啊！⑱諸佛世尊有十種善巧方便。是哪十種呢？就是：

一、諸佛了知諸法都遠離戲論，而能開示諸佛的善根。

二、諸佛了知一切法都是性空而無所見，諸法之間各不相知。無有縛著，也無解脫。無有攝受，也無聚集。體性空寂如幻，無修無證也毫無成就的自在究竟。到達涅槃彼岸，但是卻完全了知諸法本然無差異，也無分別的真實體性。而證得自在，證得無我。也無感受差別，不敗壞實際的法相。已經達到大自在的境地，常能觀察一切法界。

三、一切諸佛永離諸相，心無所住。所以能完全了知，不混亂也不錯失。雖然了知一切眾相都無自性，還是能隨順體性，完全地善巧趣入。同時示現無量的色身，以及一切清淨佛土種種莊嚴的無盡相貌。聚集智慧的明燈，滅除眾生的迷惑。

四、諸佛安住法界，不安住過去、未來、現在。因為不變不異，真如之理的體性並沒有所謂的過去、未來與現在。因此，能演說三世無量諸佛出現世間。因此，聽聞的人無不見到諸佛的境界。

五、諸佛的身、語、意業都沒有任何的造作，無來也無去，亦沒有安住。已遠離所有的諸多法相，到達諸法的彼岸。因此能成為大眾的法藏，具足無量的智慧，了知通達種種世間、出世間的佛法。他智慧無礙，且能示現無量的自在神力，調伏法界一切眾生。

六、諸佛了知一切法都是性空不可見的，非一也非異；非計量也非不計量；非來也非去。都是空無自性的，但卻也不違背世間的諸法，因此，一切智者在無自性中能澈見諸法，得到法自在。雖廣說諸法，卻常安住真如體性。

七、諸佛能於一個時劫中了知一切的時劫，因為他具足清淨的善根，能趣入佛法的正位無所染者。不止住也不捨棄法界日、月、年、劫的成壞，因此能夠示現所謂的白晝、黑夜等的初時、中時與往後的時間。乃至於一日、七日、半個月、一個月、一年、百年、一劫、多劫、不可思議的時劫、不可說的時劫、乃至於窮盡未來際的時劫，都能恆常為眾生轉動微妙的法輪，從不間斷退失或歇息。

八、諸佛恆常安住法界，成就諸佛無量、無畏及不可數的辯才；不可量的辯才；無盡的辯才；無間斷的辯才；無邊的辯才；不共的辯才；無窮的辯才；真實的辯才；善巧方便開示一切語句的辯才。善巧方便開示一切法義的辯才，因此他能隨著眾生的根性及志欲理解，用種種法門宣說不可說不可說百千億那由他數種類的修多羅經典。這些演說不管是初際、中際與後際都十分圓滿究竟。

九、諸佛安住清淨的法界時，宛如諸法本來就沒有名字稱謂。過去沒有名字，現在沒有名字，未來也沒有名字。沒有眾生之名，也不是沒有眾生之名；沒有國土之名，也不是沒有國土的名字；沒有法名，也不是沒有法名；沒有功德之名，也不是沒有功德之名；沒有菩薩名也沒有佛名；沒有數量的名稱，也不是沒有數量的名稱；沒有所謂的生，也沒有所謂的滅；但不是有名，也不是無名；不是只有一名，也不是有很多種名稱。為什麼呢？因為諸法本來就沒有方向，沒有處所；不可以說聚集，也不可說分散；不可以說是一，也不可以說是多。這自性的所在是音聲所無法表達的，也不是以言語可以了知的。所以，諸佛菩薩雖然隨順世俗種種而言說，但是卻從不攀緣、造作。並且遠離一切妄想執著，如是究竟到達涅槃彼岸。

十、諸佛了知一切法的本性寂靜，因為本然無生，所以說非色；因為無任何戲論，所以說非受；因為無名詞計數，所以說非想；因為無有為造作，所以說非行；因為無有執取，所以說非識；因為無有趣入處，所以說非處；因為無所得，所以說非界。然而也不會毀壞一切的諸法，這是因為本性無生起造作，宛如虛空。因為一切諸法完全空寂，沒有業果，也沒有任何的修習，沒有成就；也沒有出生。非數，也非不數；非有，也非無；非生，也非滅；非垢，也非淨；非入，也非出；非住，也非不住；非調伏，也非不調伏；非眾生，也非無眾生；非壽命，也非無壽命；非因緣，也非無因緣。但卻能了知一切的正定、邪定以及不定境界的積聚，為眾生宣說妙法，使他們都能到達彼岸，成就諸佛的十力、四無所畏。能作獅子吼廣大演說佛法，具足一切智慧，安住諸佛的境界。

佛子啊！這就是諸佛圓滿成就的十種善巧方便。

【註釋】

❶這一品以下的五品是在回答第二會中初如來地等十句的問題。

❷以下在顯示佛的功德，開三十二門，都是在回答前面十問。分作十段，前二門是回答國土之問。

❸次二門是回答本願之問，於其中說明乘願現八相，後段顯示本願不會錯失時機。

❹再來二門是回答種性之問，於其中說明報身、應身的種性，後段說明法身的種性。

❺次二門回答出現的問題，於其中常示現無有出沒。後段說明出現之相，說明它的功用廣大無涯。

❻以下五門是在回答身之問，分作五門。初一門說明佛的三業隨智慧而行，所以無有過失，因為三業畢竟不離身。

❼這個十相與威勢身、化身等十身相應。

❽下一門說明因位之清淨，因為過失不生，所以說是究竟清淨。

❾次一門說明身的業用。

❿次一門解釋智身，說明佛的六根三業都與深廣的智慧相應。

⓫次一門說明身中意業恆常不斷。

⓬次二門回答音聲的問題，其中說明以音聲辨說，後段顯示種種說法。

⓭次三門回答智慧的問題，其中初門概總地說明權便與其實的因果智慧。

⓮說明以智慧無礙而遠離障礙。

⓯說明智慧的成就利益。

⓰次八門回答自在的問題，分八段。初一門總括地說明自在，兼攝加持。

⓱說明圓滿自在。

⓲說明權便、其實無礙，在法上自在的善巧方便。

【原典】

爾時，大會中有諸菩薩作是念：諸佛國土云何不思議？諸佛本願云何不思議？諸佛種性云何不思議？諸佛出現云何不思議？諸佛身云何不思議？諸佛音聲云何不思議？諸佛智慧云何不思議？諸佛自在云何不思議？諸佛無礙云何不思議？諸佛解脫云何不思議？

爾時，世尊知諸菩薩心之所念，則以神力加持，智慧攝受，光明照曜，威勢充滿，令青蓮華藏菩薩住佛無畏，入佛法界，獲佛威德，神通自在，得佛無礙廣大觀察，知一切佛種性次第，住不可說佛法方便。

爾時，青蓮華藏菩薩則能通達無礙法界，則能安住離障深行，則能成滿普賢大願，則能知見一切佛法，以大悲心觀察眾生，欲令清淨精勤修習無有厭怠，受行一切諸菩薩法，於一念中出生佛智，解了一切無盡智門，總持、辯才皆悉具足；承佛神力，告蓮華藏菩薩言：

佛子！諸佛世尊有無量住，所謂：常住、大悲住、種種身作諸佛事住、平等意轉淨法輪住、四辯才說無量法住、不思議一切佛法住、清淨音遍無量土住、不可說甚深法界住、現一切最勝神通住，能開示無有障礙究竟之法。

佛子！諸佛世尊有十種法，普遍無量無邊法界。何等為十？所謂：一切諸佛有無邊際身，色相清淨，普入諸趣而無染著；一切諸佛有無邊際無障礙眼，於一切法悉能明見；一切諸佛有無邊際無障礙耳，悉能解了一切音聲；一切諸佛有無邊際鼻，能到諸佛自在彼岸；一切諸佛有廣長舌，出妙音聲周遍法界；一切諸佛有無邊際身，應眾生心，咸令得見；一切諸佛有無邊際意，住於無礙平等法身；一切諸佛有無邊際無礙解脫，示現無盡大神通力；一切諸佛有無邊際清淨世界，隨眾生樂現眾佛土，具足無量種種莊嚴，而於其中不生染著；一切諸佛有無邊際菩薩行願，得圓滿智，遊戲自在，悉能通達一切佛法。佛子！是為如來、應、正等覺普遍法界無邊際十種佛法。

佛子！諸佛世尊有十種念念出生智。何等為十？所謂：一切諸佛於一念中，悉能示現無量世界從天來下；一切諸佛於一念中，悉能示現無量世界菩薩受生；一切諸佛於一念中，悉能示現無量世界出家學道；一切諸佛於一念中，悉能示現無量世界菩提樹下成等正覺；一切諸佛於一念中，悉能示現無量世界轉妙法輪；一切諸佛於一念中，悉能示現無量世界教化眾生供養諸佛；一切諸佛於一念中，悉能示現無量世界不可言說種種佛身；一切諸佛於一念中，悉能示現無量世界種種莊嚴、無數莊嚴、如來自在一切智藏；一切諸佛於一念中，悉能示現無量世界無量無數清淨眾生；一切諸佛於一念中，悉能示現無量世界三世諸佛種種根性、種種精進、種種行解，於三世中成等正覺。是為十。

佛子！諸佛世尊有十種不失時。何等為十？所謂：一切諸佛成等正覺不失時；一切諸佛成熟有緣不失時；一切諸佛授菩薩記不失時；一切諸佛隨眾生心示現神力不失時；一切諸佛隨眾生解示現佛身不失時；一切諸佛住於大捨不失時；一切諸佛入諸聚落不失時；一切諸佛攝諸淨信不失時；一切諸佛調惡眾生不失時；一切諸佛現不思議諸佛神通不失時。是為十。

佛子！諸佛世尊有十種無比不思議境界。何等為十？所謂：一切諸佛一跏趺坐，遍滿十方無量世界；一切諸佛說一義句，悉能開示一切佛法；一切諸佛放一光明，悉能遍照一切世界；一切諸佛於一身中，悉能示現一切諸身；一切諸佛於一處中，悉能示現一切世界；一切諸佛於一智中，悉能決了一切諸法無所罣礙；一切諸佛於一念中，悉能遍往十方世界；一切諸佛於一念中，悉現如來無量威德；一切諸佛於一念中，普緣三世佛及眾生，心無雜亂；一切諸佛於一念中，與去、來、今一切諸佛體同無二。是為十。

佛子！諸佛世尊能出生十種智。何者為十？所謂：一切諸佛知一切法無所趣向，而能出生迴向願智；一切諸佛知一切法皆無有身，而能出生清淨身智；一切諸佛知一切法本來無二，而能出生能覺悟智；一切諸佛知一切法無我無眾生，而能出生調眾生智；

一切諸佛知一切法本來無相，而能出生了諸相智；一切諸佛知一切世界無有成壞，而能出生了成壞智；一切諸佛知一切法無有造作，而能出生知業果智；一切諸佛知一切法無有言說，而能出生了言說智；一切諸佛知一切法無有染淨，而能出生知染淨智；一切諸佛知一切法無有生滅，而能出生了生滅智。是為十。

佛子！諸佛世尊有十種普入法。何等為十？所謂：一切諸佛有淨妙身，普入三世；一切諸佛皆悉具足三種自在，普化眾生；一切諸佛皆悉具足諸陀羅尼，普能受持一切佛法；一切諸佛皆悉具足四種辯才，普轉一切清淨法輪；一切諸佛皆悉具足平等大悲，恆不捨離一切眾生；一切諸佛皆悉具足甚深禪定，恆普觀察一切眾生；一切諸佛皆悉具足利他善根，調伏眾生無有休息；一切諸佛皆悉具足無所礙心，普能安住一切法界；一切諸佛皆悉具足無礙神力，一念普現三世諸佛；一切諸佛皆悉具足無礙智慧，一念普立三世劫數。是為十。

佛子！諸佛世尊有十種難信受廣大法。何等為十？所謂：一切諸佛悉能摧滅一切諸魔；一切諸佛悉能降伏一切外道；一切諸佛悉能調伏一切眾生咸令歡悅；一切諸佛悉能往詣一切世界化導群品；一切諸佛悉能智證甚深法界；一切諸佛悉皆能以無二之身現種種身充滿世界；一切諸佛悉皆能以清淨音聲起四辯才說法無斷，凡有信受功不唐捐；一切諸佛皆悉能於一毛孔中出現諸佛，與一切世界微塵數等，無有斷絕；一切諸佛皆悉能於一微塵中示現眾剎，與一切世界微塵數等，具足種種上妙莊嚴，恆於其中轉妙法輪教化眾生，而微塵不大、世界不小，常以證智安住法界；一切諸佛皆悉了達清淨法界，以智光明破世癡闇，令於佛法悉得開曉，隨逐如來住十力中。是為十。

佛子！諸佛世尊有十種大功德，離過清淨。何等為十？所謂：一切諸佛具大威德，離過清淨；一切諸佛悉於三世如來家生，種族調善，離過清淨；一切諸佛盡未來際心無所住，離過清淨；一切諸佛於三世法皆無所著，離過清淨；一切諸佛知種種性皆是一性，無所從來，離過清淨；一切諸佛前際、後際福德無盡，等於法界，離過清淨；一切諸佛無邊身相遍十方剎，隨時調伏一切眾生，離過清淨；一切諸佛獲四無畏，離諸恐怖，於眾會中大師子吼，明了分別一切諸法，離過清淨；一切諸佛於不可說不可說劫入般涅槃，眾生聞名獲無量福，如佛現在功德無異，離過清淨；一切諸佛遠在不可說不可說世界中，若有眾生一心正念則皆得見，離過清淨。是為十。

佛子！諸佛世尊有十種究竟清淨。何等為十？所謂：一切諸佛往昔大願究竟清淨；一切諸佛所持梵行究竟清淨；一切諸佛離世眾惑究竟清淨；一切諸佛莊嚴國土究竟清淨；一切諸佛所有眷屬究竟清淨；一切諸佛所有種族究竟清淨；一切諸佛色身相好究竟清淨；一切諸佛法身無染究竟清淨；一切諸佛一切智智無有障礙究竟清淨；一切諸佛解脫自在，所作已辦❶，到於彼岸，究竟清淨。是為十。

佛子！諸佛世尊於一切世界、一切時，有十種佛事。何等為十？一者，若有眾生專心憶念，則現其前；二者，若有眾生心不調順，則為說法；三者，若有眾生能生淨信，必令獲得無量善根；四者，若有眾生能入法位，悉皆現證，無不了知；五者，教化眾生無有疲厭；六者，遊諸佛剎，往來無礙；七者，大悲不捨一切眾生；八者，現變化身，恆不斷絕；九者，神通自在，未嘗休息；十者，安住法界，能遍觀察。是為十。

佛子！諸佛世尊有十種無盡智海法。何等為十？所謂：一切諸佛無邊法身無盡智海法；一切諸佛無量佛事無盡智海法；一切諸佛佛眼境界無盡智海法；一切諸佛無量無數難思善根無盡智海法；一切諸佛普雨一切甘露妙法無盡智海法；一切諸佛讚佛功德無盡智海法；一切諸佛往昔所修種種願行無盡智海法；一切諸佛盡未來際恆作佛事無盡智海法；一切諸佛了知一切眾生心行無盡智海法；一切諸佛福智莊嚴無能過者無盡智海法。是為十。

佛子！諸佛世尊有十種常法。何等為十？所謂：一切諸佛常行一切諸波羅蜜；一切諸佛於一切法常離迷惑；一切諸佛常具大悲；一切諸佛常有十力；一切諸佛常轉法輪；一切諸佛常為眾生示成正覺；一切諸佛常樂調伏一切眾生；一切諸佛心常正念不二之法；一切諸佛化眾生已，常示入於無餘涅槃，諸佛境界無邊際故。是為十❷。

佛子！諸佛世尊有十種演說無量諸佛法門。何等為十？所謂：一切諸佛演說無量眾生界門；一切諸佛演說無量眾生行門；一切諸佛演說無量眾生業果門；一切諸佛演說無量化眾生門；一切諸佛演說無量淨眾生門；一切諸佛演說無量菩薩行門；一切諸佛演說無量菩薩願門；一切諸佛演說無量一切世界成壞劫門；一切諸佛演說無量菩薩深心淨佛剎門；一切諸佛演說無量一切世界三世諸佛於彼彼劫次第出現門；一切諸佛演說一切諸佛智門。是為十❸。

佛子！諸佛世尊有十種為眾生作佛事。何等為十？所謂：一切諸佛示現色身為眾生作佛事；一切諸佛出妙音聲為眾生作佛事；一切諸佛有所受為眾生作佛事；一切諸佛無所受為眾生作佛事；一切諸佛以地、水、火、風為眾生作佛事；一切諸佛神力自在示現一切所緣境界為眾生作佛事；一切諸佛種種名號為眾生作佛事；一切諸佛以佛剎境界為眾生作佛事；一切諸佛嚴淨佛剎為眾生作佛事；一切諸佛寂寞無言為眾生作佛事。是為十。

佛子！諸佛世尊有十種最勝法。何等為十？所謂：一切諸佛大願堅固不可沮壞，所言必作，言無有二；一切諸佛為欲圓滿一切功德，盡未來劫修菩薩行不生懈倦；一切諸佛為欲調伏一眾生故，往不可說不可說世界，如是而為一切眾生而無斷絕；一切諸佛於信、於毀二種眾生，大悲普觀，平等無異；一切諸佛從初發心乃至成佛，終不退失菩提之心；一切諸佛積集無量諸善功德，皆以迴向一切智性，於諸世間終無染著；一切諸佛於諸佛所修學三業，唯行佛行，非二乘行，皆為迴向一切智性，成於無上正等菩提；一切諸佛放大光明，其光平等照一切處，及照一切諸佛之法，令諸菩薩心得清淨，滿一切智；一切諸佛捨離世樂，不貪不染，而普願世間離苦得樂，無諸戲論；一切諸佛愍諸眾生受種種苦，守護佛種，行佛境界，出離生死，逮十力地。是為十。

佛子！諸佛世尊有十種無障礙住。何等為十？所謂：一切諸佛皆能往一切世界無障礙住；一切諸佛皆能住一切世界無障礙住；一切諸佛皆能於一切世界行、住、坐、臥無障礙住；一切諸佛皆能於一切世界演說正法無障礙住；一切諸佛皆能於一切世界住兜率天宮無障礙住；一切諸佛皆能入法界一切三世無障礙住；一切諸佛皆能坐法界一切道場無障礙住；一切諸佛皆能念念觀一切眾生心行以三種自在教化調伏無障礙住；一切諸佛皆能以一身住無量不思議佛所及一切處利益眾生無障礙住；一切諸佛皆能開示無量諸佛所說正法無障礙住。是為十。

佛子！諸佛世尊有十種最勝無上莊嚴。何等為十？一切諸佛皆悉具足諸相隨好，是為諸佛第一最勝無上身莊嚴。一切諸佛皆悉具足六十種音，一一音有五百分，一一分無量百千清淨之音以為嚴好，能於法界一切眾中無諸恐怖，大師子吼演說如來甚深法義，眾生聞者靡不歡喜，隨其根欲悉得調伏，是為諸佛第二最勝無上語莊嚴。一切諸佛皆具十力、諸大三昧、十八不共莊嚴意業，所行境界通達無礙，一切佛法咸得無餘，法界莊嚴而為莊嚴，法界眾生心之所行，去、來、現在各各差別，於一念中悉能明見，是為諸佛第三最勝無上意莊嚴。一切諸佛皆悉能放無數光明，一一光明有不可說光明網以為眷屬，普照一切諸佛國土，滅除一切世間黑闇，示現無量諸佛出興，其身平等悉皆清淨，所作佛事咸不唐捐，能令眾生至不退轉，是為諸佛第四最勝無上光明莊嚴。一切諸佛現微笑時，皆於口中放百千億那由他阿僧祇光明，一一光明各有無量不思議種種色，遍照十方一切世界，於大眾中發誠實語，授無量無數不思議眾生阿耨多羅三藐三菩提記，是為諸佛第五離世癡惑最勝無上現微笑莊嚴。一切諸佛皆有法身清淨無礙，於一切法究竟通達，住於法界無有邊際，雖在世間不與世雜，了世實性，行出世法，言語道斷，超蘊、界、處，是為諸佛第六最勝無上法身莊嚴。一切諸佛皆有無量常妙光明，不可說不可說種種色相以為嚴好為光明藏，出生無量圓滿光明，普照十方無有障礙，是為諸佛第七最勝無上常妙光明莊嚴。一切諸佛皆有無邊妙色、可愛妙色、清淨妙色、隨心所現妙色、映蔽一切三界妙色、到於彼岸無上妙色，是為諸佛第八最勝無上妙色莊嚴。一切諸佛皆於三世佛種中生，積眾善寶，究竟清淨，無諸過失，離世譏謗，一切法中最為殊勝清淨妙行之所莊嚴，具足成就一切智智，種族清淨無能譏毀，是為諸佛第九最勝無上種族莊嚴。一切諸佛以大慈力莊嚴其身，究竟清淨無諸渴愛，身行永息，心善解脫，見者無厭，大悲救護一切世間；第一福田、無上受者，哀愍利益一切眾生，悉令增長無量福德、智慧之聚，是為諸佛第十最勝無上大慈大悲功德莊嚴。是為十。

佛子！諸佛世尊有十種自在法。何等為十？所謂：一切諸佛於一切法悉得自在，明達種種句身、味身，演說諸法辯才無礙，是為諸佛第一自在法。一切諸佛教化眾生未曾失時，隨其願樂為說正法，咸令調伏無有斷絕，是為諸佛第二自在法。一切諸佛能令盡虛空界無量無數種種莊嚴，一切世界六種震動，令彼世界或舉或下、或大或小、或合或散，未曾惱害於一眾生，其中眾生不覺不知、無疑無怪，是為諸佛第三自在法。一切諸佛以神通力悉能嚴淨一切世界，於一念頃普現一切世界莊嚴，此諸莊嚴經無數劫說不能盡，悉皆離染，清淨無比，一切佛剎嚴淨之事，皆令平等入一剎中，是為諸佛第四自在法。一切諸佛見一眾生應受化者，為其住壽，經不可說不可說劫，乃至盡未來際，結跏趺坐，身心無倦，專心憶念，未曾廢忘，方便調伏而不失時；如為一眾生，為一切眾生悉亦如是，是為諸佛第五自在法。一切諸佛悉能遍往一切世界一切如來所行之處，而不暫捨一切法界；十方各別，一一方有無量世界海，一一世界海有無量世界種，佛以神力一念咸到，轉於無礙清淨法輪，是為諸佛第六自在法。一切諸佛為欲調伏一切眾生，念念中成阿耨多羅三藐三菩提，而於一切佛法非已現覺，亦非當覺，亦不住於有學之地，而悉知見，通達無礙，無量智慧，無量自在，教化調伏一切眾生，是為諸佛第七自在法。一切諸佛能以眼處作耳處佛事，能以耳處作鼻處佛事，能以鼻處作舌處佛事，能以舌處作身處佛事，能以身處作意處佛事，能以意處於一切世界中住世、出世間種種境界，一一境界中能作無量廣大佛事，是為諸佛第八自在法。一切諸佛，其身毛孔一一能容一切眾生，一一眾生其身悉與不可說諸佛剎等而無迫隘，一一眾生步步能過無數世界，如是展轉盡無數劫，悉見諸佛出現於世，教化眾生，轉淨法輪，開示過去、未來、現在不可說法；盡虛空界一切眾生諸趣受身，威儀、往來及其所受種種樂具皆悉具足，而於其中無所障礙，是為諸佛第九自在法。一切諸佛於一念頃現一切世界微塵數佛，一一佛皆於一切法界眾妙蓮華廣大莊嚴世界蓮華藏師子座上成等正覺，示現諸佛自在神力；如於眾妙蓮華廣大莊嚴世界，如是於一切法界中不可說不可說種種莊嚴、種種境界、種種形相、種種示現、種種劫數清淨世界；如於一念，如是於無量無邊阿僧祇劫一切念中，一念一切現，一念無量住，而未曾用少方便力，是為諸佛第十自在法。

佛子！諸佛世尊有十種無量不思議圓滿佛法。何等為十？所謂：一切諸佛一一淨相皆具百福；一切諸佛皆悉成就一切佛法；一切諸佛皆悉成就一切善根；一切諸佛皆悉成就一切功德；一切諸佛皆能教化一切眾生；一切諸佛皆悉能為眾生作主；一切諸佛皆悉成就清淨佛剎；一切諸佛皆悉成就一切智智；一切諸佛皆悉成就色身相好，見者獲益，功不唐捐；一切諸佛皆具諸佛平等正法；一切諸佛作佛事已，莫不示現入於涅槃。

是為十❹。

佛子！諸佛世尊有十種善巧方便。何等為十？一切諸佛了知諸法皆離戲論，而能開示諸佛善根，是為第一善巧方便。一切諸佛知一切法悉無所見、各不相知、無縛無解、無受無集、無成就，自在究竟到於彼岸，然於諸法真實而知不異不別，而得自在、無我無受、不壞實際，已得至於大自在地，常能觀察一切法界，是為第二善巧方便。一切諸佛永離諸相，心無所住，而能悉知不亂不錯，雖知一切相皆無自性，而如其體性悉能善入，而亦示現無量色身，及以一切清淨佛土種種莊嚴無盡之相，集智慧燈滅眾生惑，是為第三善巧方便。一切諸佛住於法界，不住過去、未來、現在，如如性中無去、來、今三世相故，而能演說去、來、今世無量諸佛出現世間，令其聞者普見一切諸佛境界，是為第四善巧方便。一切諸佛身、語、意業，無所造作，無來無去，亦無有住，離諸數法，到於一切諸法彼岸，而為眾法藏，具無量智，了達種種世、出世法，智慧無礙，示現無量自在神力，調伏一切法界眾生，是為第五善巧方便。一切諸佛知一切法不可見，非一、非異，非量、非無量，非來、非去，皆無自性，亦不違於世間諸法；一切智者，無自性中見一切法，於法自在，廣說諸法，而常安住真如實性，是為第六善巧方便。一切諸佛於一時中知一切時，具淨善根，入於正位而無所著，於其日月、年劫、成壞，如是等時不住不捨，而能示現若晝若夜、初中後時、一日、七日、半月、一月、一年、百年、一劫、多劫、不可思劫、不可說劫，乃至盡於未來際劫，恆為眾生轉妙法輪，不斷不退，無有休息，是為第七善巧方便。一切諸佛恆住法界，成就諸佛無量無畏及不可數辯、不可量辯、無盡辯、無斷辯、無邊辯、不共辯、無窮辯、真實辯、方便開示一切句辯、一切法辯，隨其根性及以欲解，以種種法門說不可說不可說百千億那由他修多羅，初、中、後善，皆悉究竟，是為第八善巧方便。一切諸佛住淨法界，知一切法本無名字，無過去名，無現在名，無未來名；無眾生名，無非眾生名；無國土名，無非國土名；無法名，無非法名；無功德名，無非功德名；無菩薩名，無佛名；無數名，無非數名；無生名，無滅名；無有名，無無名；無一名，無種種名。何以故？諸法體性不可說故。一切諸法無方無處，不可集說，不可散說，不可一說，不可多說，音聲莫逮，言語悉斷，雖隨世俗種種言說，無所攀緣，無所造作，遠離一切虛妄想著，如是究竟到於彼岸。是為第九善巧方便。一切諸佛知一切法本性寂靜，無生故非色，無戲論故非受，無名數故非想，無造作故非行，無執取故非識，無入處故非處，無所得故非界，然亦不壞一切諸法，本性無起如虛空故。一切諸法皆悉空寂，無業果，無修習，無成就，無出生，非數、非不數，非有、非無，非生、非滅，非垢、非淨，非入、非出，非住、非不住，非調伏、非不調伏，非眾生、非無眾生，非壽命、非無壽命，非因緣、非無因緣，而能了知正定、邪定及不定聚一切眾生，為說妙法令到彼岸，成就十力、四無所畏，能師子吼，具一切智，住佛境界，是為第十善巧方便。佛子！是為諸佛成就十種善巧方便。

註釋

❶「辦」，大正本原作「辨」，今依宋、明、宮本改之。
❷本段只舉出九種常法。
❸本段共舉出十一種法門。
❹本段共舉出十一種佛法。

大方廣佛華嚴經卷　第四十七

佛不思議法品　第三十三之二

【白話語譯】

佛子啊！❶諸佛世尊有十種廣大的佛事，無量無邊，不可思議。一切世間諸天、人皆不能完全了知，過去、未來、現在所有一切的聲聞、獨覺亦不能了知，只有如來的威神之力才能了知。是哪十種呢？就是：

諸佛於盡虛空遍法界一切世界的兜率陀天示現受生，修菩薩行，普作佛事。色相無量、威德無量、光明無量、音聲無量、言辭無量、三昧無量、智慧無量。他所行的境界能夠攝取所有的人、天、魔、梵以及沙門、婆羅門、阿修羅等等，他的大慈之心無有障礙，大悲之心圓滿究竟。所以能平等地饒益一切眾生，或使他們生於天上；或使他們生於人中；或清淨他們的根性；或調伏他們的心念；或時常為他們宣說聲聞、緣覺、菩薩三乘的差別；或時常為他們說圓滿的一乘，普遍救度眾生，使他們出離生死大海。以上就是第一廣大佛事。

佛子啊！諸佛從兜率天宮下生投入母胎，以究竟的禪定三昧觀察入胎受生法如幻像、如化現、如影、如虛空、如火焰。因此能隨順自己的喜樂而受生，境界無量無礙。進入無諍法，生起無執著的智慧。遠離一切的眾欲而得清淨，成就廣大微妙莊嚴的寶藏。接受最後一生的生身，安住大寶莊嚴的樓閣而成作佛陀的事業。或是以神力興作佛陀的事業；或是以正念興作佛陀的事業；或是示現神通力興作佛陀的事業；或是示現宛如日光普照的智慧興作佛陀的事業；或是示現諸佛廣大的境界興作佛陀的事業；或是示現諸佛無量光明興作佛陀的事業；或證入無數廣大三昧興作佛陀的事業；或示現從無數廣大的三昧中起定興作佛陀的事業。

佛子！如來這時在母胎中，為了利益世間，便以種種示現興作佛陀的事業。像所謂的：或是示現初出生的樣子；或是示現童子；或是示現身處皇宮；或是示現出家；或再示現成等正覺；或又示現轉妙法輪；或是示現入般涅槃等，無不以種種方便，在一切方所、一切的世界網、一切世界的旋轉、一切的世界種、在一切世界中興作佛陀的事業。以上就是諸佛第二廣大的佛陀事業。

佛子啊！諸佛已清淨一切的善業，生命的智慧光明潔淨。所以能示現生命循循善誘迷惑的眾生，使他們開悟，實行各種善業。諸佛為了救度眾生，雖然示現誕生宮中，其實諸佛早已捨離各種色欲、宮殿、伎樂，無所貪染。他常觀察一切存有都是空無體性的，一切的玩樂器具都虛妄不真實。所以能受持清淨戒律，並且成就圓滿的境界。他觀察宮中所有的妻妾、侍從，而心生悲愍；他又觀察眾生的虛妄不實而心生大慈；又觀察世間實無有一事可樂，而心生大喜；他在一切法中，心意自在而完全捨離。因此具足諸佛功德，現生法界。

雖然他的身相圓滿，眷屬清淨，但他對於這一切早無所執著。他只是以隨順眾生根器的圓滿一音為大眾演說，讓他們對世間法心生厭離，就如同他的作為及示現勝果。他更以方便善巧的力量隨著因緣相應教化眾生。對因緣未成熟的眾生，則使他們圓滿成熟。而對已成熟的眾生，則使他們得到解脫。為了興作佛陀的事業，使他們不退轉，他又以廣大慈悲之心，常為眾生說種種法，示現三種自在，好讓眾生都得以開悟，心得清淨。雖然大家都看見菩薩身處宮中，但實際上他卻在十方世界施作佛陀的事業。以大智慧、大精進，無礙無盡地示現種種諸佛神通。並且恆常安住在身、口、意善巧方便的淨業，這就是：身業究竟清淨，語業常能隨順智慧而行，意業甚深圓滿，沒有任何障礙。以這些方便利益眾生，這就是第三廣大佛事。

佛子啊！諸佛雖然示現身處種種莊嚴的宮殿，但他觀察這些莊嚴的宮殿之後卻心生厭離，捨棄這一切而出家。因為他為了使眾生了知世間法皆是妄想，無常且容易敗壞，所以心生厭離，不生起任何染著，永遠斷除世間種種貪愛煩惱，修清淨行，利益眾生。他出家時已經完全捨棄俗家的威儀形相，安住無諍法中。一心滿足本願的無量功德，因此能以大智光明滅除世間的痴闇，作世間的無上福田。恆常為眾生稱讚佛陀的功德，使他們在佛陀的處所，能深植善根，並以慧眼澈見真實義。他又為眾生讚說出家功德，清淨無過，使眾生永遠得以出離世間，長為世間擎起智慧的高幢。以上就是第四廣大的佛陀事業。

佛子啊！諸佛具足一切智，因此能明白了知無量的法門，並在菩提樹下成就正等正覺，降伏眾魔。他的威德尊勝無比，身形充滿於一切世界，這都是由於他示現神通，使身相變得廣大無邊。他對一切智所行的義理也都自在無礙。他所修的種種功德都已圓滿。菩提座莊嚴具足，周遍十方世界，並且還不斷勤修種種清淨妙行。另外，他也開示導引眾生，讓他們種下善根，出生如來的平等境地，安住諸菩薩無邊妙行。所以他能成就一切的功德勝法、一切的世界、一切的眾生、一切的佛國剎土、一切的諸法、一切的菩薩、一切的教化、一切的三世、一切的調伏、一切的神通變化、一切眾生心所樂欲等等，都明白了知而興作佛陀的事業。以上就是第五廣大佛事。

佛子啊！諸佛轉動不退失的法輪，是為了使菩薩眾修習無上道永不退轉；轉動無量的法輪，是為了使世人了知自性；轉動一切開悟的法輪，是因為他能夠大無畏地作師子吼，演說佛法；轉動一切法的智慧寶藏法輪，是為了開啟法藏之門，滅除黑闇障礙；轉動無礙法輪，是因為他等同虛空；轉動無著法輪，因為他觀察一切法非有亦非無；轉動照明世間的法輪，是為了使眾生獲得清淨的法眼；轉動開示一切智慧的法輪，是因為他能遍滿一切三世法；轉動與佛相同的所有法輪，是因為一切佛法都不相違背。諸佛都以如此等無量無數百千億那由他的法輪，隨順眾生的種種心行差別，而興作佛陀不可思議的事業。以上就是第六廣大佛事。

佛子啊！諸佛之所以進入所有的王都城邑，都是為了眾生成作佛陀的事業。也就是：人王的都邑、天王的都邑。龍王、夜叉王、乾闥婆王、阿修羅王、迦樓羅王、緊那羅王、摩睺羅伽王、羅剎王、毘舍闍王，如是等一切王的都邑。當佛陀進入城門時，大地震動，光明普照。目盲的人得以明見；耳聾的人得以恢復聽覺；顛狂的人得以心安；赤裸的人得到衣裳；所有憂苦的人都得到安樂。一切樂器不必加以鼓動就會自動鳴奏，而所有的莊嚴寶具不管是披著或是不披著的，都發出美妙的音樂，聽聞的人無不欣喜莫名。

諸佛色身清淨，相好具足，見到的人都無有厭煩。因此能為眾生興作佛陀的事業。所謂的：諸佛不管是盼顧目視，或是觀察、動轉、屈伸、行走、安住，或是坐著、臥著、沈默、言語、示現神通，或說法，或教導敕令，如是一切都是為了眾生興作佛事。

諸佛從往昔一切無數世界種種眾生心生喜樂的大海中，勸請他們念佛。常常精勤觀察，種下各種善根，修菩薩行。讚歎佛陀的色相最為微妙第一，眾生難可得遇。所以，凡是看見的人，必定會興起信心，出生無量的善法。積集佛陀的功德，使這些功德善法普皆清淨。他如此地稱讚諸佛的功德之後，更變化分身前往十方世界，讓眾生瞻仰侍奉。思惟觀察，承事供養，種植各種善根，得到佛陀的歡喜。增長諸佛的種性，決定將來成就佛果。他以如是種種行持而成作佛事，譬如說：為眾生示現色身，或發出妙音，或只是微笑，讓人心生信心喜樂，頭頂禮敬、曲躬合掌、稱揚讚歎、問訊起居而成作佛事。所以，諸佛能以如此等無量無數不可言說、不可思議的種種佛事，在一切世界，隨諸眾生心之所樂，以本願的力量、大慈悲的力量、一切智慧的力量，方便教化眾生，使他們調伏。以上就是第七廣大佛事。

佛子啊！諸佛或安住阿蘭若處而作佛事；或安住寂靜處而作佛事；或安住空閒處而作佛事；或安住佛陀住處而作佛事；或安住三昧而作佛事；或獨處園林而作佛事；或隱身不現而作佛事；或安住甚深智慧而作佛事；或安住諸佛無比境界而作佛事；或安住不可見種種身行，隨諸眾生心中的欲樂，方便教化不曾稍歇而作佛事；或為了勤求一切的智慧，示現天人身形而作佛事；或為了求取一切智慧而示現龍王的身形、夜叉的身形、乾闥婆的身形、阿修羅的身形、迦樓羅的身形、緊那羅的身形、摩睺羅伽的身形、人非人等的身形而作佛事；或為了求取一切智而示現聲聞的身形、獨覺的身形，菩薩的身形勤作佛事。或有時說法，或有時寂靜默然而作佛事；或演說一佛的事蹟，或說多佛的事蹟而作佛事；或演說諸菩薩的一切行、一切願，為一行願而作佛事；或演說諸菩薩一行、一願，為無量的行願而作佛事；或演說諸佛的境界即是世間的境界而作佛事；或演說世間的境界即諸佛的境界而作佛事；或演說諸佛的境界即非境界而作佛事；或安住一日、或安住一夜、或安住半月、或安住一月、或安住一年、乃至安住不可說劫，為諸眾生而作佛事。以上就是第八廣大佛事。

佛子啊！諸佛是出生清淨善根的寶藏，因此能使各類眾生對佛法心生清淨的信解，諸根調伏，永遠出離世間。並且能使諸位菩薩具足菩提道的智慧光明，不必經由他人教導就能自行開悟。或示現涅槃而作佛事；或示現世間完全無常而作佛事；或宣說佛身而作佛事；或宣說所作皆已完全成辦而作佛事；或宣說功德圓滿無缺而作佛事；或宣說永遠斷絕一切存有輪迴的根本而作佛事；或使眾生厭離世間，隨順佛心而作佛事；或宣說壽命終究歸於窮盡而作佛事；或宣說世間實無一事可喜而作佛事；或為大眾宣說窮盡未來際供養諸佛而作佛事；或宣說諸佛轉動淨法輪，使得聞的人都心生歡喜而作佛事；或為宣說諸佛境界，讓眾生發心修習諸行而作佛事；或為了宣說念佛三昧，使眾生發起樂於見佛的心而作佛事；或為了宣說諸根清淨，精勤求取佛道，心無懈怠退轉而作佛事；或為了拜見諸佛國土，觀察種種境界因緣而作佛事；或為了攝受眾生身為佛身，令懈怠放逸的眾生安住如來清淨禁戒而作佛事。以上就是第九廣大佛事。

佛子啊！諸佛進入涅槃圓寂的境界時，眾生無不悲號涕泣，憂傷苦惱不已。他們都相互顧視而說：「如來世尊慈悲廣大，能哀愍饒益一切世間，救度所有的眾生，讓眾生有所依止。如來世尊的出現實在是太難得了，現在這位無上的福田就要永遠離開我們了。」如來就用使所有眾生如此悲哀號叫、哀戀敬慕的方法而作佛事；又為了度化一切天人、龍神、夜叉、乾闥婆、阿修羅、迦樓羅、緊那羅、摩睺羅伽、人、非人等故，隨其所樂，便粉碎自己的身體化為多得不可計數的舍利，然後用這些舍利使眾生心生淨信、恭敬尊重、歡喜供養，修習種種功德，具足圓滿。又起建種種莊嚴的舍利塔，妙飾於諸天宮、龍宮、夜叉宮、乾闥婆宮、阿修羅宮、迦樓羅宮、緊那羅宮、摩睺羅伽宮，人與非人等種種宮殿中，以為供養。如來世尊的牙齒、爪髮也都供奉塔中，這都是為了使看見的人都能念佛、念法、念僧，信心欣樂，永不退轉動搖。虔敬尊重，隨時隨地都布施供養，修行各種功德。因為這種福德，不管他們來世受生天上，或是處於人間，種族都尊榮顯耀，財庫豐足。所有眷屬都完全清淨，不入惡趣，常生善道。時常得見諸佛，具足許多清淨潔白的善法。得以迅速出離欲界、色界、無色界的三有輪迴，並且能隨著自己所發願乘果報。在如來的處所了知如來的恩德，並加以回報，永遠作為世間的歸依。

佛子啊！諸佛世尊雖然已經進入涅槃，仍然讓眾生作不思議清淨福田、無盡功德最上福田，令諸眾生具足善根，福德圓滿。以上就是第十廣大佛事。

佛子啊！這各種佛事廣大無量，不可思議。一切世間諸天及人，及三世聲聞、獨覺皆不能了知，除了如來威神力所加被者。

佛子啊！諸佛世尊有十種具足無畏❷決定無二行、無礙自在❸的法。是哪十種呢？就是：

一、諸佛都能善巧宣說授記菩薩的言辭，決定無二。

二、諸佛都能隨順眾生的心念，使他們心意圓滿，決定無二。

三、諸佛都能示現覺知一切諸法，演說意義，決定無二。

四、諸佛都能具足過去、未來、現在諸佛智慧，決定無二。

五、諸佛完全了知三世一切剎那即一剎那，決定無二。

六、諸佛完全了知三世一切佛國剎土進入一佛國剎土，決定無二。

七、諸佛完全了知三世一切的佛語即一句佛語，決定無二。

八、諸佛完全了知三世一切諸佛與他所教化的一切眾生體性平等，決定無二。

九、諸佛完全了知世間法以及諸佛的法性無差別，決定無二。

十、諸佛完全了知三世諸佛的所有善根都等同一善根，決定無二。

佛子啊！❹諸佛世尊因為安住十種境界，所以能安住一切法。是哪十種呢？就是：

一、諸佛安住在覺悟一切法界的境界。

二、諸佛安住在大悲語的境界。

三、諸佛安住根本大願。
四、諸佛安住在不捨離調伏眾生。
五、諸佛安住在無自性法中。
六、諸佛安住在平等利益。
七、諸佛安住在總持無忘失的法。
八、諸佛安住在無障礙的心意。
九、諸佛安住在永恆正定的三昧心。
十、諸佛安住在平等趣入一切法，且不違背真如實相。
佛子啊！❺諸佛世尊有十種了知一切法盡無有餘的境界。是哪十種呢？就是：
一、了知過去一切法盡無有餘。
二、了知未來一切法盡無有餘。
三、了知現在一切法盡無有餘。
四、了知一切言語法盡無有餘。
五、了知一切世間道盡無有餘。
六、了知一切眾生心盡無有餘。
七、了知一切菩薩善根上、中、下的種種分位，盡無有餘。

八、了知一切佛的圓滿智及種種善根不增不減，盡無有餘。

九、了知一切法皆從緣起，盡無有餘。

十、了知一切世界的種類，盡無有餘。

十一、了知一切法界猶如因陀羅網的種種差別事，盡無有餘。

佛子啊！❻諸佛有十種廣大威力、最上威力、無量威力、大威德力、難獲得威力、不退轉威力、堅固威力、不可壞威力、一切世間不思議威力、一切眾生無能動威力，宛如帝釋天的大那羅延幢力士❼勇猛強健不壞的威力大法。是哪十種呢？就是：

諸佛的佛身不可破壞，性命不可斷絕，世間所有的毒藥都不能傷害。一切世界的水、火、風災等都不能加害佛身，一切諸魔、天、龍、夜叉、乾闥婆、阿修羅、迦樓羅、緊那羅、摩睺羅伽、人、非人、毘舍闍、羅剎等，即使窮盡所有的勢力，雨下大如須彌山及鐵圍山的金剛鐵石，遍布三千大千世界，一時俱下，也不會令佛陀驚慌恐怖，乃至於連一根汗毛亦無法傾動。佛陀仍然行、住、坐、臥就像什麼事都沒發生一般，毫無改變。佛所安住的處所及四方遠近，都不會降下金剛鐵石，假使不制止而讓它降下，佛陀還是毫髮無傷。如果為佛陀所護持，及被佛陀所使喚的眾生，都無法加害了，何況是如來自身？以上就是諸佛第一大那羅延幢勇健法。

佛子啊！❽諸佛能以一切法界諸世界中須彌山王及鐵圍山、大鐵圍山、大海、山林、宮殿、屋宅置於一毛孔中，窮盡未來劫，而眾生卻從不知覺，除了如來神力所加被者外。

佛子啊！這時，諸佛在一毛孔中持於爾所一切世界，窮盡未來劫，或行、或住、或坐、或臥，不會心生一念疲勞倦怠。

佛子啊！譬如虛空能總持遍法界的所有世界，而毫無疲勞倦怠；諸佛在一毛孔中總持所有世界時也是這樣。以上就是諸佛第二大那羅延幢勇健法。

佛子啊！❾諸佛一念之間就能起動不可說不可說世界微塵數的步伐，每一步都可跨過不可說不可說的佛國剎土微塵數國土，如此行走經歷一切世界微塵數的時劫。佛子啊！假使有一座大金剛山，與以上佛陀所經過的一切佛國剎土數目相等。如是數量的大金剛山，有不可說不可說佛國剎土微塵數的諸佛，都能以如是諸山置於一毛孔中。佛身的毛孔與法界中一切眾生的毛孔數量相等，每一個毛孔都有著前數那麼多的大金剛山，持著這些山遊行十方，進入窮盡虛空的一切世界。從前際一直到窮盡未來際一切諸劫，無有休息。而佛的身體還是毫無任何的損傷，亦不疲勞厭倦，心念常住在定境，毫不散亂。以上就是諸佛第三大那羅延幢勇健法。

佛子啊！❿諸佛端坐受食之後，結跏趺坐，經前後際不可說的時劫，證入佛所受的不思議大樂。他的身心雖然寂靜安住，但卻也不廢捨度化眾生的事業。

佛子啊！假使有人遍布虛空一切世界，都以一根汗毛的尖端，一根一根次第相續度量。諸佛也能結跏趺坐於一毛端處，窮盡未來劫。如同在一毛端處，在一切毛端處也都如此。

佛子啊！假使十方一切世界，每個眾生的身形大小，都與不可說佛國剎土微塵數世界相等，輕重也相等。諸佛也能將這些眾生安置於一個指端；窮盡後際的所有諸劫，一切指端也都是如此。護持一切眾生進入遍虛空一一世界，窮盡法界，都無剩餘，而佛身心仍絲毫不曾疲勞倦怠。以上就是諸佛第四大那羅延幢勇健法。

佛子啊！⓫諸佛能以一身化現不可說不可說佛國剎土微塵數的頭，每一頭又能化現不可說不可說佛國剎土微塵數的舌頭。每一片舌頭又能化現不可說不可說佛國剎土微塵數差別的音聲，法界眾生沒有不聽聞的。而且每一音聲又都演說不可說不可說佛國剎土微塵數的修多羅法藏，每一修多羅藏又演不可說不可說佛國剎土微塵數的法。每一法又有不可說不可說佛國剎土微塵數的文句義理。如是演說，窮盡不可說不可說佛國剎土微塵數劫。窮盡這些劫之後，又再演說，窮盡不可說不可說佛國剎土微塵數劫。如是次第相續，乃至窮盡於一切世界微塵數，窮盡一切眾生心念數。未來際劫等雖可窮盡，但如來化身所轉動的法輪卻無有窮盡。就是：演說智慧的法輪；斷除種種疑惑的法輪；照耀一切法的法輪；開啟無礙寶藏的法輪；令無量眾生歡喜調伏的法輪；開示諸菩薩行的法輪；圓滿大智慧日的法輪；辯才無畏的種種莊嚴法輪：如一佛身以神通力轉動如是等差別無二的法輪；一切世間法無能譬諭。就像這樣，窮盡虛空界一一毛端分量之處，也有不可說不可說佛國剎土微塵數的世界。每一個世界又念念示現不可說不可說佛國剎土微塵數化身。每一化身也都是如此。所說音聲、文字句義，無不充滿一切法界，身處其中的眾生無不解脫了悟，而佛言語音聲仍然無變無斷，無有窮盡。以上就是諸佛第五大那羅延幢勇健法。

佛子啊！⑫諸佛皆以萬德之相莊嚴他的胸臆，猶若金剛不可損壞。他在菩提樹下結跏趺坐時，魔王以無邊的軍隊，種種怪異、使人恐怖畏懼的外形，來到佛陀身邊。如果有人看見他們的話，一定會驚駭震懾、狂亂叫喊不已，有的人甚至會因此嚇死。像這樣的魔眾雖然遍滿虛空，但如來卻絲毫不覺恐怖，依然神色自若。不會覺得毛骨聳然，不會心旌動搖，混亂緊張，都沒什麼分別。因為他已遠離各種喜怒的情緒，寂然清淨。安住佛所在的住所，具足慈悲大力，調伏諸根，心中毫無畏懼。所以魔眾根本無法傾動或摧毀降伏他。所以他能使一切魔軍都迴歸本心，稽首歸依。然後再以身、語、意三輪教化他們，使他們都發起無上正等正覺，永遠不退轉。以上就是諸佛第六大那羅延幢勇健法。

佛子啊！⑬諸佛有無礙音，他的音聲普遍十方世界。凡是聽聞的人，無不自然調伏。那些如來所發出的音聲，是須彌盧等一切諸山不能障礙的，天宮、龍宮、夜叉宮，以及乾闥婆、阿修羅、迦樓羅、緊那羅、摩睺羅伽、人、非人等一切的王宮，也都不能障礙，一切世界的高大音聲也不能障礙。所以，他能隨著處所因應教化，一切眾生沒有一個不是聽聞到文字句義就全部獲得了解的。以上就是諸佛第七大那羅延幢勇健法。

佛子啊！⑭諸佛心無障礙，所以在過去百千億那由他不可說不可說的時劫中，恆常善調清淨，與過去、未來、現在一切諸佛同一體性。沒有污濁、沒有障翳、無我、無我所、非內、非外，了達一切外境都是性空寂滅。不生妄想，無所依止，無所造作，不住各種外相，永遠斷除分別。他的本性清淨，捨離一切攀緣憶念。於一切法常無違諍，所以能安住在真如實際，離欲清淨，進入真實的法界，演說無盡。遠離計量、非計量等所有妄想，斷絕有為、無為等一切言說，通達不可說的無邊境界。他的智慧方便無礙無盡，所以能成就一切十力功德，莊嚴清淨，演說種種無量諸法，都不違背實相。等同法界三世諸法，究竟自在。他能進入一切法最殊勝的寶藏，正念一切法門。所以從不迷惑，並且能恆常安住在十方佛國剎土無有動轉。他又得證不間斷的智慧，知一切法究竟無餘。因此已除盡各種有漏煩惱，所有的心念無不善巧解脫。具足智慧而得解脫，安住於真如實際，通達無礙，心常正定。對於三世法以及一切眾生心行，都能在一念間了知通達，沒有障礙。以上就是諸佛第八大那羅延幢勇健法。

佛子啊！⑮諸佛如來具足種種身，就是：同一的法身；境界無量的妙身；功德無邊的妙身；世間無盡的妙身；不染三界的妙身；隨念示現的妙身；非實非虛的平等清淨身；無來無去無為的不壞身；一相無相的法自性身；無處所無方位的遍一切身；神變自在的無邊色相身；種種示現的普入一切身；妙法方便身；智慧寶藏普照身；示法平等身；普遍法界身；無動作無分別、非有非無的常清淨身；非方便非不方便、非滅非不滅，隨著所應度化一切眾生種種信解而示現身；從一切功德寶所生身；具一切諸佛法的真如身；本性寂靜無障礙身；成就一切無礙法身；遍住一切清淨法界身；分形普遍一切世間身；無攀緣、無退轉，永遠解脫，具足一切智普遍了知通達身。以上就是諸佛第九大那羅延幢勇健法。

佛子啊！⑯諸佛已了悟一切如來的大法，平等修習一切菩薩行。不管是願力或是智慧，都清淨平等，猶如大海，圓滿具足。所以諸佛的行為實踐力量非常尊崇殊勝，沒有絲毫退怯。因此能夠安住在各種禪定三昧的無量境界，示現一切佛道，勸發眾善，誡除眾惡。他的大智慧力第一，世間無比。所以能演說眾法心無畏懼，眾生不管問什麼問題，他都能善巧回答。他以智慧說法，平等清淨，身、語、意行都無雜染。因此安住諸佛所安住的諸佛種性，以佛智慧而作佛事。他安住在一切智慧，演說無量的佛法，沒有所謂的根本重心，也沒有所謂邊際狀況。他的神通智慧不可思議，世間的一切無不明了。他的智慧深入，因此能澈見一切法的微妙廣大，無量無邊。通達三世法門，並能開曉一切世界。所以他能以出世的智慧在世間興作種種不可說的佛事，成就不退轉的智慧，進入諸佛之列。他雖已證得不可言說離文字法，而還仍能開示種種言辭。以普賢智慧集聚諸善行，成就一念相應妙慧，覺悟了達一切法。如先前所說，一切眾生都依照自乘施法，一切諸法、一切世界、一切眾生、一切三世，在法界內的如是境界，無量無邊。而他都能以無礙的智慧，明了知見。

佛子啊！諸佛能在一念之間，隨所應化而出興世間，安住在清淨國土。成就正等正覺，示現神通力。開悟三世一切眾生的心、意、識，不曾錯失恰當的時節因緣。

佛子啊！眾生無邊、世界無邊、法界無邊、三世無邊，諸佛最勝亦沒有邊際，所以他能在任何時空示現成就正等正覺，以佛智慧方便開悟而不休息。

佛子啊！諸佛以神通力示現最妙身，安住無邊處。大悲方便，心無障礙，於一切時常為眾生演說妙法。以上就是諸佛第十大那羅延幢勇健法。

佛子啊！這些諸佛大那羅延幢勇健法，無量無邊不可思議。過去、未來、現在一切眾生以及三乘都無法了解，除了如來神力所加持的人才能了知。

佛子啊！⑰諸佛有十種決定法。是哪十種呢？就是：

一、諸佛一定會在兜率天壽命盡時，下生人間。
二、諸佛一定會示現入胎受生，處在母胎中十個月。
三、諸佛一定會厭離世俗欲樂，出家求道。
四、諸佛一定會坐在菩提樹下成就正等正覺，了悟一切的佛法。
五、諸佛一定會在一念中了悟一切法，在一切世界示現神力。

六、諸佛一定會相應時節因緣轉動妙法輪。
七、諸佛一定會隨順眾生植下的善根，順應時機而為他們授記印可。
八、諸佛一定會順應時節因緣興作佛事。
九、諸佛一定會為成就的菩薩授予成佛的記別。
十、諸佛一定會在一念之間普遍回答一切眾生所請益的問題。
佛子啊！諸佛有十種速疾法⑱。是哪十種？就是：
一、如果有人能親見諸佛，就能迅速遠離一切六道惡趣。
二、如果有人能親見諸佛，就能迅速得到圓滿殊勝的功德。
三、如果有人能親見諸佛，就能迅速成就廣大的善根。
四、如果有人能親見諸佛，就能立刻往生清淨微妙的天上。
五、如果有人能親見諸佛，就能立刻除斷一切的疑惑。
六、如果已發菩提心，而且得見佛陀的人，都能立刻成就廣大的信解，永遠不退轉，能相應教化眾生。即使未發心的人，也能立刻發起菩提心。
七、如果未入法的正位，而得以親見諸佛的人，都能立刻進入法的正位。
八、如果有人能親見諸佛，就能立刻得到清淨世、出世間的一切善根。
九、凡是親見諸佛的人，都能立刻除滅一切的障礙。

十、凡是親見諸佛的人，都能立刻獲得無畏辯才。
佛子啊！⑲諸佛有十種應當恆常憶念的清淨法。是哪十種？就是：
一、一切菩薩應當恆常憶念諸佛過去的因緣。
二、一切菩薩應當恆常憶念諸佛的清淨勝行。
三、一切菩薩應當恆常憶念諸佛的圓滿波羅蜜。
四、一切菩薩應當恆常憶念諸佛的成就大願。
五、一切菩薩應當恆常憶念諸佛所積集的善根。
六、一切菩薩應當恆常憶念諸佛具足的梵行。
七、一切菩薩應當恆常憶念諸佛示現成就的正等正覺。
八、一切菩薩應當恆常憶念諸佛的色身無量。
九、一切菩薩應當恆常憶念諸佛的神通無量。
十、一切菩薩應當恆常憶念諸佛的十力、四無所畏。
佛子啊！⑳諸佛世尊安住十種智慧。是哪十種？就是：
一、諸佛能在一念之間，了知三世眾生的心與心念所行思惟。
二、諸佛能在一念之間，了知三世一切眾生積集的各種業力及業力的果報。
三、諸佛能在一念之間，了知眾生心之所嚮，而以身、語、意三輪教化調伏。

四、諸佛能在一念之間，了知法界眾生的所有心相，並能在一切處普遍示現佛陀出興，使眾生無不得見而方便攝受。

五、諸佛能在一念之間，隨順法界一切眾生心之所樂，示現說法，調伏他們。

六、諸佛能在一念之間，了知法界眾生心之所樂，而為他們示現神力。

七、諸佛能在一念之間，遍滿一切處，隨所應化的眾生示現出興，為他們宣說佛身不可貪取執著的道理。

八、諸佛能在一念之間，普遍到達法界的任何處所，或到達眾生所趣的六道。

九、凡是眾生一憶念諸佛，不管是在任何地方，諸佛無不在一念之間前往應現。

十、諸佛能在一念之間，完全了知眾生的心解意欲，因此能為他們示現無量色相。

佛子啊！㉑諸佛有十種無量不可思議三昧。是哪十種？就是：

一、諸佛恆常安住正定，一念之間就能到達一切處所，為所有的眾生廣說微妙的佛法。

二、諸佛恆常安住正定，一念之間就能到達一切處所，為所有眾生宣說無我的分際。

三、諸佛恆常安住正定，一念之間就能到達一切處所，普遍證入過去、現在、未來三世。

四。諸佛恆常安住正定，一念之間就能到達一切處所，普遍進入十方廣大佛國剎土。

五、諸佛恆常安住正定，一念之間就能到達一切處所，普遍示現無量種種佛身。
六、諸佛恆常安住正定，一念之間就能到達一切處所，隨著眾生種種的心之所解，而示現身、語、意行。
七、諸佛恆常安住正定，一念之間就能到達一切處所，說一切遠離欲念的真實境界。
八、諸佛恆常安住正定，一念之間就能到達一切處所，演說一切緣起自性。
九、諸佛恆常安住正定，一念之間就能到達一切處所，示現無量世間、出世間的廣大莊嚴，使眾生常得見佛。
十、諸佛恆常安住正定，一念之間就能到達一切處所，使所有眾生完全通達一切佛法，無量解脫，究竟到達無上彼岸。

佛子啊！㉒諸佛有十種無礙解脫。是哪十種呢？就是：
一、諸佛能在一塵中，示現不可說不可說數的諸佛出興世間。
二、諸佛能在一塵中，示現不可說不可說數的諸佛轉動清淨法輪。
三、諸佛能在一塵中，示現不可說不可說數的眾生受教化調伏。
四、諸佛能在一塵中，示現不可說不可說數的諸佛國土。
五、諸佛能在一塵中，示現不可說不可說數的菩薩接受授記。
六、諸佛能在一塵中，示現過去、未來、現在一切諸佛。

七、諸佛能在一塵中，示現過去、未來、現在所有世界種種。

八、諸佛能在一塵中，示現過去、未來、現在一切神通。

九、諸佛能在一塵中，示現過去、未來、現在一切眾生。

十、諸佛能在一塵中，示現過去、未來、現在一切佛事。

【註釋】

❶說明神通自在。

❷說明無畏自在。

❸無礙自在　指對事說能明白審查，決定無礙，不畏艱難，所以叫做自在。

❹說明三昧自在。

❺說明十力自在。（應為十一力自在）。

❻說明神力自在。

❼大那羅延幢　帝釋身邊的力士之名。這裡是指佛的十力總稱，首先為身命不可壞力。

❽第二，毛孔容持之力。

❾第三，汗毛能持大山力。

⑩第四，禪定功用自在力。
⑪第五，恆常普遍演說諸法力。
⑫第六，德相降魔力。
⑬第七，圓滿遍徹力。
⑭第八，心無障礙力。
⑮第九，法身微密力。
⑯第十，具足行智力。
⑰次三門回答無礙的問題，說明所作決定，無有能為其障礙者。
⑱說明使其他眾生無礙。
⑲列舉佛的功德，使眾生憶念受持。
⑳以下三門在回答解脫的問題，說明智慧障的解脫。
㉑次說明禪定障的解脫。
㉒次說明業用的解脫。

【原典】

佛子！諸佛世尊有十種廣大佛事，無量無邊，不可思議，一切世間諸天及人皆不能知，去、來、現在所有一切聲聞、獨覺亦不能知，唯除如來威神之力。何等為十？所謂：一切諸佛於盡虛空遍法界一切世界兜率陀天，皆現受生，修菩薩行，作大佛事，無量色相，無量威德，無量光明，無量音聲，無量言辭，無量三昧，無量智慧，所行境界攝取一切人、天、魔、梵、沙門、婆羅門、阿修羅等，大慈無礙，大悲究竟，平等饒益一切眾生，或令生天，或令生人，或淨其根，或調其心，或時為說差別三乘，或時為說圓滿一乘，普皆濟度，令出生死，是為第一廣大佛事。

佛子！一切諸佛從兜率天降神母胎，以究竟三昧觀受生法如幻、如化、如影、如空、如熱時焰，隨樂而受，無量無礙，入無諍法，起無著智，離欲清淨，成就廣大妙莊嚴藏，受最後身，住大寶莊嚴樓閣而作佛事，或以神力而作佛事，或以正念而作佛事，或現神通而作佛事，或現智日而作佛事，或現諸佛廣大境界而作佛事，或現諸佛無量光明而作佛事，或入無數廣大三昧而作佛事，或現從彼諸三昧起而作佛事。佛子！如來爾時在母胎中，為欲利益一切世間種種示現而作佛事。所謂：或現初生，或現童子，或現在宮，或現出家，或復示現成等正覺，或復示現轉妙法輪，或示現於入般涅槃，如是皆以種種方便，於一切方、一切網、一切族❶、一切種、一切世界中而作佛事。是為第二廣大佛事。佛子！一切諸佛一切善業皆已清淨，一切生智皆已明潔，而以生法誘導群迷，令其開悟，具行眾善。為眾生故，示誕王宮，一切諸佛於諸色欲宮殿妓樂皆已捨離，無所貪染，常觀諸有空無體性，一切樂具悉不真實，持佛淨戒究竟圓滿；觀諸內宮妻妾、侍從生大悲愍，觀諸眾生虛妄不實起大慈心，觀諸世間無一可樂而生大喜，於一切法心得自在而起大捨；具佛功德，現生法界，身相圓滿，眷屬清淨，而於一切皆無所著；以隨類音為眾演說，令於世法深生厭離，如其所行示所得果，復以方便隨應教化；未成熟者令其成熟，已成熟者令得解脫，為作佛事令不退轉；復以廣大慈悲之心，恆為眾生說種種法，又為示現三種自在，令其開悟，心得清淨。雖處內宮，眾所咸覩，而於一切諸世界中施作佛事；以大智慧，以大精進，示現種種諸佛神通，無礙無盡。恆住三種巧方便業，所謂：身業究竟清淨、語業常隨智慧而行、意業甚深無有障礙，以是方便利益眾生。是為第三廣大佛事。佛子！一切諸佛示處種種莊嚴宮殿，觀察厭離，捨而出家，欲使眾生了知世法皆是妄想、無常、敗壞，深起厭離，不生染著，永斷世間貪愛煩惱，修清淨行，利益眾生。當出家時，捨俗威儀，住無諍法，滿足本願無量功德，以大智光滅世癡闇，為諸世間無上福田，常為眾生讚佛功德，令於佛所植諸善本，以智慧眼見真實義；復為眾生讚說出家，清淨無過，永得出離，長為世間智慧高幢。是為第四廣大佛事。佛子！一切諸佛具一切智，於無量法悉已知見，菩提樹下成最正覺，降伏眾魔，威德特尊。其身充滿一切世界，神力所作無邊無盡，於一切智所行之義皆得自在，修諸功德悉已圓滿。其菩提座具足莊嚴，周遍十方一切世界，佛處其上轉妙法輪，說諸菩薩所有行願，開示無量諸佛境界，令諸菩薩皆得悟入，修行種種清淨妙行。復能示導一切眾生令種善根，生於如來平等地中，住諸菩薩無邊妙行，成就一切功德勝法，一切世界、一切眾生、一切佛剎、一切諸法、一切菩薩、一切教化、一切三世、一切調伏、一切神變、一切眾生心之樂欲，悉善了知而作佛事。是為第五廣大佛事。

佛子！一切諸佛轉不退法輪，令諸菩薩不退轉故；轉無量法輪，令一切世間咸了知故；轉開悟一切法輪，能大無畏師子吼故；轉一切法智藏法輪，開法藏門，除闇障故；轉無礙法輪，等虛空故；轉無著法輪，觀一切法非有無故；轉照世法輪，令一切眾生淨法眼故；轉開示一切智法輪，悉遍一切三世法故；轉一切佛同一法輪，一切佛法不相違故。一切諸佛以如是等無量無數百千億那由他法輪，隨諸眾生心行差別而作佛事不可思議。是為第六廣大佛事。

佛子！一切諸佛入於一切王都城邑，為諸眾生而作佛事，所謂：人王都邑、天王都邑，龍王、夜叉王、乾闥婆王、阿修羅王、迦樓羅王、緊那羅王、摩睺羅伽王、羅剎王、毘舍闍王，如是等王一切都邑。入城門時，大地震動，光明普照，盲者得眼，聾者得耳，狂者得心，裸者得衣，諸憂苦者悉得安樂；一切樂器不鼓自鳴，諸莊嚴具若著、不著咸出妙音，眾生聞者無不欣樂。一切諸佛色身清淨，相好具足，見者無厭，能為眾生作於佛事。所謂：若顧視，若觀察，若動轉，若屈伸，若行，若住，若坐，若臥，若默，若語，若現神通，若為說法，若有教敕，如是一切皆為眾生而作佛事。一切諸佛普❷於一切無數世界種種眾生心樂海中，勸令念佛，常勤觀察，種諸善根，修菩薩行；歎佛色相微妙第一，一切眾生難可值遇，若有得見而興信心，則生一切無量善法，集佛功德普皆清淨。如是稱讚佛功德已，分身普往十方世界，令諸眾生，悉得瞻奉，思惟觀察，承事供養，種諸善根，得佛歡喜，增長佛種，悉當成佛。以如是行而作佛事，或為眾生示現色身，或出妙音，或但微笑，令其信樂，頭頂禮敬，曲躬合掌，稱揚讚歎，問訊起居而作佛事。一切諸佛以如是等無量無數不可言說不可思議種種佛事，於一切世界中，隨諸眾生心之所樂，以本願力、大慈悲力、一切智力，方便教化，悉令調伏。是為第七廣大佛事。

佛子！一切諸佛或住阿蘭若處而作佛事；或住寂靜處而作佛事；或住空閑處而作佛事；或住佛住處而作佛事；或住三昧而作佛事；或獨處園林而作佛事；或隱身不現而作佛事；或住甚深智而作佛事；或住諸佛無比境界而作佛事；或住不可見種種身行，隨諸眾生心樂欲解，方便教化無有休息，而作佛事；或以天身，求一切智而作佛事；或以龍身、夜叉身、乾闥婆身、阿修羅身、迦樓羅身、緊那羅身、摩睺羅伽、人、非人等身，求一切智而作佛事；或以聲聞身、獨覺身、菩薩身，求一切智而作佛事；或時說法，或時寂默，而作佛事；或說一佛，或說多佛，而作佛事；或說諸菩薩一切行、一切願，為一行願而作佛事；或說諸菩薩一行、一願，為無量行願而作佛事；或說佛境界即世間境界而作佛事；或說世間境界即佛境界而作佛事；或說佛境界即非境界而作佛事；或住一日，或住一夜，或住半月，或住一月，或住一年，乃至住不可說劫，為諸眾生而作佛事。是為第八廣大佛事。

佛子！一切諸佛是生清淨善根之藏，令諸眾生於佛法中生淨信解，諸根調伏，永離世間；令諸菩薩於菩提道，具智慧明，不由他悟。或現涅槃而作佛事；或現世間皆悉無常而作佛事；或說佛身而作佛事；或說所作皆悉已辦❸而作佛事；或說功德圓滿無缺而作佛事；或說永斷諸有根本而作佛事；或令眾生，厭離世間，隨順佛心，而作佛事；或說壽命終歸於盡而作佛事；或說世間無一可樂而作佛事；或為宣說盡未來際供養諸佛而作佛事；或說諸佛轉淨法輪，令其得聞生大歡喜，而作佛事；或為宣說諸佛境界，令其發心而修諸行，而作佛事；或為宣說念佛三昧，令其發心常樂見佛，而作佛事；或為宣說諸根清淨，勤求佛道，心無懈退，而作佛事；或詣一切諸佛國土，觀諸境界種種因緣而作佛事；或攝一切諸眾生身皆為佛身，令諸懈怠放逸眾生悉住如來清淨禁戒，而作佛事。是為第九廣大佛事。佛子！一切諸佛入涅槃時，無量眾生悲號涕泣，生大憂惱，遞相瞻顧而作是言：「如來世尊有大慈悲，哀愍饒益一切世間，與諸眾生為救為歸。如來出現難可值遇，無上福田於今永滅。」即以如是，令諸眾生悲號戀慕，而作佛事。復為化度一切天人、龍神、夜叉、乾闥婆、阿修羅、迦樓羅、緊那羅、摩睺羅伽、人、非人等故，隨其樂欲，自碎其身以為舍利，無量無數不可思議，令諸眾生起淨信心，恭敬尊重，歡喜供養，修諸功德，具足圓滿。復起於塔，種種嚴飾，於諸天宮、龍宮、夜叉宮，乾闥婆、阿修羅、迦樓羅、緊那羅、摩睺羅伽、人、非人等諸宮殿中，以為供養。牙齒、爪髮咸以起塔，令其見者皆悉念佛、念法、念僧，信樂不迴，誠敬尊重，在在處處布施供養、修諸功德；以是福故，或生天上，或處人間，種族尊榮，財產備足，所有眷屬悉皆清淨，不入惡趣，常生善道，恆得見佛，具眾白法，於三有中速得出離，各隨所願獲自乘果，於如來所知恩報恩，永與世間作所歸依。佛子！諸佛世尊雖般涅槃，仍與眾生作不思議清淨福田、無盡功德最上福田，令諸眾生善根具足、福德圓滿。是為第十廣大佛事。

佛子！此諸佛事無量廣大、不可思議，一切世間諸天及人及去來今聲聞、獨覺皆不能知，唯除如來威神所加。

佛子！諸佛世尊有十種無二行自在法。何等為十？所謂：一切諸佛悉能善說，授記言辭，決定無二；一切諸佛悉能隨順眾生心念，令其意滿，決定無二；一切諸佛悉能現覺一切諸法，演說其義，決定無二；一切諸佛悉能具足去、來、今世諸佛智慧，決定無二；一切諸佛悉知三世一切剎那即一剎那，決定無二；一切諸佛悉知三世一切佛剎入一佛剎，決定無二❹；一切諸佛悉知三世一切佛語即一佛語，決定無二；一切諸佛悉知三世一切諸佛，與其所化一切眾生，體性平等，決定無二；一切諸佛悉知世法及諸佛法性無差別，決定無二；一切諸佛悉知三世一切諸佛所有善根同一善根，決定無二。是為十。

佛子！諸佛世尊有十種住，住一切法。何等為十？所謂：一切諸佛住覺悟一切法界；一切諸佛住大悲語；一切諸佛住本大願；一切諸佛住不捨調伏眾生；一切諸佛住無自性法；一切諸佛住平等利益；一切諸佛住無忘失法；一切諸佛住無障礙心；一切諸佛住恆正定心；一切諸佛住等入一切法，不違實際相。是為十。

佛子！諸佛世尊有十種知一切法盡無有餘。何等為十？所謂：知過去一切法盡無有餘；知未來一切法盡無有餘；知現在一切法盡無有餘；知一切言語法盡無有餘；知一切世間道盡無有餘；知一切眾生心盡無有餘；知一切菩薩善根上、中、下種種分位盡無有餘；知一切佛圓滿智及諸善根不增不減盡無有餘；知一切法皆從緣起盡無有餘；知一切世界種盡無有餘；知一切法界中如因陀羅網諸差別事盡無有餘。是為十❺。

佛子！諸佛世尊有十種力。何等為十？所謂❻：廣大力、最上力、無量力、大威德力、難獲力、不退力、堅固力、不可壞力、一切世間不思議力、一切眾生無能動力。是為十。

佛子！諸佛世尊有十種❼大那羅延幢勇健法。何者為十？所謂：一切諸佛，身不可壞，命不可斷，世間毒藥所不能中，一切世界水、火、風災皆於佛身不能為害。一切諸魔、天、龍、夜叉、乾闥婆、阿修羅、迦樓羅、緊那羅、摩睺羅伽、人、非人、毘舍闍、羅剎等，盡其勢力，雨大金剛如須彌山及鐵圍山，遍於三千大千世界，一時俱下，不能令佛心有驚怖，乃至一毛亦不搖動，行、住、坐、臥初無變易。佛所住處四方遠近，不令其下則不能雨；假使不制而從雨之，終不為損。若有眾生為佛所持及佛所使，尚不可害，況如來身！是為諸佛第一大那羅延幢勇健法。佛子！一切諸佛以一切法界諸世界中須彌山王，及鐵圍山、大鐵圍山、大海、山林、宮殿、屋宅，置一毛孔，盡未來劫，而諸眾生不覺不知，唯除如來神力所被。佛子！爾時，諸佛於一毛孔持於爾所一切世界，盡未來劫，或行、或住、或坐、或臥，不生一念勞倦之心。佛子！譬如虛空普持一切遍法界中所有世界而無勞倦，一切諸佛於一毛孔持諸世界亦復如是。是為諸佛第二大那羅延幢勇健法。佛子！一切諸佛能於一念起不可說不可說世界微塵數步，一一步過不可說不可說佛刹微塵數國土，如是而行，經一切世界微塵數劫。佛子！假使有一大金剛山，與上所經一切佛刹其量正等。如是量等大金剛山，有不可說不可說佛刹微塵數諸佛，能以如是諸山置一毛孔。佛身毛孔與法界中一切眾生毛孔數等，一一毛孔悉置爾許大金剛山，持爾許山遊行十方，入盡虛空一切世界，從於前際盡未來際，一切諸劫無有休息，佛身無損亦不勞倦，心常在定無有散亂。是為諸佛第三大那羅延幢勇健法。

佛子！一切諸佛一坐食已，結跏趺坐，經前後際不可說劫，入佛所受不思議樂，其身安住，寂然不動，亦不廢捨化眾生事。佛子！假使有人於遍虛空一一世界悉以毛端次第度量，諸佛能於一毛端處結跏趺坐，盡未來劫；如一毛端處，一切毛端處悉亦如是。佛子！假使十方一切世界所有眾生，一一眾生其身大小悉與不可說佛刹微塵數世界量等，輕重亦爾，諸佛能以爾所眾生置一指端，盡於後際所有諸劫；一切指端皆亦如是，盡持爾許一切眾生入遍虛空一一世界，盡於法界悉使無餘，而佛身心曾無勞倦。是為諸佛第四大那羅延幢勇健法。佛子！一切諸佛能於一身化現不可說不可說佛刹微塵數頭，一一頭化現不可說不可說佛刹微塵數舌，一一舌化出不可說不可說佛刹微塵數差別音聲——法界眾生靡不皆聞，一一音聲演不可說不可說佛刹微塵數修多羅藏，一一修多羅藏演不可說不可說佛刹微塵數法，一一法有不可說不可說佛刹微塵數文字句義；如是演說，盡不可說不可說佛刹微塵數劫；盡是劫已，復更演說，盡不可說不可說佛刹微塵數劫；如是次第，乃至盡於一切世界微塵數，盡一切眾生心念數。未來際劫猶可窮盡，如來化身所轉法輪無有窮盡。所謂：智慧演說法輪、斷諸疑惑法輪、照一切法法輪、開無礙藏法輪、令無量眾生歡喜調伏法輪、開示一切諸菩薩行法輪、高昇圓滿大智慧日法輪、普然照世智慧明燈法輪、辯才無畏種種莊嚴法輪。如一佛身以神通力轉如是等差別法輪，一切世法無能為諭。如是，盡虛空界一一毛端分量之處，有不可說不可說佛剎微塵數世界，一一世界中念念現不可說不可說佛剎微塵數化身，一一化身皆亦如是，所說音聲文字句義，一一充滿一切法界，其中眾生皆得解了，而佛言音無變、無斷、無有窮盡。是為諸佛第五大那羅延幢勇健法。

佛子！一切諸佛皆以德相莊嚴胸臆，猶若金剛不可損壞，菩提樹下結跏趺坐。魔王軍眾其數無邊，種種異形甚可怖畏，眾生見者靡不驚懾，悉發狂亂或時致死。如是魔眾遍滿虛空，如來見之，心無恐怖，容色不變，一毛不豎，不動不亂，無所分別，離諸喜怒，寂然清淨，住佛所住，具慈悲力，諸根調伏，心無所畏，非諸魔眾所能傾動而能摧伏；一切魔軍皆使迴心，稽首歸依，然後復以三輪教化，令其悉發阿耨多羅三藐三菩提意永不退轉。是為諸佛第六大那羅延幢勇健法。佛子！一切諸佛有無礙音，其音普遍十方世界，眾生聞者自然調伏。彼諸如來所出音聲，須彌盧等一切諸山不能為障，天宮、龍宮、夜叉宮，乾闥婆、阿修羅、迦樓羅、緊那羅、摩睺羅伽、人、非人等一切諸宮所不能障，一切世界高大音聲亦不能障。隨所應化，一切眾生靡不皆聞，文字句義悉得解了。是為諸佛第七大那羅延幢勇健法。佛子！一切諸佛心無障礙，於百千億那由他不可說不可說劫，恆善清淨。去、來、現在一切諸佛同一體性，無濁、無翳，無我、無我所，非內、非外，了境空寂，不生妄想；無所依，無所作，不住諸相，永斷分別；本性清淨，捨離一切攀緣憶念，於一切法常無違諍；住於實際，離欲清淨，入真法界，演說無盡；離量、非量所有妄想，絕為、無為一切言說，於不可說無邊境界悉已通達；無礙無盡智慧方便，成就十力一切功德莊嚴清淨，演說種種無量諸法，皆與實相不相違背；於諸法界三世諸法，悉等無異，究竟自在；入一切法最勝之藏，一切法門正念不惑，安住十方一切佛剎而無動轉；得不斷智，知一切法究竟無餘，盡諸有漏，心善解脫，慧善解脫，住於實際，通達無礙，心常正定；於三世法及以一切眾生心行，一念了達，皆無障礙。是為諸佛第八大那羅延幢勇健法。佛子！一切諸佛同一法身、境界無量身、功德無邊身、世間無盡身、三界不染身、隨念示現身、非實非虛平等清淨身、無來無去無為不壞身、一相無相法自性身、無處無方遍一切身、神變自在無邊色相身、種種示現普入一切身、妙法方便身、智藏普照身、示法平等身、普遍法界身、無動無分別非有非無常清淨身、非方便非不方便非滅非不滅隨所應化一切眾生種種信解而示現身、從一切功德寶所生身、具一切諸佛法真如身、本性寂靜無障礙身、成就一切無礙法身、遍住一切清淨法界身、分形普遍一切世間身、無攀緣無退轉永解脫具一切智普了達身，是為諸佛第九大那羅延幢勇健法。佛子！一切諸佛等悟一切諸如來法，等修一切諸菩薩行；若願若智，清淨平等，猶如大海，悉得滿足；行力尊勝，未曾退怯，住諸三昧無量境界，示一切道，勸善誡惡；智力第一演法無畏，隨有所問悉能善答，智慧說法平等清淨，身、語、意行悉皆無雜，住佛所住諸佛種性，以佛智慧而作佛事；住一切智，演無量法，無有根本，無有邊際，神通智慧不可思議，一切世間無能解了；智慧深入，見一切法微妙廣大無量無邊，三世法門咸善通達，一切世界悉能開曉；以出世智，於諸世間作不可說種種佛事，成不退智，入諸佛數；雖已證得不可言說離文字法，而能開示種種言辭；以普賢智集諸善行，成就一念相應妙慧，於一切法悉能覺了，如先所念一切眾生，皆依自乘而施其法；一切諸法、一切世界、一切眾生、一切三世，於法界內，如是境界其量無邊，以無礙智悉能知見。佛子！一切諸佛於一念頃，隨所應化出興於世，住清淨土，成等正覺，現神通力，開悟三世一切眾生心、意及識不失於時。佛子！眾生無邊，世界無邊，法界無邊，三世無邊，諸佛最勝亦無有邊，悉現於中成等正覺，以佛智慧方便開悟無有休息。佛子！一切諸佛以神通力，現最妙身，住無邊處，大悲方便，心無障礙，於一切時常為眾生演說妙法。是為諸佛第十大那羅延幢勇健法。佛子！此一切諸佛大那羅延幢勇健法無量無邊、不可思議，去、來、現在一切眾生及以二乘不能解了，唯除如來神力所加。

佛子！諸佛世尊有十種決定法。何等為十？所謂：一切諸佛定從兜率壽盡下生；一切諸佛定示受生，處胎十月；一切諸佛定厭世俗，樂求出家；一切諸佛決定坐於菩提樹下成等正覺，悟諸佛法；一切諸佛定於一念悟一切法，一切世界示現神力；一切諸佛定能應時轉妙法輪；一切諸佛定能隨彼所種善根，應時說法而為授記；一切諸佛定能應時為作佛事；一切諸佛定能為諸成就菩薩而授記別；一切諸佛定能一念普答一切眾生所問。是為十。

佛子！諸佛世尊有十種速疾法。何等為十？所謂：一切諸佛若有見者，速得遠離一切惡趣；一切諸佛若有見者，速得圓滿殊勝功德；一切諸佛若有見者，速能成就廣大善根；一切諸佛若有見者，速得往生淨妙天上；一切諸佛若有見者，速能除斷一切疑惑；一切諸佛若已發菩提心而得見者，速得成就廣大信解永不退轉，能隨所應教化眾生，若未發心即能速發阿耨多羅三藐三菩提心；一切諸佛若未入正位而得見者，速入正位；一切諸佛若有見者，速能清淨世、出世間一切諸根；一切諸佛若有見者，速得除滅一切障礙；一切諸佛若有見者，速能獲得無畏辯才。是為十。

佛子！諸佛世尊有十種應常憶念清淨法。何等為十？所謂：一切諸佛過去因緣，一切菩薩應常憶念；一切諸佛清淨勝行，一切菩薩應常憶念；一切諸佛滿足諸度，一切菩薩應常憶念；一切諸佛成就大願，一切菩薩應常憶念；一切諸佛積集善根，一切菩薩應常憶念；一切諸佛已具梵行，一切菩薩應常憶念；一切諸佛現成正覺，一切菩薩應常憶念；一切諸佛色身無量，一切菩薩應常憶念；一切諸佛神通無量，一切菩薩應常憶念；一切諸佛十力無畏，一切菩薩應常憶念。是為十。

佛子！諸佛世尊有十種一切智住。何等為十？所謂：一切諸佛於一念中，悉知三世一切眾生心、心所行；一切諸佛於一念中，悉知三世一切眾生所集諸業及業果報；一切諸佛於一念中，悉知一切眾生所宜，以三種輪教化調伏；一切諸佛於一念中，盡知法界一切眾生所有心相，於一切處普現佛興，令其得見，方便攝受；一切諸佛於一念中，普隨法界一切眾生心樂欲解，示現說法，令其調伏；一切諸佛於一念中，悉知法界一切眾生心之所樂，為現神力；一切諸佛於一念中，遍一切處，隨所應化一切眾生示現出興，為說佛身不可取著；一切諸佛於一念中，普至法界一切處一切眾生彼彼諸道；一切諸佛於一念中，隨諸眾生有憶念者，在在處處無不往應；一切諸佛於一念中，悉知一切眾生解欲，為其示現無量色相。是為十。

佛子！諸佛世尊有十種無量不可思議佛三昧。何等為十？所謂：一切諸佛恆在正定，於一念中遍一切處，普為眾生廣說妙法；一切諸佛恆在正定，於一念中遍一切處，普為眾生說無我際；一切諸佛恆住正定，於一念中遍一切處，普入三世；一切諸佛恆在正定，於一念中遍一切處，普入十方廣大佛剎；一切諸佛恆在正定，於一念中遍一切處，普現無量種種佛身；一切諸佛恆在正定，於一念中遍一切處，隨諸眾生種種心解現身、語、意；一切諸佛恆在正定，於一念中遍一切處，說一切法離欲真際；一切諸佛恆住正定，於一念中遍一切處，演說一切緣起自性；一切諸佛恆住正定，於一念中遍一切處，示現無量世、出世間廣大莊嚴，令諸眾生常得見佛；一切諸佛恆住正定，於一念中遍一切處，令諸眾生悉得通達一切佛法、無量解脫，究竟到於無上彼岸。是為十。

佛子！諸佛世尊有十種無礙解脫。何等為十？所謂：一切諸佛能於一塵現不可說不可說諸佛出興於世；一切諸佛能於一塵現不可說不可說諸佛轉淨法輪；一切諸佛能於一塵現不可說不可說眾生受化調伏；一切諸佛能於一塵現不可說不可說諸佛國土；一切諸佛能於一塵現不可說不可說菩薩授記；一切諸佛能於一塵現去、來、今一切諸佛；一切諸佛能於一塵現去、來、今諸世界種；一切諸佛能於一塵現去、來、今一切神通；一切諸佛能於一塵現去、來、今一切眾生；一切諸佛能於一塵現去、來、今一切佛事。是為十。

註釋

❶「族」，大正本原作「旋」，今依宮本改之。
❷「普」，大正本原作「昔」，今依明、宮本改之。
❸「辦」，大正本原作「辨」，今依三本及宮本改之。
❹「二」，大正本原作「一」，今依三本．宮本及聖本改之。
❺本段共舉出十一種。
❻大正本原無「力……謂」七字，今依明、宮本增之。
❼大正本原無「是為十……種」十二字，今依明、宮本增之。

如來十身相海品 第三十四

如是我聞

導讀

卷四十八

THE HUA-YEN SUTRA

如來十身相海品　導讀

如來十身相海品第三十四，承前品也是說佛果德，而以佛身相之海無邊為主題。十身在十地品第八地中說兩種十身：一是眾生身、國土身等，二是菩提身、願身等。如來以此十身而現無量莊嚴相海，以果德無盡故，相海亦無盡。《觀佛三昧海經》辨相有三類：略者三十二大丈夫相，中者八萬四千相，廣則無量相，即《雜華經》中普賢、賢首等說。所說的《雜華經》即是《華嚴經》。

本品由普賢菩薩宣說如來相海，略舉了九十七相以作代表，結語則說毘盧遮那如來有十華藏世界海微塵數的大人相，以明如來相海無盡。九十七相中，頂相佔三十二，等於其他經所傳佛陀共三十二相的數目，所以微妙莊嚴當選超過之。另外，第五十三相提到佛胸前有卍字，這是其他經典比較少提到的。

大方廣佛華嚴經卷　第四十八

如來十身相海品❶　第三十四

【白話語譯】

這時，普賢菩薩摩訶薩告訴諸位菩薩說：

佛子啊！今天我要為你們演說如來所有如大海般廣大的莊嚴妙相。

佛子啊！如來的頂上有三十二種妙寶莊嚴的大丈夫相貌，這三十二種大人相就是：

第一種大人相，叫做：光照十方普放無量大光明網。這個大人相是以一切妙寶莊嚴妙飾，珍寶般的頭髮周遍覆滿，十分柔軟密緻。每一根頭髮都放出摩尼寶珠的光明，充滿無邊世界，無不示現色相圓滿的佛身。

第二種大人相，叫做：佛眼光明雲。這種大人相是用摩尼寶珠王的種種莊嚴，放出金色的光明，宛如佛陀眉間的白毫光明，這些光明普照一切世界。

第三種大人相，叫做：充滿法界雲。它是以上妙寶輪莊嚴，放出如來福德智慧燈的光明，普遍照耀十方一切法界諸世界海，並在其中普遍顯現一切諸佛及諸菩薩。

第四種大人相，叫做：示現普照雲。這是用種種真金摩尼等妙寶莊嚴，種種妙寶都大放光明，照耀不可思議的諸佛國土，一切諸佛無不示現。

第五種大人相，叫做：放寶光明雲。這種大人相是用摩尼寶王的清淨莊嚴，用毘瑠璃寶做華蘂，光明照耀十方一切法界，其中又有種種神通變化，讚歎如來往昔所行的智慧功德。

第六種大人相，叫做：示現如來遍布法界的大自在雲。這種大人相乃是用菩薩神通變化的寶焰摩尼珠做寶冠，及具足如來力量能夠覺悟一切的寶焰光輪做華鬘，這相的光明普遍照耀十方世界，示現一切如來安坐道場，一切智雲充滿虛空無量法界。

第七種大人相，叫做：如來普燈雲。這種大人相是以能震動法界國土大自在的寶海莊嚴，放出清淨的光明充滿法界。其中更示現十方諸菩薩的功德海，過去、現在、未來諸佛的智慧幢海。

第八種大人相，叫做：普照諸佛廣大雲。這種大人相是用因陀羅寶、如意王寶、摩尼王寶莊嚴，常放出菩薩的焰燈光明，普遍照耀十方世界。其中又顯現一切諸佛種種色相海、大音聲海、清淨力海。

第九種大人相，叫做：圓滿光明雲。這種大人相是用上妙瑠璃摩尼王種種寶華莊嚴，一切眾寶舒展的大焰網充滿十方，一切世界的眾生都能見到如來出現其前，因此無不讚歎諸佛及諸菩薩的法身功德，而趣入如來的清淨境界。

第十種大人相，叫做：普遍照耀一切菩薩行藏光明雲。這種大人相是用眾寶妙華莊嚴，寶光普遍照耀無量世界，寶焰普遍覆蓋一切國土，通達十方法界了無障礙，震動佛音宣揚暢演法海。

第十一種大人相，叫做：普光照耀雲。這種大人相是用毘瑠璃、因陀羅、金剛摩尼寶莊嚴，瑠璃寶光的色相明淨清澈，普遍照耀一切世界海，美妙的音聲充滿法界，這些都是諸佛智慧大功德海所變化示現的。

第十二種大人相，叫做：正覺雲。這種大人相是用雜寶華莊嚴，種種寶華放出的光明，都有如來安坐其中，充滿一切無邊的世界。令各個世界普遍得到清淨，永遠斷除一切妄想分別。

第十三種大人相，叫做：光明照耀雲。這種大人相是用寶焰藏海心王摩尼莊嚴，此寶放出的光明中，有無量的菩薩及諸菩薩所行之行。一切如來的智身、法身及種種色相海更充滿法界。

第十四種大人相，叫做：莊嚴普照雲。這種大人相是用金剛華、毘瑠璃寶莊嚴，此寶放出的光明中有大寶蓮華座，具足莊嚴，周彌覆蓋法界，自然演說波羅蜜、菩提分法、神通及成熟有情等四種菩薩行❷，音聲遍及所有的法界海。

第十五種大人相，叫做：示現諸佛三昧海行雲。這種大人相能在一念之間示現如來的無量莊嚴，普遍莊嚴一切法界不可思議的世界海。

第十六種大人相，叫做：變化海普照雲。這種大人相是用如須彌山的妙寶蓮華莊嚴，從佛願出生眾寶光明，示現種種變化無有窮盡。

第十七種大人相，叫做：一切如來的解脫雲。這種大人相以清淨妙寶莊嚴，此寶放出的光明能莊嚴諸佛的獅子座，示現諸佛色相及諸佛剎海的無量佛法。

第十八種大人相，叫做：自在方便普照雲。這種大人相是用毘瑠璃華、真金蓮華、摩尼王燈、妙法焰雲莊嚴，並放出清淨光明的諸佛寶焰密雲充滿法界，普遍示現一切妙好莊嚴的器具。

第十九種大人相，叫做：覺佛種性雲。這種大人相是以無量寶光莊嚴，具足千輪，內外清淨。因為這種相好是由諸佛往昔善根所生，所以光明遍照十方世界，發出如太陽光明的智慧宣布法海。

第二十種大人相，叫做：示現一切如來相自在雲。這種大人相是以眾多的珍寶瓔珞、瑠璃寶華莊嚴，舒展大寶焰充滿法界。其中又示現等同一切佛國剎土微塵數三世如獅王勇猛無畏的無量諸佛的色相、智慧。

第二十一種大人相，叫做：普遍照耀一切法界雲。這種大人相是用如來寶相清淨莊嚴，所以能放出大光明普遍照耀法界，顯現一切無量無邊的諸佛菩薩智慧妙藏。

第二十二種大人相，叫做：毘盧遮那如來相雲。這種大人相是用上妙寶華及毘瑠璃清淨妙月莊嚴，所以能放出無量百千萬億的摩尼寶光，充滿虛空法界，並且在其中示現無量佛國刹土，每一佛國刹土都有如來結跏趺坐。

第二十三種大人相，叫做：普遍照耀一切佛光明雲。這種大人相是以眾多的珍寶妙燈莊嚴，所以能放出清淨的光明，遍照十方世界，示現諸佛轉動法輪。

第二十四種大人相，叫做：普遍示現一切莊嚴雲。這種大人相是以種種寶焰莊嚴，所以能放出清淨的光明充滿法界，念念恆常示現不可說不可說的諸佛與諸菩薩安坐道場。

第二十五種大人相，叫做：出一切法界音聲雲。這種大人相是用摩尼寶海，上妙的栴檀莊嚴，這些妙寶舒展的大焰網充滿法界，普遍演說微妙的音聲，並且能示現眾生的一切業海。

第二十六種大人相，叫做：普遍照耀諸佛變化輪雲。這種大人相是用如來的清淨佛眼莊嚴，所以光明照耀十方世界，能夠普遍示現過去、未來、現在諸佛一切莊嚴的器具，並且以妙音演說不思議廣大法海。

第二十七種大人相，叫做：光照佛海雲。它的光明普遍照耀一切世界，窮盡法界無所障礙，所有如來都結跏趺坐其中。

第二十八種大人相，叫做：寶燈雲。它能放出如來的廣大光明，普遍照耀十方世界，普遍示現諸佛及諸菩薩不可思議的種種眾生海。

第二十九種大人相，叫做：法界無差別雲。它的大智光明等同如來，普遍照耀十方諸佛國土。一切菩薩眾會的無量法海，都在其中普遍示現種種神通，又演出妙音，隨順眾生的心所喜樂，演說普賢菩薩的行願，使眾生迴向。

第三十種大人相，叫做：安住一切世界海普照雲。它放出寶光明的充滿虛空法界，更普遍示現清淨微妙的道場以及佛菩薩的莊嚴身相，使眾生無不看見。

第三十一種大人相，叫做：一切寶清淨光焰雲。它能放出無量諸佛菩薩摩尼妙寶的清淨光明，普遍照耀十方一切法界，並在其中普遍示現諸菩薩海。這些菩薩海沒有不具足如來威神力，恆常遊化十方盡虛空界的一切剎網。

第三十二種大人相，叫做：普遍照耀一切法界莊嚴雲。這大人相位在所有大人相的最中間，然後慢慢昇起，以閻浮檀金、因陀羅網莊嚴，它放出的清淨光雲充滿法界，念念恆常示現十方世界諸佛菩薩法會道場。佛子啊！這就是如來頭上三十二種大人相的莊嚴妙好。

佛子啊！如來雙眉之間也有大人相，這是第三十三種大人相，叫做；遍法界光明雲。這大人相是以摩尼寶華莊嚴，它放射具足聚多寶色的光明，猶如日月一般明徹清淨，所以能普遍照耀十方國土，顯現一切的佛身，並發出微妙音宣揚法海。

如來的雙眼有大人相，這是第三十四種大人相，叫做：自在普見雲。這種大人相是用聚多的妙寶莊嚴，摩尼寶光清淨映徹，因此能毫無障礙地見到一切。

如來的鼻子有大人相，叫做：一切神通智慧雲。這大人相是以清淨妙寶莊嚴，上面覆蓋許多眾寶色光。每道光明都示現無量化佛安坐寶蓮華上，前往各個世界為一切菩薩、一切眾生演說不可思議的諸佛法海，以上就是第三十五種大人相。

如來的舌有大人相，叫做：示現音聲影像雲。這大人相是用眾色妙寶莊嚴，由宿世善根所成就，因此他的舌廣長遍覆一切諸世界海。

如來熙怡微笑的時候，都會放射摩尼寶光。這光普照十方法界，能清涼眾生心。而且過去、未來、現在所有諸佛無不於光中清楚顯現，演說遍布一切剎土的廣大微妙法音，並且安住無量時劫，以上就是第三十六種大人相。

如來的舌面上也有大人相，名為：法界雲。他的舌面有眾寶莊嚴，所以舌面非常安實平坦，並且放出具足圓滿的微妙寶光色相，就如眉間所放的光明一樣。這光普遍照耀一切佛國剎土，觀察所有的佛國剎土都是由外塵所成就的，沒有任何自性。光中又示現無量諸佛，發出妙音宣說一切法，以上就是第三十七種大人相。

如來的舌端有大人相，叫做：照法界光明雲。這種大人相是用如意寶王莊嚴，恆常自然地化現金色寶焰，一切佛海無不影現其中。又發出微妙的聲音充滿無邊世界，而且每一個聲音又具足一切演說妙法的聲音。凡是聽見的人無不喜悅，經過無量時劫的玩味學習也都總持不忘，以上就是第三十八種大人相。

如來的舌端也有大人相，叫做：照耀法界雲。這種大人相是用摩尼寶王莊嚴裝飾，所以能演出眾多色相微妙的光明，充滿十方無量的國土。即使窮盡法界，也沒有不清淨的。而每一道光明又有無量諸佛及諸菩薩各自吐出奇妙音聲，開示種種法要，一切菩薩大眾無不現前聽受。以上就是第三十九種大人相。

如來的上顎也有大人相，叫做：示現不思議法界雲。這種大人相是用因陀羅寶、毘瑠璃寶莊嚴，放出香燈焰的清淨光雲，充滿十方法界。示現種種的神通方便，普遍一切世界海，開示演說甚深不思議法，以上就是第四十種大人相。

如來口中右側輔助的下牙也有大人相，叫做：佛牙雲。這種大人相是用眾多寶摩尼卍字相輪莊嚴，所以能放大光明照耀法界，普遍示現一切佛身。周遍流行十方，開悟群生，以上就是第四十一種大人相。

如來口中右側輔助的上牙也有大人相，叫做：寶焰彌盧藏雲。這種大人相是用摩尼寶藏莊嚴，放出的金剛香焰清淨光明，每一道光明都充滿法界，示現諸佛神力，又示現十方世界清淨勝妙的道場，以上就是第四十二種大人相。

如來口中左側輔助的下牙有大人相，叫做：寶燈普照雲。這種大人相是用一切妙寶舒華發香莊嚴，它放出的燈焰雲清淨光明，充滿一切世界海。每一道光明更示現諸佛安坐蓮華師子座上，菩薩眾都共同圍遶，以上就是第四十三種大人相。

如來口中左側輔助的上牙有大人相，叫做：照現如來雲。這種大人相非常清淨光明，是以閻浮檀金和寶網、寶華莊嚴，它放出的大焰輪充滿法界，普遍示現諸佛以神通力在虛空中流布法乳、法燈、法寶，教化菩薩眾，以上就是第四十四種大人相。

如來的牙齒有大人相，叫做：普現光明雲。每一齒間都有相海莊嚴，所以一微笑就會放出光明。具足眾多寶色的摩尼寶焰，婉轉地右旋，充滿流布法界，暢演諸佛的言語音聲，宣說普賢行，以上就是第四十五種大人相。

如來的唇有大人相，叫做：影視一切寶光雲。它放出的閻浮檀真金色、蓮華色、一切寶色等廣大光明，照耀法界時，法界無不清淨，以上就是第四十六種大人相。

如來的頸有大人相，叫做：普照一切世界雲。這種大人相是用摩尼寶王莊嚴，紺蒲成就頸上三道柔軟細滑的橫紋。放出毘盧遮那的清淨光明，充滿十方一切世界，普遍示現一切諸佛，以上就是第四十七種大人相。

如來的右肩有大人相，叫做：佛廣大一切寶雲。它放出一切寶色、真金色、蓮華色等眾多寶光明，交織而成寶焰網，普遍照耀法界，並且普遍示現一切菩薩，以上就是第四十八種大人相。
如來右肩又有大人相，叫做：最勝寶普照雲。它的顏色清淨如閻浮檀金，放出的摩尼光明充滿法界，普遍示現一切菩薩，以上就是第四十九種大人相。
如來左肩有大人相，叫做：最勝光照耀法界雲。這種大人相就像頂上及眉間的種種莊嚴，放出閻浮檀金及蓮華色等眾多寶光明交織而成的大焰網，充滿法界，並且在其中示現一切神力，以上就是第五十種大人相。
如來左肩又有大人相，叫做：光明遍照雲。這種大人相是右旋的，以閻浮檀金色摩尼寶王莊嚴，並放出眾多寶華、香焰光明充滿遍布法界，更在其中普遍示現諸佛及一切莊嚴清淨國土。以上就是第五十一種大人相。
如來左肩又有大人相，叫做：普照耀雲。這種大人相是右旋的，微密莊嚴，並放出佛燈焰雲，清淨光明充滿法界。其中顯現所有菩薩的種種莊嚴，無不微妙美好，以上就是第五十二種大人相。
如來的胸臆有大人相，形狀如卍字，叫做：吉祥海雲。這種大人相是用摩尼寶華莊嚴，放出具足一切寶色的種種光焰輪，充滿法界。因此能清淨法界，並發出妙音暢演宣說法海，以上就是第五十三種大人相。
吉祥相的右邊也有大人相，名為：示現光照雲。這種大人相是用因陀羅網莊嚴，所以能放出大光輪，充滿法界，普遍示現無量諸佛，以上就是第五十四種大人相。

吉祥相的右邊又有大人相，叫做：普現如來雲。這種大人相是用諸菩薩的摩尼寶冠莊嚴，所以能放出大光明，遍照清淨十方世界，示現過去、未來、現在諸佛安坐道場，並示現神力，廣大宣說法海。以上就是第五十五種大人相。

吉祥相的右邊又有大人相，叫做：開敷華雲。這種大人相是用摩尼寶華莊嚴，因此能放出寶香焰燈的清淨光明。這光明狀如蓮華，充滿世界，以上就是第五十六種大人相。

吉祥相的右邊還有大人相，叫做：可悅樂金色雲。這種大人相是用一切寶心王藏摩尼王莊嚴，所以能放出照耀法界的清淨光明，並普遍示現猶如佛眼的廣大光明摩尼寶藏，以上就是第五十七種大人相。

吉祥相的右邊又有大人相，叫做：佛海雲。這種大人相是用毘瑠璃寶、香燈、華鬘莊嚴，所以能放出遍滿虛空的摩尼寶王香燈大焰清淨光明，充滿十方國土，並且普遍示現道場眾會，以上就是第五十八種大人相。

吉祥相的左邊有大人相，叫做：示現光明雲。無數菩薩安坐在寶蓮華上，非常莊嚴，這種相又放出摩尼王種種間錯寶焰光明，普遍清淨一切諸法界海，並示現無量諸佛，用妙音演說諸法，以上就是第五十九種大人相。

吉祥相的左邊再有大人相，叫做：示現遍滿法界光明雲。這種大人相是用摩尼寶海莊嚴，放出的大光明遍布一切佛國剎土，並且普遍示現諸菩薩眾，以上就是第六十種大人相。

吉祥相的左邊又有大人相，叫做：普勝雲。這種大人相是用日光明摩尼王寶輪鬘莊嚴，放出的大光焰不僅充滿法界諸世界海，更示現一切世界、一切如來、一切眾生，以上就是第六十一種大人相。

吉祥相的左邊又有大人相，叫做：轉法輪妙音雲。這種大人相是用一切法燈清淨的香蘂莊嚴，所以能放出廣大光明充滿法界，並且能普遍示現諸佛的相海及心海，以上就是第六十二種大人相。

吉祥相的左邊又有大人相，叫做：莊嚴雲。這種大人相是用過去、未來、現在諸佛海莊嚴，所以放出的光明能莊嚴清淨一切諸佛國土，並在其中普遍示現十方一切諸佛菩薩及佛菩薩的所有作為。以上就是第六十三種大人相。

如來右手有大人相，名為：海照雲，這相是以眾寶莊嚴，因此恆常放出月焰的清淨光明，充滿虛空一切世界。發出大音聲，讚美一切諸菩薩行，以上就是第六十四種大人相。

如來右手又有大人相，叫做：影視照耀雲。這種大人相是用毘瑠璃、帝青摩尼寶華莊嚴，所以放出的光明能普遍照耀十方菩薩安住的蓮華藏、摩尼藏等一切世界。並在其中示現無量諸佛的清淨法身，安坐菩提樹下，震動一切十方國土，以上就是第六十五種大人相。

如來右手還有大人相，叫做：燈焰鬘普嚴淨雲。這種大人相是用毘盧遮那寶莊嚴，所放出的光明能成為變化網，並在其中普遍示現戴著寶冠、演說各種行海的菩薩眾，以上就是第六十六種大人相。

如來右手又有大人相，叫做：普現一切摩尼雲。這種大人相是用蓮華焰燈莊嚴，這相所放出的海藏光充滿法界，並且普遍示現無量諸佛安坐蓮華座上，以上就是第六十七種大人相。

如來右手又有大人相，叫做：光明雲。這種大人相是用摩尼焰海莊嚴，並以眾多寶焰、香焰、華焰的清淨光明充滿一切世界網，並在其中普遍示現諸佛道場，以上就是第六十八種大人相。

如來左手有大人相，叫做：毘瑠璃清淨燈雲。這種大人相是用寶地妙色莊嚴，放出等同如來的金色光明，念念恆常示現一切上妙莊嚴的器具，以上就是第六十九種大人相。

如來左手又有大人相，叫做：一切剎智慧燈音聲雲。這種大人相是用因陀羅網、金剛華莊嚴，它所放射出的閻浮檀金清淨光明，普遍照耀十方一切世界，以上就是第七十種大人相。

如來左手又有大人相，叫做：安住寶蓮華光明雲。這種大人相是用眾多珍寶妙華莊嚴，放出的大光明如同須彌燈，普遍照耀十方一切世界，以上就是第七十一種大人相。

如來左手又有大人相，名為：遍照法界雲。這種大人相是用妙寶鬘、寶輪、寶瓶、因陀羅網及眾多妙相莊嚴，光明熾然，普遍照耀十方一切的國土。並在其中示現一切法界、一切世界海、一切如來安坐蓮華座上，以上就是第七十二種大人相。

如來右手指有大人相，叫做：現出劫剎海旋雲。有水月焰藏摩尼王一切寶華莊嚴，放出的大光明充滿法界，其中恆常發出微妙音聲遍滿十方佛國剎土，以上就是第七十三種大人相。

如來左手指有大人相，叫做：安住一切寶雲。這種大人相是用以帝青金剛寶莊嚴，又放出摩尼王眾寶光明充滿法界。並在其中普遍示現諸佛及諸菩薩，以上就是第七十四種大人相。

如來右手掌有大人相，叫做：照耀雲。這種大人相是用摩尼王千輻寶輪莊嚴，又放出寶光明右旋，充滿法界。並在其中普遍示現諸佛，每一佛身光焰熾然，說法度人，清淨所有的世界，以上就是第七十五種大人相。

如來左手掌有大人相，叫做：焰輪普增長化現法界道場雲。這種大人相是用日光摩尼王千輻輪莊嚴，又放出大光明，充滿諸世界海。並在其中示現一切菩薩，演說普賢菩薩的所有行海。普遍趣入諸佛國土，各各開悟無量眾生，以上就是第七十六種大人相。

如來陰藏有大人相，叫做：普流出佛音聲雲。這種大人相是用一切妙寶莊嚴，又放出摩尼燈華焰熾盛的光明，具有眾多寶色。能普遍照耀一切虛空法界，並在其中普遍示現一切諸佛遊行往來，處處周遍，以上就是第七十七種大人相。

如來右臀有大人相，叫做：寶燈鬘普照雲。這種大人相是用各種摩尼寶莊嚴，又放出不可思議的寶焰光明，遍布十方一切法界。與虛空一相，而且能出生一切諸相，每一相都示現諸佛自在神通變化，以上就是第七十八種大人相。

如來左臀有大人相，叫做：示現一切法界海光明彌覆虛空雲。猶如蓮華一般，這種大人相是用清淨妙寶莊嚴，又放出光明網，遍照十方法界，並在其中普遍示現種種相雲，以上就是第七十九種大人相。

如來右髀有大人相，叫做：普現雲。這種大人相是用眾多顏色的摩尼寶莊嚴，他的髀與腨上下相稱，能放出摩尼焰妙法光明，並且一念之間就能普遍示現一切寶王遊步相海，以上就是第八十種大人相。

如來左髀有大人相，叫做：示現一切佛無量相海雲。這種大人相是用一切寶海隨順安住莊嚴，能廣大遊行，放出清淨的光明普照眾生，使眾生都希求無上佛法，以上就是第八十一種大人相。

如來右邊如伊尼延鹿王般的小腿有大人相，叫做：一切虛空法界雲。這種大人相是用光明妙寶莊嚴，所以外相渾圓端直，善能遊步。所以能放出閻浮金色的清淨光明，遍照諸佛世界。並發出大音聲震動十方世界，又示現諸佛國土，安住虛空寶焰莊嚴，無量菩薩化現其中，以上就是第八十二種大人相。

如來左邊如伊尼延鹿王般的小腿有大人相，叫做：莊嚴海雲。它的色澤如同真金，能普遍遊行一切佛國剎土，放出一切寶清淨光明，充滿法界，施作佛事，以上就是第八十三種大人相。

如來的小腿汗毛上有大人相，叫做：普現法界影像雲。這汗毛是右旋的，每一尖端都放出寶光明，充滿十方及一切法界，示現諸佛神力。每個毛孔也大放光明，一切佛國剎土無不顯現，以上就是第八十四種大人相。

如來足下有大人相，叫做：一切菩薩海安住雲。這種大人相的顏色如同金剛閻浮檀金清淨蓮華，能放出寶光明，普遍照耀十方諸世界海。處處周遍寶香焰雲，每當如來舉足將步時，都有香氣周遍流布，眾多寶色更是充滿法界。以上就是第八十五種大人相。

如來右足上有大人相，叫做：普遍照耀一切光明雲。這種大人相是用一切眾寶莊嚴，放出的大光明充滿法界，諸佛菩薩無不示現其中，以上就是第八十六種大人相。

如來左腳上有大人相，叫做：普遍示現一切諸佛雲。這種大人相是用寶藏摩尼莊嚴，因此能放出寶光明，念念無不示現諸佛的神通變化，及法海中端坐的道場。窮盡未來際，沒有間斷，以上就是第八十七種大人相。

如來右腳指間有大人相，叫做：光照一切法界海雲。上面有須彌燈摩尼王千輻焰輪種種莊嚴，放出大光明充滿十方一切法界各個世界海，並在其中普遍示現諸佛所有種種莊嚴相，以上就是第八十八種大人相。

如來左腳指間有大人相，叫做：示現一切佛海雲。這種大人相是用摩尼寶華、香焰燈鬘、一切寶輪莊嚴，因此恆常放出寶海清淨光明，充滿虛空，普及十方一切世界。並在其中示現諸佛及諸菩薩的圓滿音聲、卍字等相，利益無量的一切眾生等圓滿功德，以上就是第八十九種大人相。

如來右腳跟有大人相，叫做：自在照耀雲。這種大人相是用帝青寶莊嚴，因此能恆常放出如來妙寶光明，這種光明非常美好，充滿法界，都是同一相貌，沒有差別。每一道光明又示現諸佛安坐道場，演說妙法，以上就是第九十種大人相。

如來左腳跟有大人相，叫做：示現妙音演說諸法海雲。這種大人相是用變化海摩尼寶、香焰海須彌華摩尼寶，以及毘瑠璃莊嚴，它放出的光明充滿法界，每一道光明又普遍示現諸佛神力，以上就是第九十一種大人相。

如來右腳背上有大人相，叫做：示現一切莊嚴光明雲。這相是眾寶所成，極其美妙莊嚴，能放閻浮檀金色的出清淨光明，普遍照耀十方法界。這種光明相猶如大雲，普遍覆蓋諸佛道場，以上就是第九十二種大人相。

如來左腳背上有大人相，叫做：現眾色相雲。這種大人相是用一切月焰藏毘盧遮那寶、因陀羅尼羅寶莊嚴，因此能念念遊行諸法界海，放出遍滿一切法界的摩尼燈香焰光明，以上就是第九十三種大人相。

如來右腳四周有大人相，叫做：普藏雲。這種大人相是用陀羅尼金剛寶莊嚴，所以能放出寶藏般的光明，充滿虛空，並在其中示現諸佛安坐道場的摩尼寶王獅子座上，以上就是第九十四種大人相。

如來左腳四周有大人相，叫做：光明遍照法界雲。這種大人相是用摩尼寶華莊嚴，因此能放出充滿法界、平等一相的大光明。並且示現諸佛及諸菩薩神力自在，以大妙音演說法界的無盡法門，以上就是第九十五種大人相。

如來右腳趾端有大人相，叫做：示現莊嚴雲。這種大人相是用非常可愛、使人樂見的閻浮檀清淨真金莊嚴，因此能放出充滿十方法界的光明，並示現諸佛及無盡法海的種種功德及神通變化，以上就是第九十六種大人相。

如來左腳趾端有大人相，叫做：現一切佛神變雲。這種大人相是用不可思議的佛光明、月焰普香、摩尼寶焰輪莊嚴，因此能放出清淨光明、充滿一切世界海的眾多寶色，並示現諸佛及諸菩薩演說諸佛法海，以上就是第九十七種大人相。

佛子啊！毘盧遮那如來有如此等十華藏世界海微塵數量般的大人相，每一身分，都有眾多珍寶妙相莊嚴。

【註釋】

❶這品分別顯示如來德相。

❷四菩薩行　一、波羅蜜行；二、菩提分法行；三、神通行；四、成熟有情行。

【原典】

爾時，普賢菩薩摩訶薩告諸菩薩言：

佛子！今當為汝演說如來所有相海。

佛子！如來頂上有三十二寶莊嚴大人相。其中有大人相，名：光照一切方普放無量大光明網，一切妙寶以為莊嚴，寶髮周遍，柔軟密緻，一一咸放摩尼寶光，充滿一切無邊世界，悉現佛身色相圓滿，是為一。次有大人相，名：佛眼光明雲，以摩尼王種種莊嚴出金色光，如眉間毫相所放光明，其光普照一切世界，是為二。次有大人相，名：充滿法界雲，上妙寶輪以為莊嚴，放於如來福智燈明，普照十方一切法界諸世界海，於中普現一切諸佛及諸菩薩，是為三。次有大人相，名：示現普照雲，真金摩尼種種莊嚴，其諸妙寶咸放光明，照不思議諸佛國土，一切諸佛於中出現，是為四。次有大人相，名：放寶光明雲，摩尼寶王清淨莊嚴，毘瑠璃寶以為華蘂，光照十方一切法界，於中普現種種神變，讚歎如來往昔所行智慧功德，是為五。次有大人相，名：示現如來遍法界大自在雲，菩薩神變寶焰摩尼以為其冠，具如來力覺悟一切寶焰光輪以為其鬘，其光普照十方世界，於中示現一切如來坐於道場，一切智雲充滿虛空無量法界，是為六。次有大人相，名：如來普燈雲，以能震動法界國土大自在寶海而為莊嚴，放淨光明充滿法界，於中普現十方諸菩薩功德海、過現未來佛智慧幢海，是為七。次有大人相，名：普照諸佛廣大雲，因陀羅寶、如意王寶、摩尼王寶以為莊嚴，常放菩薩焰燈光明，普照十方一切世界，於中顯現一切諸佛眾色相海、大音聲海、清淨力海，是為八。次有大人相，名：圓滿光明雲，上妙瑠璃摩尼王種種寶華以為莊嚴，一切眾寶舒大焰網充滿十方，一切世界一切眾生悉見如來現坐其前，讚歎諸佛及諸菩薩法身功德，令入如來清淨境界，是為九。次有大人相，名：普照一切菩薩行藏光明雲，眾寶妙華以為莊嚴，寶光普照無量世界，寶焰普覆一切國土，十方法界通達無礙，震動佛音宣暢法海，是為十。次有大人相，名：普光照耀雲，毘瑠璃、因陀羅、金剛摩尼寶以為莊嚴，瑠璃寶光色相明徹，普照一切諸世界海，出妙音聲充滿法界，如是皆從諸佛智慧大功德海之所化現，是為十一。次有大人相，名：正覺雲，以雜寶華而為莊嚴，其諸寶華悉放光明，皆有如來坐於道場，充滿一切無邊世界，令諸世界普得清淨，永斷一切妄想分別，是為十二。次有大人相，名：光明照曜雲，以寶焰藏海心王摩尼而為莊嚴，放大光明，光中顯現無量菩薩及諸菩薩所行之行，一切如來智身、法身、諸色相海充滿法界，是為十三。次有大人相，名：莊嚴普照雲，以金剛華、毘瑠璃寶而為莊嚴，放大光明，光中有大寶蓮華座，具足莊嚴，彌覆法界，自然演說四菩薩行，其音普遍諸法界海，是為十四。次有大人相，名：現佛三昧海行雲，於一念中示現如來無量莊嚴，普遍莊嚴一切法界不思議世界海，是為十五。次有大人相，名：變化海普照雲，妙寶蓮華如須彌山以為莊嚴，眾寶光明從佛願生，現諸變化無有窮盡，是為十六。次有大人相，名：一切如來解脫雲，清淨妙寶以為莊嚴，放大光明莊嚴一切佛師子座，示現一切諸佛色像及無量佛法諸佛剎海，是為十七。次有大人相，名：自在方便普照雲，毘瑠璃華、真金蓮華、摩尼王燈、妙法焰雲以為莊嚴，放一切諸佛寶焰密雲，清淨光明充滿法界，於中普現一切妙好莊嚴之具，是為十八。次有大人相，名：覺佛種性雲，無量寶光以為莊嚴，具足千輪，內外清淨，從於往昔善根所生，其光遍照十方世界，發明智日，宣布法海，是為十九。次有大人相，名：現一切如來相自在雲，眾寶瓔珞、瑠璃寶華以為莊嚴，舒大寶焰充滿法界，於中普現等一切佛剎微塵數去、來、現在無量諸佛，如師子王勇猛無畏，色相、智慧皆悉具足，是為二十。次有大人相，名：遍照一切法界雲，如來寶相清淨莊嚴，放大光明普照法界，顯現一切無量無邊諸佛菩薩智慧妙藏，是為二十一。次有大人相，名：毘盧遮那如來相雲，上妙寶華及毘瑠璃清淨妙月以為莊嚴，悉放無量百千萬億摩尼寶光，充滿一切虛空法界，於中示現無量佛剎，皆有如來結跏趺坐，是為二十二。次有大人相，名：普照一切佛光明雲，眾寶妙燈以為莊嚴，放淨光明遍照十方一切世界，悉現諸佛轉於法輪，是為二十三。次有大人相，名：普現一切莊嚴雲，種種寶焰以為莊嚴，放淨光明充滿法界，念念常現不可說不可說一切諸佛與諸菩薩坐於道場，是為二十四。次有大人相，名：出一切法界音聲雲，摩尼寶海、上妙栴檀以為莊嚴，舒大焰網充滿法界，其中普演微妙音聲，示諸眾生一切業海，是為二十五。次有大人相，名：普照諸佛變化輪雲，如來淨眼以為莊嚴，光照十方一切世界，於中普現去、來、今佛所有一切莊嚴之具，復出妙音演不思議廣大法海，是為二十六。次有大人相，名：光照佛海雲，其光普照一切世界，盡于法界無所障礙，悉有如來結跏趺坐，是為二十七。次有大人相，名：寶燈雲，放於如來廣大光明，普照十方一切法界，於中普現一切諸佛及諸菩薩不可思議諸眾生海，是為二十八。次有大人相，名：法界無差別雲，放於如來大智光明，普照十方諸佛國土、一切菩薩道場眾會無量法海，於中普現種種神通，復出妙音，隨諸眾生心之所樂演說普賢菩薩行願，令其迴向，是為二十九。次有大人相，名：安住一切世界海普照雲，放寶光明充滿一切虛空法界，於中普現淨妙道場及佛菩薩莊嚴身相，令其見者得無所見，是為三十。次有大人相，名：一切寶清淨光焰雲，放於無量諸佛菩薩摩尼妙寶清淨光明，普照十方一切法界，於中普現諸菩薩海，莫不具足如來神力，常遊十方盡虛空界一切剎網，是為三十一。次有大人相，名：普照一切法界莊嚴雲，最處於中，漸次隆起，閻浮檀金、因陀羅網以為莊嚴，放淨光雲充滿法界，念念常現一切世界諸佛菩薩道場眾會，是為三十二。佛子！如來頂上有如是三十二種大人相以為嚴好。

佛子！如來眉間有大人相，名：遍法界光明雲，摩尼寶華以為莊嚴，放大光明，具眾寶色，猶如日月洞徹清淨，其光普照十方國土，於中顯現一切佛身，復出妙音宣暢法海，是為三十三。如來眼有大人相，名：自在普見雲，以眾妙寶而為莊嚴，摩尼寶光清淨映徹，普見一切皆無障礙，是為三十四。如來鼻有大人相，名：一切神通智慧雲，清淨妙寶以為莊嚴，眾寶色光彌覆其上，於中出現無量化佛坐寶蓮華，往諸世界為一切菩薩、一切眾生演不思議諸佛法海，是為三十五。如來舌有大人相，名：示現音聲影像雲，眾色妙寶以為莊嚴，宿世善根之所成就，其舌廣長遍覆一切諸世界海，如來若或熙怡微笑，必放一切摩尼寶光，其光普照十方法界，能令一切心得清涼，去、來、現在所有諸佛皆於光中炳然顯現，悉演廣大微妙之音，遍一切剎，住無量劫，是為三十六。如來舌復有大人相，名：法界雲，其掌安平，眾寶為嚴，放妙寶光色相圓滿，猶如眉間所放光明，其光普照一切佛剎，唯塵所成，無有自性，光中復現無量諸佛，咸發妙音說一切法，是為三十七。如來舌端有大人相，名：照法界光明雲，如意寶王以為莊嚴，自然恆出金色寶焰，於中影現一切佛海，復震妙音充滿一切無邊世界，一一音中具一切音，悉演妙法，聽者心悅，經無量劫玩味不忘，是為三十八。如來舌端復有大人相，名：照耀法界雲，摩尼寶王以為嚴飾，演眾色相微妙光明，充滿十方無量國土，盡于法界靡不清淨，於中悉有無量諸佛及諸菩薩各吐妙音種種開示，一切菩薩現前聽受，是為三十九。如來口上齶有大人相，名：示現不思議法界雲，因陀羅寶、毘瑠璃寶以為莊嚴，放香燈焰清淨光雲，充滿十方一切法界，示現種種神通方便，普於一切諸世界海開演甚深不思議法，是為四十。如來口右輔下牙有大人相，名：佛牙雲，眾寶摩尼卍字相輪以為莊嚴，放大光明普照法界，於中普現一切佛身，周流十方開悟群生，是為四十一。如來口右輔上牙有大人相，名：寶焰彌盧藏雲，摩尼寶藏以為莊嚴，放金剛香焰清淨光明，一一光明充滿法界，示現一切諸佛神力，復現一切十方世界淨妙道場，是為四十二。如來口左輔下牙有大人相，名：寶燈普照雲，一切妙寶舒華發香以為莊嚴，放燈焰雲清淨光明，充滿一切諸世界海，於中顯現一切諸佛坐蓮華藏師子之座，諸菩薩眾所共圍遶，是為四十三。如來口左輔上牙有大人相，名：照現如來雲，清淨光明、閻浮檀金、寶網、寶華以為莊嚴，放大焰輪充滿法界，於中普現一切諸佛，以神通力於虛空中流布法乳、法燈、法寶，教化一切諸菩薩眾，是為四十四。如來齒有大人相，名：普現光明雲，一一齒間相海莊嚴，若微笑時悉放光明，具眾寶色摩尼寶焰右旋宛轉，流布法界靡不充滿，演佛言音說普賢行，是為四十五。如來脣有大人相，名：影現一切寶光雲，放閻浮檀真金色、蓮華色、一切寶色廣大光明，照于法界悉令清淨，是為四十六。

如來頸有大人相，名：普照一切世界雲，摩尼寶王以為莊嚴，紺蒲成就柔軟細滑，放毘盧遮那清淨光明，充滿十方一切世界，於中普現一切諸佛，是為四十七。如來右肩有大人相，名：佛廣大一切寶雲，放一切寶色、真金色、蓮華色光明，成寶焰網普照法界，於中普現一切菩薩，是為四十八。如來右肩復有大人相，名：最勝寶普照雲，其色清淨如閻浮金，放摩尼光充滿法界，於中普現一切菩薩，是為四十九。如來左肩有大人相，名：最勝光照法界雲，猶如頂上及以眉間種種莊嚴，放閻浮檀金及蓮華色眾寶光明，成大焰網充滿法界，於中示現一切神力，是為五十。如來左肩復有大人相，名：光明遍照雲，其相右旋，閻浮檀金色摩尼寶王以為莊嚴，放眾寶華，香焰光明充遍法界，於中普現一切諸佛及以一切嚴淨國土，是為五十一。如來左肩復有大人相，名：普照耀雲，其相右旋，微密莊嚴，放佛燈焰雲，清淨光明充遍法界，於中顯現一切菩薩種種莊嚴悉皆妙好，是為五十二。如來胸臆有大人相，形如卍字，名：吉祥海雲，摩尼寶華以為莊嚴，放一切寶色種種光焰輪，充滿法界普令清淨，復出妙音宣暢法海，是為五十三。吉祥相右邊有大人相，名：示現光照雲，因陀羅網以為莊嚴，放大光輪充滿法界，於中普現無量諸佛，是為五十四。吉祥相右邊復有大人相，名：普現如來雲，以諸菩薩摩尼寶冠而為莊嚴，放大光明普照十方一切世界悉令清淨，於中示現去、來、今佛坐於道場，普現神力廣宣法海，是為五十五。吉祥相右邊復有大人相，名：開敷華雲，摩尼寶華以為莊嚴，放寶香焰燈清淨光明，狀如蓮華，充滿世界，是為五十六。吉祥相右邊復有大人相，名：可悅樂金色雲，以一切寶心王藏摩尼王而為莊嚴，放淨光明照于法界，於中普現猶如佛眼廣大光明摩尼寶藏，是為五十七。吉祥相右邊復有大人相，名：佛海雲，毘瑠璃寶、香燈、華鬘以為莊嚴，放滿虛空摩尼寶王香燈大焰清淨光明，充遍十方一切國土，於中普現道場眾會，是為五十八。吉祥相左邊有大人相，名：示現光明雲，無數菩薩坐寶蓮華以為莊嚴，放摩尼王種種間錯寶焰光明，普淨一切諸法界海，於中示現無量諸佛，及佛妙音演說諸法，是為五十九。吉祥相左邊復有大人相，名：示現遍法界光明雲，摩尼寶海以為莊嚴，放大光明遍一切剎，於中普現諸菩薩眾，是為六十。吉祥相左邊復有大人相，名：普勝雲，日光明摩尼王寶輪鬘而為莊嚴，放大光焰充滿法界諸世界海，於中示現一切世界、一切如來、一切眾生，是為六十一。吉祥相左邊復有大人相，名：轉法輪妙音雲，一切法燈清淨香蘂以為莊嚴，放大光明充滿法界，於中普現一切諸佛所有相海及以心海，是為六十二。吉祥相左邊復有大人相，名：莊嚴雲，以去、來、今一切佛海而為莊嚴，放淨光明嚴淨一切諸佛國土，於中普現十方一切諸佛菩薩及佛菩薩所行之行，是為六十三。

如來右手有大人相，名：海照雲，眾寶莊嚴，恆放月焰清淨光明，充滿虛空一切世界，發大音聲歎美一切諸菩薩行，是為六十四。如來右手復有大人相，名：影現照耀雲，以毘瑠璃、帝青、摩尼寶華而為莊嚴，放大光明普照十方菩薩所住蓮華藏、摩尼藏等一切世界，於中悉現無量諸佛，以淨法身坐菩提樹，震動一切十方國土，是為六十五。如來右手復有大人相，名：燈焰鬘普嚴淨雲，毘盧遮那寶以為莊嚴，放大光明成變化網，於中普現諸菩薩眾，咸戴寶冠演諸行海，是為六十六。如來右手復有大人相，名：普現一切摩尼雲，蓮華焰燈而為莊嚴，放海藏光充遍法界，於中普現無量諸佛坐蓮華座，是為六十七。如來右手復有大人相，名：光明雲，摩尼焰海以為莊嚴，放眾寶焰、香焰、華焰清淨光明，充滿一切諸世界網，於中普現諸佛道場，是為六十八。如來左手有大人相，名：毘瑠璃清淨燈雲，寶地妙色以為莊嚴，放於如來金色光明，念念常現一切上妙莊嚴之具，是為六十九。如來左手復有大人相，名：一切剎智慧燈音聲雲，以因陀羅網、金剛華而為莊嚴，放閻浮檀金清淨光明，普照十方一切世界，是為七十。如來左手復有大人相，名：安住寶蓮華光明雲，眾寶妙華以為莊嚴，放大光明如須彌燈，普照十方一切世界，是為七十一。如來左手復有大人相，名：遍照法界雲，以妙寶鬘、寶輪、寶瓶、因陀羅網及眾妙相以為莊嚴，放大光明普照十方一切國土，於中示現一切法界、一切世界海、一切如來坐蓮華座，是為七十二。如來右手指有大人相，名：現諸劫剎海旋雲，水月焰藏摩尼王一切寶華以為莊嚴，放大光明充滿法界，其中恆出微妙音聲滿十方剎，是為七十三。如來左手指有大人相，名：安住一切寶雲，以帝青、金剛寶而為莊嚴，放摩尼王眾寶光明充滿法界，其中普現一切諸佛及諸菩薩，是為七十四。如來右手掌有大人相，名：照耀雲，以摩尼王千輻寶輪而為莊嚴，放寶光明，其光右旋充滿法界，於中普現一切諸佛，一一佛身光焰熾然，說法度人，淨諸世界，是為七十五。如來左手掌有大人相，名：焰輪普增長化現法界道場雲，以日光摩尼王千輻輪而為莊嚴，放大光明充滿一切諸世界海，於中示現一切菩薩，演說普賢所有行海，普入一切諸佛國土，各各開悟無量眾生，是為七十六。

如來陰藏有大人相，名：普流出佛音聲雲，一切妙寶以為莊嚴，放摩尼燈華焰光明，其光熾盛，具眾寶色，普照一切虛空法界，其中普現一切諸佛遊行往來處處周遍，是為七十七。如來右臀有大人相，名：寶燈鬘普照雲，諸摩尼寶以為莊嚴，放不思議寶焰光明，彌布十方一切法界，與虛空法界同為一相，而能出生一切諸相，一一相中悉現諸佛自在神變，是為七十八。如來左臀有大人相，名：示現一切法界海光明彌覆虛空雲，猶如蓮華，清淨妙寶以為嚴飾，放光明網遍照十方一切法界，於中普現種種相雲，是為七十九。如來右髀有大人相，名：普現雲，以眾色摩尼而為莊嚴，其髀與腨上下相稱，放摩尼焰妙法光明，於一念中能普示現一切寶王遊步相海，是為八十。如來左髀有大人相，名：現一切佛無量相海雲，一切寶海隨順安住以為莊嚴，廣大遊行，放淨光明普照眾生，悉使希求無上佛法，是為八十一。如來右邊伊尼延鹿王腨有大人相，名：一切虛空法界雲，光明妙寶以為莊嚴，其相圓直，善能遊步，放閻浮金色清淨光明，遍照一切諸佛世界，發大音聲普皆震動，復現一切諸佛國土，住於虛空寶焰莊嚴，無量菩薩從中化現，是為八十二。如來左邊伊尼延鹿王腨有大人相，名：莊嚴海雲，色如真金，能遍遊行一切佛剎，放一切寶清淨光明，充滿法界施作佛事，是為八十三。如來寶腨上毛有大人相，名：普現法界影像雲，其毛右旋，一一毛端放寶光明，充滿十方一切法界，示現一切諸佛神力，其諸毛孔悉放光明，一切佛剎於中顯現，是為八十四。

如來足下有大人相，名：一切菩薩海安住雲，色如金剛、閻浮檀金，清淨蓮華放寶光明，普照十方諸世界海，寶香焰雲處處周遍，舉足將步，香氣周流，具眾寶色充滿法界，是為八十五。如來右足上有大人相，名：普照一切光明雲，一切眾寶以為莊嚴，放大光明充滿法界，示現一切諸佛菩薩，是為八十六。如來左足上有大人相，名：普現一切諸佛雲，寶藏摩尼以為莊嚴，放寶光明，於念念中現一切佛神通變化，及其法海所坐道場，盡未來際劫無有間斷，是為八十七。如來右足指間有大人相，名：光照一切法界海雲，須彌燈摩尼王千輻焰輪種種莊嚴，放大光明充滿十方一切法界諸世界海，於中普現一切諸佛所有種種寶莊嚴相，是為八十八。如來左足指間有大人相，名：現一切佛海雲，摩尼寶華、香焰、燈鬘、一切寶輪以為莊嚴，恆放寶海清淨光明，充滿虛空，普及十方一切世界，於中示現一切諸佛及諸菩薩圓滿音聲、卍字等相，利益無量一切眾生，是為八十九。如來右足跟有大人相，名：自在照耀雲，帝青、寶末以為莊嚴，常放如來妙寶光明，其光妙好充滿法界，皆同一相無有差別，於中示現一切諸佛坐於道場演說妙法，是為九十。如來左足跟有大人相，名：示現妙音演說諸法海雲，以變化海摩尼寶、香焰海須彌華摩尼寶及毘瑠璃而為莊嚴，放大光明充滿法界，於中普現諸佛神力，是為九十一。如來右足趺有大人相，名：示現一切莊嚴光明雲，眾寶所成，極妙莊嚴，放閻浮檀金色清淨光明，普照十方一切法界，其光明相猶如大雲，普覆一切諸佛道場，是為九十二。如來左足趺有大人相，名：現眾色相雲，以一切月焰藏毘盧遮那寶、因陀羅尼羅寶而為莊嚴，念念遊行諸法界海，放摩尼燈香焰光明，其光遍滿一切法界，是為九十三。如來右足四周有大人相，名：普藏雲，因陀羅尼羅金剛寶以為莊嚴，放寶光明充滿虛空，於中示現一切諸佛坐於道場摩尼寶王師子之座，是為九十四。如來左足四周有大人相，名：光明遍照法界雲，摩尼寶華以為莊嚴，放大光明充滿法界平等一相，於中示現一切諸佛及諸菩薩自在神力，以大妙音演說法界無盡法門，是為九十五。如來右足指端有大人相，名：示現莊嚴雲，甚可愛樂閻浮檀清淨真金以為莊嚴，放大光明充滿十方一切法界，於中示現一切諸佛及諸菩薩無盡法海種種功德、神通變化，是為九十六。如來左足指端有大人相，名：現一切佛神變雲，不思議佛光明、月焰普香、摩尼寶焰輪以為莊嚴，放眾寶色清淨光明，充滿一切諸世界海，於中示現一切諸佛及諸菩薩演說一切諸佛法海，是為九十七。

佛子！毘盧遮那如來有如是等十華藏世界海微塵數大人相；一一身分，眾寶妙相以為莊嚴。

如是我聞

白話華嚴經 第五冊

如來隨好光明功德品 第三十五

導讀

卷四十八（續）

THE HUA-YEN SUTRA

如來隨好光明功德品 導讀

如來隨好光明功德品第三十五，承前品說如來十身相海後，繼續闡明如來隨形微妙相好之光明功德，以增益相海之莊嚴殊勝。此隨好以光明為主，與其他經論所說八十隨形好不同。主要是因為此如來是毘盧遮那如來，以光明大日照耀為根本特徵之故。

本品由佛自說，聞法者是寶手菩薩。文分二段，前略說隨好果德，後廣說菩薩因行。前先說佛有隨形好名為圓滿王，出熾然光明而有光明眷屬。後說菩薩於兜率天時，有光幢王光明，足下有光明普照王千輻輪，而且具足圓滿王隨好光明，常放四十種光明，地獄眾生觸者即生兜率天中。

兜率天中自然化現天鼓而為諸天子說法，並且教導天子悔除過惡的方法，觀一切業如幻如影，雖有果報而無去來。如此是真實纖悔，諸天子因此得無生法忍，發菩提心，並且以華雲供養毘盧遮那佛。

大方廣佛華嚴經卷 第四十八（續）

如來隨好光明功德品❸ 第三十五

【白話語譯】

這時，世尊告訴寶手菩薩說：

佛子啊！如來、應、正等覺的身上有隨形的好相，叫做：圓滿王隨形好。這個隨形好又會放出廣大的光明，叫做：熾盛光明。這個熾盛光明又有七百萬阿僧祇數的光明眷屬隨從。

佛子啊！當我還是菩薩時，在兜率天宮放大光明，這光明叫做：光幢王光明，能普照十個佛國剎土微塵數的世界。這些世界的地獄眾生，一遇到這道光明，身心的各種苦痛都得以休息，並得到十種清淨眼。耳朵、鼻子、舌頭、身體、意念也各獲得十種清淨，他們都生起極深的歡喜心，心中踊躍稱賀慶悅。於是他們地獄命終之後就都往生兜率天上。兜率天有一座天鼓，叫做：甚可愛樂的天鼓。這些天人往生兜率天後，這座天鼓自然發出聲音告訴他們：「諸天子啊！因為你們心不放逸，所以才能在諸如來處種下各種善根，親近善知識。現在由於毘盧遮那佛的偉大威神力，你們地獄命終之後才能往生兜率天。」

佛子啊！菩薩摩訶薩雙腳的腳掌有千輪的相好莊嚴，叫做：光明普照王。這相好莊嚴有隨形好，叫做：圓滿王，常常放出四十種光明。其中有一種光明，叫做：清淨功德，能照遍億那由他佛國剎土微塵數的世界。隨著諸眾生種種業行、種種欲樂，使他們成熟。在阿鼻地獄受著極大痛苦的眾生，一遇到這種光，地獄命終時，就能往生兜率天。他們往生兜率天後，聽到天鼓的音聲告訴他們：「善哉！善哉！諸位天子啊！現在毘盧遮那菩薩證入了離垢三昧，你們都應當向他五體投地致最敬禮。」

這時，諸位天子聽聞天鼓發出音聲如此地勸誨，莫不思惟：「這真是奇妙希有啊！是什麼因緣使天鼓發出如此微妙的音聲呢？」這時，天鼓告訴諸位天子說：「我所發出的聲音，是因為各種善根力而成就的。諸位天子啊！就如同我如果說『我』的話，卻不會執著於『我』，也不會執著於我所有的一切，諸佛也是如此。他們雖然宣稱自己是佛，但卻不會執著『我』，也不會執著於我所有。諸位天子啊！就如同我的音聲不是從東方發出來，也不是從南方、西方、北方等四方上下發出來的。種種淨業果報乃至成佛也是如此，不是從十方而來的。諸位天子啊！譬如說你們過去住在地獄時，當地獄的境界加害你們時，那種種痛苦也不是從十方而來。那實在是由於你們的顛倒惡業和愚痴纏縛，而出生地獄的身體。這個地獄身其實是沒有根本，也沒有來處的啊。

「諸位天子啊！所以毘盧遮那菩薩大威德力放出的光明，也不是從十方照來。諸位天子啊！我這座天鼓的聲音也是如此，不是從十方而來，實在是因為禪定三昧的善根力，又因為般若波羅蜜的威德力，才出生如此的清淨音聲，示現如此的種種自在。

「諸位天子啊？譬如須彌山王有三十三天上妙宮殿的種種娛樂器具，這些娛樂器具並非來自十方。我這天鼓音聲也是如此，並非來自十方。諸位天子啊！譬如億那由他佛國剎土微塵數世界都一一化為塵末，我即使為以上這麼多微塵數的眾生，隨順他們心中快樂而演說諸法，使他們歡喜，但是卻不會感到疲勞厭倦，也不會退怯、憍慢與放逸。

「諸位天子啊！毘盧遮那菩薩安住離垢三昧也是如此。他右手掌有一種隨形好能放出光明，而這個光明又能出現無量的自在神力等等，一切聲聞與辟支佛二乘都無法了知，更何況是其餘的眾生呢？

「諸位天子啊！你們應當前往菩薩的處所，親近供養，不要再貪著五欲樂具。執著五欲之樂只會障蔽你們的善根。諸位天子啊！譬如世界崩壞時焚燒須彌山的劫火，能把整座須彌山燒得精光，片甲不留。貪欲纏縛我們心念的情形也像這樣，使我們始終無法生起念佛的心意。

「諸位天子啊！你們應當知恩報恩。諸位天子啊！如果眾生不知報恩，恐怕會橫死，或生於地獄。諸位天子啊！你們以前在地獄時，都是因為蒙受光明的照耀，才能捨離地獄往生兜率天中，所以你們現在應該快快迴向，以增長你們的善根。

「諸位天子啊！就如同我天鼓非男非女，而能出生無量無邊不可思議事。你們天子、天女也是如此，非男非女而能受用種種上妙的宮殿園林。如同我天鼓不生不滅，色、受、想、行、識也是如此不生不滅。你們如果能證悟知解這些法，就能證入無依印的三昧境界。」

這時，諸位天子聽了這從來沒有聽過的聲音，都立刻化作一萬朵華雲、一萬朵香雲、一萬朵音樂雲、一萬朵幢雲、一萬朵蓋雲、一萬朵歌讚雲。他們這樣的變化後，就共同前往詣見毘盧遮那菩薩。到達他的宮殿後，他們都合掌恭敬，站立在一旁，想要瞻仰覲見菩薩，卻不得見。這時，有天子這樣說：「毘盧遮那菩薩已從此處沒失，而出生於人間的淨飯王家，以栴檀樓閣受生摩耶夫人胎巾。」這時，諸位天子以天眼觀見菩薩身居人間淨飯王家，梵天、欲天無不承事供養。諸天子心裡都這樣想：「我等如果不去向菩薩問訊起居，還貪愛執愛這天宮，那是不可以的。」這時，每一天子與十那由他眷屬正想前往閻浮提時，天鼓剛好出聲音告訴他們說：「諸位天子啊！菩薩摩訶薩並非在此命終了才投生人間，他是用神通隨順眾生的心念，使眾生得以見到不同的化身。諸位天子啊！如同我現在這樣，你們用眼睛看不見我，但我卻能發出聲音。菩薩摩訶薩證入離垢三昧時也是如此，一般人的眼睛看不到他，但他卻能處處示現受生，捨離分別，除卻憍慢，清淨不執著。

「諸位天子啊！你們應當發無上正等正覺，清淨治理自己的意念。安住威儀，悔除一切業障、煩惱障、報障、見障，以窮盡法界衷生無數量的身，以窮盡法界眾生無數的頭首，窮盡法界眾生無數量的舌頭，窮盡法界眾生無數量的善身業、善語業、善意業，悔除所有業障罪惡。」

這時，諸位天子聽到天鼓說這些以前從未聽聞的話時，心中歡喜不已，而問說：「菩薩摩訶薩啊！如何才能悔除一切過失罪惡呢？」

這時，天鼓以菩薩三昧善根力，發出聲音說：「諸位天子啊！菩薩摩訶薩知道諸業既不是從東方來，也不是從南、西、北方四維上下來。也不是因為共同積集，依止安住於心。而是從顛倒生，沒有住處的。菩薩摩訶薩如此決定明見，沒有疑惑。諸位天子啊！就如同我天鼓宣說業力、宣說果報、宣說行持、宣說戒律、宣說喜樂、宣說安住、宣說種種的三昧，諸佛菩薩也是如此。雖然宣說『我』、宣說『我所有』、宣說眾生、宣說貪、瞋、痴種種的諸業，但實際上是沒有『我』，也沒有『我所有的』或種種造作。所以六趣果報，向十方去推求都是不可得。

「諸位天子啊？譬如我的聲音不生不滅，但造種種惡業的天人卻聽不見其他聲音，只聽得見因為在地獄受苦而得以覺悟的聲音。一切諸業也是如此，非生非滅，隨著眾生修行聚集而受報。

「諸位天子啊！如同我天鼓所發出的聲音，在無量劫中不可窮盡，沒有間斷。如果要推究這聲音究竟從何處來、將往何處去等，都是不可能的。諸位天子啊！如果有過去心、未來心，就會有斷見、常見。而諸佛始終不曾演說斷見、常見的法門，除非是為了成熟眾生才方便說法。諸位天子啊！譬如我的聲音能在無量世界隨順眾生心，使他們都能聽聞。一切諸佛也是如此，能隨順眾生心而使他們都得以見到諸佛。

「諸位天子啊！就像有座玻璃鏡子，叫做；能照。這面鏡子等同十方世界，能清淨鑑澈無量無邊諸佛國土的一切山川、一切眾生，乃至地獄、畜生、餓鬼，所有影像無不影現其中。諸位天子啊！你認為如何？你能說那些影像是從外面進入鏡中，或是從鏡中出去嗎？」

諸位天子都回答：「不能這樣說。」

「諸位天子啊！一切諸業也是如此，雖能出生種種業力果報，卻沒有來處及去處。諸位天子啊！譬如幻師能用幻術迷惑人的眼睛，你們應當知道諸業亦是如此。如果你們能這樣了知，才能稱得上是其實的懺悔，才可清淨一切的罪惡。」

天鼓正在演說此法時，百千億那由他佛國剎土微塵數世界的兜率天的諸天子，都得到無生法忍，無量不可思議阿僧祇數六欲諸天的天子，也都發起無上正等正覺。六欲天中一切天女無不捨棄女身，發起無上的菩提意。

這時，諸天子因為聽聞宣說普賢的廣大迴向而證得十地，獲得諸力莊嚴三昧。以眾生數量等清淨三業悔除一切重大障礙，立即得見百千億那由他佛國剎土微塵數的七寶蓮華，每一華上都有菩薩結跏趺坐，放出大光明，使諸位菩薩每一種隨形好，都放出同等眾生數量的光明。在光明中又有同等眾生數量的諸佛結跏趺坐，隨著眾生心而為他們說法，一點兒也不曾示現離垢三昧少許之力。

這時，那些天子以上述眾華覆蓋身上，每一毛孔化作同等眾生數量的眾妙華雲，供養毘盧遮那如來。手中持華散向佛陀，一切都安住佛身。這種種香雲普遍雨下無量佛國剎土微塵數的世界，如果有眾生身上蒙香者，他就會身心安樂。就像比丘進入第四禪，得以消滅一切業障。如果有人聞到這種香，那些身處色、聲、香、味、觸等五塵的眾生，內心即使有五百種煩惱，身外也有五百種煩惱。而其中貪的煩惱行居多者數量高達二萬一千，瞋煩惱行居多者其數量也有二萬一千那麼多，痴煩惱行居多者數量也有二萬一千之多。而貪、瞋、痴三種煩惱等分行❹者其數量也有二萬一千之多，他們一聽聞此法之後，就了知如此種種都是虛妄不實的。如此了知之後，就能成就香幢雲、自在光明、清淨善根。凡是眾生一見到寶蓋，就能種下等同一位清淨金網轉輪王一恆河沙的善根。

佛子啊！菩薩摩訶薩安住轉輪王位時，能教化百千億那由他佛國剎土微塵數世界的眾生。

佛子啊！譬如明鏡世界中的月智如來，常有無量世界的比丘、比丘尼、優婆塞、優婆夷等，變化示現其身前來聽法。如來廣大地演說本生之事，未曾有一念間斷。如果有眾生聽聞他的佛名，必得往生他的佛國淨土。菩薩安住清淨的轉輪王位也是如此。即使有人只是暫時得遇他的光明，都會證得菩薩第十地位，這其實都是因為他先前修行善根的力量啊！

佛子啊！如果有人證到初禪，雖然還未命終，但卻得以見到梵天的所有宮殿，享受梵世的安樂，因為凡是得到初禪的人都是如此。

菩薩摩訶薩安住清淨金網轉輪王位時，能放出摩尼髻清淨的光明。如果有眾生遇到這種光明，都能得到菩薩第十地位。成就無量的智慧光明，得到十種清淨眼，乃至十種清淨意，具足無量甚深三昧，成就如此的清淨肉眼。

佛子啊！假使有人以億那由他佛國剎土所粉碎的微塵，一塵一剎又以些許微塵數佛國剎土碎為微塵。如此微塵都完全放在左手，這樣拿著向東行，經過這些微塵數世界才落下一塵。如此地繼續向東行，直到手上的微塵落盡，南、西、北、方四維上下也是如此。如此十方所有世界中不管是著微塵的，或是不著微塵的，都可聚集而成為一個佛國剎土。寶手啊！你認為如何？這樣的佛土，它的廣大無量可以思議嗎？

寶手菩薩答說：

不能的！這個佛土廣大無量，希有奇特、不可思議。但是，如果有眾生聽聞這個譬諭，而能心生信解，那麼就更為希有奇特了。

佛陀說：

寶手啊！如是！如是！就像你所說的！凡是聽聞這個譬諭而能心生信解的善男子、善女人，我都將為他授記，決定他當成就無上正等正覺，當獲得如來的無上智慧。寶手啊！假設又有人以千億佛國剎土微塵數，如上所說的廣大佛土碎為微塵末，以此微塵依前諭一一落下窮盡。乃至集成一佛國土，再碎為塵末。如是依次第展轉乃至經過八十次。如此是一切廣大佛土所有微塵，菩薩業報清淨的肉眼，都能在一念之間明白看見。也能見到百億廣大佛國剎土微塵數的佛陀，如明鏡般清淨光明，照耀十方佛國剎土微塵數量世界。寶手啊！這實在都是清淨金網轉輪王的甚深三昧福德善根所成就的啊！

【註釋】

❸這品續前品說明如來的隨形好。

❹等分行　有貪瞋痴三毒之等分者，各有二萬一千煩惱，總有八萬四千煩惱。

【原典】

爾時，世尊告寶手菩薩言：

佛子！如來、應、正等覺有隨好，名：圓滿王。此隨好中出大光明，名為：熾盛，七百萬阿僧祇光明而為眷屬。佛子！我為菩薩時，於兜率天宮放大光明，名：光幢王，照十佛剎微塵數世界。彼世界中地獄眾生，遇斯光者，眾苦休息，得十種清淨眼，耳、鼻、舌、身、意亦復如是，咸生歡喜，踊躍稱慶，從彼命終生兜率天。天中有鼓，名：甚可愛樂。彼天生已，此鼓發音而告之言：「諸天子！汝以心不放逸，於如來所種諸善根，往昔親近眾善知識。毘盧遮那大威神力，於彼命終來生此天。」

佛子！菩薩足下千輻輪，名：光明普照王。此有隨好，名：圓滿王，常放四十種光明。中有一光，名：清淨功德，能照億那由他佛剎微塵數世界，隨諸眾生種種業行、種種欲樂皆令成熟。阿鼻地獄極苦眾生，遇斯光者，皆悉命終生兜率天。既生天已，聞天鼓音而告之言：「善哉善哉！諸天子！毘盧遮那菩薩入離垢三昧，汝當敬禮。」

爾時，諸天子聞天鼓音如是勸誨，咸生是念：「奇哉希有！何因發此微妙之音？」是時，天鼓告諸天子言：「我所發聲，諸善根力之所成就。諸天子！如我說我，而不著我，不著我所；一切諸佛亦復如是，自說是佛，不著於我，不著我所。諸天子！如我音聲不從東方來，不從南西北方、四維上下來；業報成佛亦復如是，非十方來。諸天子！譬如汝等昔在地獄，地獄及身非十方來，但由於汝顛倒惡業愚癡纏縛，生地獄身，此無根本、無有來處。諸天子！毘盧遮那菩薩威德力故放大光明，而此光明非十方來。諸天子！我天鼓音亦復如是，非十方來，但以三昧善根力故，般若波羅蜜威德力故，出生如是清淨音聲，示現如是種種自在。諸天子！譬如須彌山王有三十三天上妙宮殿種種樂具，而此樂具非十方來；我天鼓音亦復如是，非十方來。諸天子！譬如億那由他佛剎微塵數世界盡末為塵，我為如是塵數眾生，隨其所樂而演說法，令大歡喜，然我於彼不生疲厭、不生退怯、不生憍慢、不生放逸。諸天子！毘盧遮那菩薩住離垢三昧亦復如是，於右手掌一隨好中放一光明，出現無量自在神力，一切聲聞、辟支佛尚不能知，況諸眾生！諸天子！汝當往詣彼菩薩所親近供養，勿復貪著五欲樂具，著五欲樂障諸善根。諸天子！譬如劫火燒須彌山，悉令除盡，無餘可得；貪欲纏心亦復如是，終不能生念佛之意。諸天子！汝等應當知恩報恩。諸天子！其有眾生不知報恩，多遭橫死，生於地獄。諸天子！汝等昔在地獄之中，蒙光照身，捨彼生此；汝等今者宜疾迴向，增長善根。諸天子！如我天鼓，非男非女，而能出生無量無邊不思議事；汝天子、天女亦復如是，非男非女，而能受用種種上妙宮殿園林。如我天鼓不生不滅，色、受、想、行、識亦復如是不生不滅。汝等若能於此悟解，應知則入無依印三昧。」

時，諸天子聞是音已，得未曾有，即皆化作一萬華雲、一萬香雲、一萬音樂雲、一萬幢雲、一萬蓋雲、一萬歌讚雲；作是化已，即共往詣毘盧遮那菩薩所住宮殿，合掌恭敬，於一面立，欲申瞻覲而不得見。時，有天子作如是言：「毘盧遮那菩薩已從此沒，生於人間淨飯王家，乘栴檀樓閣，處摩耶夫人胎。」時，諸天子以天眼觀見菩薩身，處在人間淨飯王家，梵天、欲天承事供養。諸天子眾咸作是念：「我等若不往菩薩所問訊起居，乃至一念於此天宮而生愛著，則為不可。」時，一一天子與十那由他眷屬欲下閻浮提。時，天鼓中出聲告言：「諸天子！菩薩摩訶薩非此命終而生彼間，但以神通，隨諸眾生心之所宜，令其得見。諸天子！如我今者，非眼所見，而能出聲；菩薩摩訶薩入離垢三昧亦復如是，非眼所見，而能處處示現受生，離分別，除憍慢，無染著。諸天子！汝等應發阿耨多羅三藐三菩提心，淨治其意，住善威儀，悔除一切業障、煩惱障、報障、見障；以盡法界眾生數等身，以盡法界眾生數等頭，以盡法界眾生數等舌，以盡法界眾生數等善身業、善語業、善意業，悔除所有諸障過惡。」

時，諸天子聞是語已，得未曾有，心大歡喜而問之言：「菩薩摩訶薩云何悔除一切過惡？」爾時，天鼓以菩薩三昧善根力故，發聲告言：「諸天子！菩薩知諸業不從東方來，不從南西北方、四維上下來，而共積集，止住於心；但從顛倒生，無有住處。菩薩如是決定明見，無有疑惑。諸天子！如我天鼓，說業、說報、說行、說戒、說喜、說安、說諸三昧；諸佛菩薩亦復如是，說我、說我所、說眾生、說貪恚癡種種諸業，而實無我、無有我所。諸所作業、六趣果報，十方推求悉不可得。諸天子！譬如我聲，不生不滅，造惡諸天不聞餘聲，唯聞以地獄覺悟之聲；一切諸業亦復如是，非生非滅，隨有修集則受其報。諸天子！如我天鼓所出音聲，於無量劫不可窮盡、無有間斷，若來若去皆不可得。諸天子！若有去來則有斷常，一切諸佛終不演說有斷常法，除為方便成熟眾生。諸天子！譬如我聲，於無量世界，隨眾生心皆使得聞；一切諸佛亦復如是，隨眾生心悉令得見。諸天子！如有玻瓈鏡，名為：能照，清淨鑒徹，與十世界其量正等；無量無邊諸國土中，一切山川、一切眾生，乃至地獄、畜生、餓鬼，所有影像皆於中現。諸天子！於汝意云何？彼諸影像可得說言來入鏡中、從鏡去不？」答言：「不也。」「諸天子！一切諸業亦復如是，雖能出生諸業果報，無來去處。諸天子！譬如幻師幻惑人眼，當知諸業亦復如是。若如是知，是真實懺悔，一切罪惡悉得清淨。」

說此法時，百千億那由他佛剎微塵數世界中兜率陀諸天子，得無生法忍；無量不思議阿僧祇六欲諸天子，發阿耨多羅三藐三菩提心；六欲天中一切天女，皆捨女身，發於無上菩提之意。爾時，諸天子聞說普賢廣大迴向，得十地故，獲諸力莊嚴三昧故，以眾生數等清淨三業悔除一切諸重障故，即見百千億那由他佛剎微塵數七寶蓮華；一一華上皆有菩薩結跏趺坐，放大光明；彼諸菩薩一一隨好，放眾生數等光明；彼光明中，有眾生數等諸佛結跏趺坐，隨眾生心而為說法，而猶未現離垢三昧少分之力。

爾時，彼諸天子以上眾華，復於身上一一毛孔化作眾生數等眾妙華雲，供養毘盧遮那如來，持以散佛，一切皆於佛身上住。其諸香雲，普雨無量佛剎微塵數世界。若有眾生身蒙香者，其身安樂，譬如比丘入第四禪，一切業障皆得消❶滅。若有聞者，彼諸眾生於色、聲、香、味、觸，其內具有五百煩惱，其外亦有五百煩惱，貪行多者二萬一千，瞋行多者二萬一千，癡行多者二萬一千，等分行者二萬一千，了知如是悉是虛妄。如是知已，成就香幢雲自在光明清淨善根。若有眾生見其蓋者，種一清淨金網轉輪王一恆河沙善根。

佛子！菩薩住此轉輪王位，於百千億那由他佛剎微塵數世界中教化眾生。佛子！譬如明鏡世界月智如來，常有無量諸世界中比丘、比丘尼、優婆塞、優婆夷等化現其身而來聽法，廣為演說本生之事，未曾一念而有間斷。若有眾生聞其佛名，必得往生彼佛國土；菩薩安住清淨金網轉輪王位亦復如是，若有暫得遇其光明，必獲菩薩第十地位，以先修行善根力故。佛子！如得初禪，雖未命終，見梵天處所有宮殿而得受於梵世安樂；得諸禪者悉亦如是。菩薩摩訶薩住清淨金網轉輪王位，放摩尼髻清淨光明；若有眾生遇斯光者，皆得菩薩第十地位，成就無量智慧光明，得十種清淨眼，乃至十種清淨意，具足無量甚深三昧，成就如是清淨肉眼。

佛子！假使有人以億那由他佛剎碎為微塵，一塵一剎復以爾許微塵數佛剎碎為微塵，如是微塵悉置左手持以東行，過爾許❷微塵數世界乃下一塵，如是東行盡此微塵，南西北方、四維上下亦復如是；如是十方所有世界若著微塵及不著者，悉以集成一佛國土。寶手！於汝意云何？如是佛土廣大無量可思議不？

答曰：不也！如是佛土廣大無量，希有奇特，不可思議。若有眾生聞此譬諭能生信解，當知更為希有奇特。

佛言：寶手！如是如是！如汝所說！若有善男子、善女人聞此譬諭而生信者，我授彼記，決定當成阿耨多羅三藐三菩提，當獲如來無上智慧。寶手！設復有人以千億佛剎微塵數如上所說廣大佛土末為微塵，以此微塵依前譬諭一一下盡，乃至集成一佛國土，復末為塵，如是次第展轉乃至經八十返；如是一切廣大佛土所有微塵，菩薩業報清淨肉眼於一念中悉能明見，亦見百億廣大佛剎微塵數佛，如玻瓈鏡清淨光明，照十佛剎微塵數世界。寶手！如是皆是清淨金網轉輪王甚深三昧福德善根之所成就。

註釋

❶「消」，大正本原作「銷」，今依三本改之。

❷「許」，大正本原作「諸」，今依三本及宮本改之。

白話華嚴經 第五冊

普賢行品 第三十六

卷四十九 導讀

THE HUA-YEN SUTRA

普賢行品　導讀

普賢行品第三十六是第七會重普光明殿會的第十品，由普賢菩薩宣說普賢行所構成。本品品名，《六十華嚴》作〈普賢菩薩行品〉，梵本作〈說普賢行品〉。本品據法藏《探玄記》所判，在「修因契果生解分」中，是與〈性起品〉同來闡明「修顯因果」的，與從〈如來名號品〉以來的「修生因果」相對。修生因果是明差別因果，而修顯因果卻是彰顯平等因果，也是所謂的自體因果。普賢行的自體平等因果，是法界緣起的因果實德，由海印三昧力所顯，與修生因果不同，而是本有的，是性起的。

普是「遍」的意思，賢是「善」、「道」、「因」之意。澄觀解釋普賢行的意義是「德周法界為普，至順調善曰賢，依性造修曰行」。所以普賢行是由至善之德起修之菩薩行。因此普賢行為圓因之行，所成之果即〈性起品〉所明之性起果海。而法藏《探玄記》說普賢行有十種，即：一、通達時劫，二、了知世界，三、識解根器，四、了徹因果，五、洞明理性，六、鑒察事相，七、常在定中，八、恆起大悲，九、妙現神通，十、常入寂滅。而此十種行又各具十門，因此成百門普賢行。事實上法藏所說普賢行只是略說，普賢行是無量無盡的，舉十種、百門只是略舉以成無盡之意而已。

普賢行，澄觀也舉十種普遍之義以彰顯行德無盡，即：一、所求普，二、所化普，三、所斷普，四、所行事行普，五、所行理行普，六、無礙行普，七、融通行普，八、所起用普，九、所行處普，十、所行時普。這十種普賢行是重重涉入而無雜的。因此善財童子才入普賢一毛，所得法門即遠遠超過由其他善知識所得無數倍，這實在是由於普賢行無窮無盡之故。

本品的內容以長行及偈頌兩大部份來說普賢行。普賢菩薩說修菩薩行的菩薩，不應對其他菩薩起任何瞋心。因為瞋心一起便成就了百萬障礙之門，而應該勤修十種法，即：一、不捨眾生，二、視菩薩如佛，三、不謗佛法，四、知國土無盡，五、信樂菩薩行，六、不捨菩提心，七、入如來力，八、勤修無礙辯，九、化眾無厭，十、住世無著。菩薩安住這十法，便能具足十種清淨，接著具足十種廣大智，而入於十種普入。由此十種普入而住十種勝妙心，得十種佛法善巧智。由如此的修行，便只需稍作功力，便能立刻成佛具足佛法。當普賢菩薩如此宣說後，十方普賢各從普勝世界普幢自在佛處前來集會，為普賢菩薩作證。

接著，普賢菩薩以偈頌來演說菩薩行、如來菩提界、大願界等。此偈頌共一百二十一偈。依澄觀所說，可分作二部份。前二十四頌是普賢菩薩說明其宣演偈頌的動機，後面九十七頌則正式辨明普賢行之內容。正說普賢行中又分二部份，前六十七頌是明即悲的大智之行，末後三十頌是說即智的大悲行。悲智交徹，所以成無量無盡之普賢因行。

大方廣佛華嚴經卷　第四十九

普賢行品❶　第三十六

【白話語譯】

這時，普賢菩薩又告訴在場的所有菩薩：

如同我一向演說的，這些只是隨順著眾生的根器，簡略地說明諸佛一點點兒的境界而已。怎麼說呢？諸佛世尊因為眾生沒有智慧，造作種種惡事；心中計量著「我」、「我所有」，並且執著自身；心中滿是顛倒妄想與疑惑；還不時用邪見分別一切，並與各種的煩惱、結使束縛相應。隨逐生死之流，而遠離了如來的無上正道，所以才會在世間輪迴不已。

佛子啊！❷我從沒有見過有那一種大過失，像眾菩薩對其他菩薩生起瞋心那麼嚴重。怎麼說呢？

佛子啊！這是因為：如果這些菩薩非常瞋恨其餘的菩薩，就馬上會造成百萬種的障礙門。是哪些百萬種障礙呢？就是❸：不能見到菩提大道的障礙；不能聽聞正法的障礙；出生在不清淨世界的障礙；出生在六道中惡劣生趣的障礙；出生在生存困難地方的障礙；身體多疾病的障礙；常受人毀謗的障礙；出生在各種頑劣駑鈍生處的障礙；壞失正念的障礙；缺少智慧的障礙；眼根的障礙；耳根的障礙；鼻根的障礙；舌根的障礙；身根的障礙；意念的障礙；得邪惡老師引導的障礙；周遭都是邪惡的伴侶朋友的障礙；樂於學習小乘的障礙；樂於親近平凡庸俗者的障礙；不樂信服有威勢福德者的障礙。

喜歡和遠離正見的人同住一起的障礙；生在外道家庭的障礙；住在諸魔境界的障礙；遠離佛法正確教義的障礙；無法得遇善知識的障礙；不能成就善根，受到留難的障礙；增上不善之法的障礙；常身處卑下惡劣的障礙；出生在不聞佛法偏遠邊地的障礙；出生在惡人家中的障礙；出生在惡神中的障礙；出生在惡龍、惡夜叉、惡乾闥婆、惡阿修羅、惡迦樓羅、惡緊那羅、惡摩睺羅伽、惡羅剎中的障礙；不樂聽聞佛法的障礙；喜歡學習像幼童般蒙昧低層之法的障礙；樂於執著小乘法的障礙；不喜歡聽聞、學習大乘法的障礙。

心性多驚恐怖懼的障礙；心中常憂愁苦惱的障礙；貪愛執著生死的障礙；無法專心聽聞修習佛法的障礙；不喜歡看見、聽聞諸佛各種自在神通的障礙；無法得到像菩薩一樣各種根器的障礙；不修行菩薩各種清淨行的障礙；對菩薩的深心退卻怯弱的障礙；無法生起像菩薩一樣大願的障礙；無法發起一切智慧心念的障礙；對菩薩行懈怠、不精進修持的障礙；無法清淨治理各種業障的障礙；無法攝受取用廣大福德的障礙；不能明白智慧力量是多麼犀利的障礙；無法產生廣大智慧的障礙；不護持菩薩所行各種事業的障礙；喜歡毀謗一切有智慧之語的障礙；遠離諸佛菩提的障礙；喜好住在眾多魔境界的障礙；不願專心修持佛境界的障礙。

不肯決定無礙地發起菩薩弘大誓願的障礙；不喜歡和菩薩住在一起的障礙；不希求菩薩種種善根的障礙；本性在見地上多懷疑的障礙；心中常愚昧昏闇的障礙；因為不能修行菩薩的平等布施，所以心中不捨的障礙；因為不能修持如來的戒律而破戒的障礙；因為不能進入安忍不動的法門，而生起愚痴、煩惱、毒害、瞋恚種種的障礙；因為不能像菩薩那樣精進，而生起了懈怠的煩惱障礙；因為不能證得各種三昧，而生起了散亂的障礙；因為不修治般若波羅蜜，而生起了邪惡的智慧障礙；在適當之處或是不適當之處，無法善巧處理的障礙；度化眾生時，沒法運用善巧方便的障礙。

無法觀察菩薩智慧的障礙；無法了知菩薩出離法的障礙；因為無法成就菩薩十種廣大的眼目，而產生眼睛宛如天生目盲的障礙；因為耳根不聽聞自在無礙的佛法，而無法講說的障礙；因為相貌不圓滿美好，而產生了鼻根破敗醜壞的障礙；因為無法分辨明了眾生的言語，而產生的舌根障礙；因為輕視鄙賤眾生，而生身根的障礙；因為心念常常狂亂不息，而生意根的障礙；因為不受持身、口、意三種律儀，所以身就有業障。

因為常生起四種過失，而有言語的業障；因為常生起貪心、瞋恚的邪見，而有意念的業障；用如竊賊的心求法，而不得正法的障礙；斷絕菩薩境界的障礙；對菩薩勇猛精進的法，心生退卻畏怯的障礙；對於菩薩的出離道，心中懶惰的障礙；對於菩薩的智慧光明，心中生出止息的障礙；對於菩薩的念力，心中卑劣懦弱的障礙；無法安住受持如來教法的障礙；對於菩薩脫離生死流轉之道，不能親近聽聞的障礙；不能修習菩薩無失壞大道的障礙；隨順證入聲聞、緣覺二乘，不能發起菩提心的障礙；遠離過去、現在、未來諸佛菩薩種種的障礙。

佛子啊！如果菩薩非常瞋恨其他的菩薩，就會造成這百萬種障礙。為什麼呢？佛子啊！我不曾見過有哪一種大過失，像菩薩非常瞋恨其他菩薩這麼嚴重。所以說，各位菩薩摩訶薩，如果你們想要立刻圓滿諸菩薩行的話，應該勤加修習十種法。是哪十種法呢？就是：一、心中不捨棄眾生，二、視一切菩薩如同諸佛如來，三、永遠不誹謗任何佛法，四、了知一切的國土絕無窮盡之時，五、對於菩薩行信心悅樂不已，六、不捨棄平等虛空法界菩提心，七、觀察菩提證入如來的力量，八、精進勤修無礙辯才，九、教化眾生，無有疲憊厭倦，十、安住一切世界，心無所執著。就是這十種法。

佛子啊！菩薩摩訶薩安住在這十種法後，就能具足十種清淨。是哪十種呢？就是：一、通達甚深法門的清淨，二、親近善知識的清淨，三、護持一切佛法的清淨，四、了知通達虛空法界的清淨，五、深入法界的清淨，六、觀察無邊心念的清淨，七、善根等同一切菩薩的清淨，八、不執著諸時劫的清淨，九、觀察過去、現在、未來三世的清淨，十、修行一切佛法的清淨。就是這十種清淨。

佛子啊！菩薩摩訶薩安住在這十法之後，就具足十種廣大的智慧。是哪十種呢？就是：一、了知一切眾生心行的智慧，二、了知一切眾生業報的智慧，三、了知一切佛法的智慧，四、了知一切佛法甚深祕密義理趣向的智慧，五、了知一切總持陀羅尼門的智慧，六、了知一切文字辯才的智慧，七、了知一切眾生語言、音聲、言辭、辯才、善巧方便的智慧，八、在一切世界普遍化現身形的智慧，九、在一切聚會普遍示現影像的智慧，十、在一切投胎受生的處所，具足諸佛一切智智的智慧。就是這十種智慧。

佛子啊！菩薩摩訶薩安住在這十種智慧時，能普遍趣入十種境界。是哪十種呢？就是：一、以一切世界攝入一個毛孔，或從一個毛孔進入一切世界；二、以一切眾生的身體進入一身，或從一身進入一切眾生身；三、以不可說的時劫攝入一念，或以一念進入不可說的時劫；四、以一切佛法攝入一法，或以一法進入一切佛法；五、以不可說的處所攝入一個處所，或以一個處所進入不可說的處所；六、以不可說的身根攝入一個身根，或以一個身根進入不可說個身根；七、以一切的身根攝入非身根，或以一個身根進入一切身根；八、以一切的想念攝入一種想念，或以一種想念進入一切想念；九、以一切語言音聲攝入一個語言音聲，或以一個語言音聲進入一切語言音聲；十、以一切的過去、現在、未來三世攝入一世，或以一世進入一切過去、現在、未來三世。就是這十種普遍趣入的境界。

佛子啊！菩薩摩訶薩如是觀察之後，則能安住在十種殊勝微妙的心。是哪十種呢？就是：一、安住在一切世界語言與非語言的殊勝微妙心，二、安住在一切眾生想念無所依止的殊勝微妙心，三、安住在究竟虛空界的殊勝微妙心，四、安住在無邊法界的殊勝微妙心，五、安住在甚深祕密佛法的殊勝微妙心，六、安住在甚深無差別法的殊勝微妙心，七、安住在除去消滅一切疑惑的殊勝微妙心，八、安住在一切世界平等無差別的殊勝微妙心，九、安住在過去、現在、未來三世諸佛平等的殊勝微妙心，十、安住在諸佛威力無量的殊勝微妙心。就是這十種殊勝微妙心。

佛子啊！菩薩摩訶薩安住在這十種勝妙心之後，則能證得十種佛法的善巧智慧。是哪十種呢？就是：一、了知通達甚深佛法的善巧智慧，二、出生廣大佛法的善巧智慧，三、宣說種種佛法的善巧智慧，四、證入平等佛法的善巧智慧，五、明了佛法差別的善巧智慧，六、了悟無差別佛法的善巧智慧，七、深入莊嚴佛法的善巧智慧，八、以一種方便進入佛法的善巧智慧，九、無量方便趣入佛法的善巧智慧，十、了知無邊佛法無有差別的善巧智慧，以及以自心和自力，對一切佛法從不退轉的善巧智慧。就是這十種善巧智慧。

佛子啊！菩薩摩訶薩聽聞此法之後，都應該發心，恭敬受持。為什麼呢？因為受持這個法門的菩薩摩訶薩，只要微少的造作，就能立刻證得無上正等正覺，具足一切佛法，完全等同過去、現在、未來的三世諸佛教法。

這時，因為佛陀的威神力，本然一法如是，十方各有十個不可說百千億那由他佛國剎土微塵數的世界，忽然都產生六種震動，並且雨下了超過諸天的一切華雲、香雲、末香雲、衣蓋、幢幡、摩尼寶珠等，以及一切莊嚴具足的妙雲。又雨下許多歌伎舞樂雲；雨下不可說如來妙勝色身雲；雨下不可說的讚歎如來善哉雲；雨下如來音聲充滿一切法界雲；雨下不可說莊嚴世界雲；雨下不可說使菩提增長雲；雨下不可說的光明照耀雲；雨下不可說的神力說法雲。

這時，因為佛陀的威神力，本然一法如是，十方各超過十個不可說佛國剎土微塵數的世界，有十個佛國剎土微塵數的菩薩摩訶薩前來拜訪這個國土。他們充滿了十方，說了這些話：

善哉！善哉！佛子啊！你能演說諸佛如來的最大誓願、授記的深法，真是太好了！佛子啊！我們這些人共同的名號，都叫做「普賢」。都各從普勝世界的普幢自在如來佛土來到這裡。都是以佛陀的神力，在一切處所演說這個法門。就如同在這個大眾聚會你所演說的，一切都平等無二，沒有增減。我們都是承蒙佛陀威神力的加持而來到這個道場，為你作證。就像這個道場所發生的情形，有十個佛國剎土微塵數的菩薩前來作證，十方一切世界中也是如此。

這時，普賢菩薩摩訶薩以佛陀威神力，以及自己善根的力量，觀察十方及一切法界，想要開示菩薩行；想要宣說如來的菩提境界；想要宣說大願的境界；想要宣說一切世界的時劫數量；想要說明諸佛隨著因緣時節出現；想要宣說如來為根器成熟的眾生示現，讓眾生供養；想要說明如來出現世間，恩德無量而功不唐捐；想要說明所種的善根必定會獲得善果；想要說明大威德的菩薩，如何為眾生現形說法，讓眾生開悟。所以普賢菩薩就宣說如下的偈頌：

汝等應生歡喜，捨離於諸蓋纏，
一心恭敬諦聽，菩薩諸大願行。
往昔諸菩薩眾，最勝人中師子，
如彼所有修行，我當次第宣說。
亦說諸劫數量，世界並與諸業，
及以無等至尊，於彼處而出興。
如是過去諸佛，大願出於世間，
云何而為眾生，滅除諸般苦惱？
一切論中師子，所行相續圓滿，
得佛平等妙法，一切智慧境界。

見於過去世時，一切人中師子，
廣放大光明網，普照十方世界。
思惟發此大願：我當作世間燈，
具足諸佛功德，十方一切智慧。
一切諸般眾生，貪恚痴心熾然，
我當悉為救脫，令除滅惡道苦。
發起如是誓願，堅固而不退轉，
具修菩薩大行，獲證十無礙力。
如是發誓願已，修行而無退怯，
所作悉皆不虛，說名論中師子。
於一賢劫之中，千佛出興於世，
彼等所有普眼，我當次第宣說。
於一賢劫之中，無量時劫亦然，
彼等未來佛行，我當分別宣說。
如同一佛剎種，無量佛剎亦然，
未來十力至尊，諸行我今宣說。

諸佛次第興世，隨願隨于名號，
隨彼所得授記，隨其所得壽命。
隨所修習正法，專求無礙大道，
隨所化導眾生，正法住於世間。
隨所清淨佛剎，眾生以及法輪，
演說時與非時，次第清淨群生。
隨諸眾生業力，所行以及信解，
上中下各不同，教化彼令修習。
入於如是智慧，修其最殊勝行，
常作普賢事業，廣度一切眾生。
身業無有障礙，語業悉皆清淨，
意行亦復如是，三世靡不皆然。
菩薩如是行持，究竟達普賢道，
出生清淨智日，普遍照於法界。
未來世中諸劫，國土不可說數，
一念悉皆了知，於彼無所分別。

行者乃能趣入，如是最殊勝地，
此諸菩薩教法，我當宣說少分。

智慧無有邊際，通達諸佛境界，
一切悉皆善入，所行決不退轉。

具足普賢智慧，成滿普賢大願，
入於無等大智，我當宣說彼行。

於一微塵之中，悉見一切世界，
眾生若有聞者，迷亂心生發狂。

如於一微塵中，一切塵中亦然，
世界悉入其中，如是不可思議。

一一塵中皆有：十方三世諸法，
趣剎皆無限量，悉能分別了知。

一一塵中皆有：無量種種佛剎，
種種悉皆無量，於一靡不了知。

法界之中所有：種種諸般異相，
趣類各各差別，悉能分別了知。

深入微細智慧，分別諸般世界，
一切時劫成壞，悉能明了宣說。
了知諸劫修短，三世即為一念，
眾行同與不同，悉能分別了知。
深入諸般世界，廣大與非廣大，
一身無量剎土，一剎無量妙身。
十方之中所有，異類諸般世界，
廣大無量眾相，一切悉能了知。
一切三世之中，無量諸國剎土，
具足甚深智慧，悉了彼成敗壞。
十方諸般世界，有成或有敗壞，
如是不可說數，賢德悉能深了。
或有諸國剎土，種種妙地嚴飾，
諸趣亦復皆然，斯由業力清淨。
或有諸般世界，無量種種雜染，
斯由眾生所感，一切如其所行。

無量無邊剎土，了知即為一剎，
如是入於諸剎，其數不可了知。
一切所有世界，悉入一剎之中，
世界亦不為一，亦復無有雜亂。
世界有仰有覆，或高或復低下，
皆是眾生心想，悉能分別了知。
廣博諸世界中，無量無有邊際，
了知種種是一，知一即是種種。
普賢諸佛真子，能以普賢智慧，
了知諸剎數量，其數無有邊際。
了知諸世界化，剎土化眾生化，
法化諸佛幻化，一切悉皆究竟。
一切諸世界中，微細廣大剎土，
種種殊異莊嚴，皆由淨業所起。
無量諸佛真子，善學入於法界，
神通力得自在，普遍於十方界。

眾生數等時劫，說彼世界名字，
亦不能令窮盡，唯除佛陀開示。
世界及佛如來，種種一切名號，
經於無量時劫，說之不可窮盡。
何況最勝智慧，三世諸佛妙法，
從於法界出生，充滿如來境地。
清淨無礙心念，無邊無礙智慧，
分別演說法界，得至達於彼岸。
過去諸世界中，廣大以及微細，
修習所有莊嚴，一念悉能了知。
其間人中師子，修佛種種妙行，
圓成於等正覺，示現一切自在。
如是未來世中，次第無量時劫，
所有人中至尊，菩薩悉能了知。
所有一切行願，所有諸種境界，
如是精勤修行，於中圓成正覺。

亦了知彼眾會，壽命化導眾生，
以此諸般法門，為眾轉正法輪。
菩薩如是了知，安住普賢行地，
智慧悉皆明了，出生一切諸佛。
現在世間所攝，一切諸佛國土，
深入此諸剎土，通達於法界中。
彼諸世界之中，現在一切諸佛，
於法成得自在，言語無所障礙。
亦了知彼眾會，淨土應化之力，
窮盡無量億劫，恆常思惟是事。
調御世間至尊，所有大威神力，
無盡智慧寶藏，一切悉了能知。
出生無礙妙眼，無礙耳鼻身等，
無礙廣長舌相，能令大眾歡喜。
最勝無礙心生，廣大普皆清淨，
智慧遍達充滿，悉知三世妙法。

善學一切教化，剎土化眾生化，
世間化調伏化，究竟化至彼岸。
世間種種差別，皆由於心想住，
入佛方便智慧，於此能悉明了。
眾會不可說數，一一皆為現身，
悉使見於如來，度脫無邊眾生。
諸佛甚深智慧，如日出于世間，
一切國土之中，普現無有休息。
了達諸世間中，假名無有真實，
眾生以及世界，如夢亦如光影。
於諸世間法中，不生分別見解，
善離諸分別者，亦不見于分別。
無量無數時劫，解之即為一念，
知念亦為無念，如是見于世間。
無量諸佛剎土，一念悉皆超越，
經於無量時劫，不動於其本處。

不可說數諸劫，即是須臾頃間，
莫見修長與短，究竟剎那法際。
心住於世間中，世間住於心中，
於此既不妄起，二與非二分別。
眾生世界時劫，諸佛以及佛法，
一切宛如幻化，法界悉皆平等。
依於無二智慧，出現人中師子，
不著無二妙法，了知無二非二。
了知諸世間中，如焰亦如光影，
如響亦如夢幻，如幻如同變化。
如是隨順趣入，諸佛所行之處，
成就普賢智慧，普照甚深法界。
眾生剎土染著，一切皆悉捨離，
而興于大悲心，普清淨諸世間。
菩薩恆常正念，議論師子妙法，
清淨宛如虛空，而興廣大方便。

見世恆常迷倒，發心咸皆救度，
所行悉皆清淨，普遍于諸法界。
諸佛以及菩薩，佛法及世間法，
若見其中真實，一切皆無差別。
佛如來法身藏，普入于世間中，
雖在於世間中，於世無所染著。
譬如清淨之水，影像無有來去，
法身遍于世間，當知亦復如是。
如是遠離染著，身世皆得清淨，
湛然宛如虛空，一切亦無有生。
知身無有窮盡，無生亦無有滅，
非常亦非無常，示現于諸世間。
除滅諸般邪見，開示於正知見，
法性無有來去，不著我與我所。
譬如工巧幻師，示現種種事相，
其來無所從來，去亦無所去至。

幻性非有計量，亦復非無計量，
於彼大眾之中，示現量與無量。
以此寂定之心，修習諸般善根，
出生一切諸佛，非量與非無量。
有量以及無量，皆悉同是妄想，
了達一切眾趣，不著量與無量。
諸佛甚深妙法，廣大甚深寂滅，
甚深無量智慧，了知甚深諸趣。
菩薩遠離迷倒，心淨恆常相續，
善巧以神通力，廣度無量眾生。
未安者令安穩，安者示現道場，
如是遍于法界，其心無所染著。
不住於實際中，亦不入於涅槃，
如是遍於世間，開悟一切群生。
法數多眾生數，了知而不染著，
普雨於諸法雨，充洽諸般世間。

普於諸世界中，念念圓成正覺，
而修菩薩妙行，未曾有所退轉。
世間種種妙身，一切悉皆了知，
如是了知身法，則得諸佛之身。
普知諸般眾生，諸劫以及諸剎，
十方無有涯際，智海無不趣入。
眾生身無有量，一一為之現身，
佛身亦無有邊，智者悉皆觀見。
一念之所了知，出現諸佛如來，
經於無量時劫，稱揚不可窮盡。
諸佛能示現身，處處示般涅槃，
一念中經無量，舍利各有差別。
如是未來世中，若有求於佛果，
無量大菩提心，決定智慧悉知。
如是三世之中，所有諸佛如來，
一切悉能了知，名住普賢勝行。

如是分別了知，無量諸行勝地，
入於智慧之處，其輪永不退轉。
微妙廣大智慧，深入如來境地，
入已證不退轉，說名普賢智慧。
一切最勝至尊，普入佛陀境界。
修行不退轉地，證得無上菩提。
無量無邊之心，各各差別業力，
皆是心想積集，平等悉皆了知。
染污與非染污，學心與無學心，
不可說數諸心，念念中悉了知。
了知非一非二，非染亦非清淨，
亦復無有雜亂，皆從自心想起。
如是悉皆明見，一切諸眾生等，
心想各有不同，生起種種世間。
能以如是方便，修諸最勝妙行，
從諸佛法化生，得名號為普賢。

眾生悉皆妄起，善惡諸趣心想，
由是或生天上，或復墮地獄中。
菩薩觀察世間，妄想業力所起，
妄想無有邊故，世間亦無有量。
一切諸國剎土，想網之所現起，
幻網方便之故，一念悉皆能入。
眼耳鼻舌身等，意根亦復如是，
世間心想別異，平等皆能趣入。
一一眼根境界，無量眼皆趣入，
種種體性差別，其無量不可說。
所見無有差別，亦復無有雜亂，
各各隨於自業，受用其中果報。
普賢威力無量，悉能知彼一切，
一切眼之境界，大智悉能趣入。
如是一切世間，悉能分別了知，
而修習一切行，亦復無有退轉。

佛說與眾生說，及以國土言說，
三世如是言說，種種悉皆了知。
過去中之未來，未來中之現在，
三世互相得見，一一皆能明了。
如是無量種種，開悟所有世間，
一切智慧方便，邊際了不可得。

【註釋】

❶這品與下品在說明如來出現的因果。
❷上述說因，以下正說普賢行。
❸次為百萬障的大略，僅列一百障。

【原典】

爾時，普賢菩薩摩訶薩復告諸菩薩大眾言：

佛子！如向所演，此但隨眾生根器所宜，略說如來少分境界。何以故？諸佛世尊，為諸眾生，無智作惡，計我、我所，執著於身，顛倒疑惑，邪見分別，與諸結縛恆共相應，隨生死流遠如來道故，出興于世。佛子！我不見一法為大過失，如諸菩薩於他菩薩起瞋心者。何以故？佛子！若諸菩薩於餘菩薩起瞋恚心，即成就百萬障門故。何等為百萬障？所謂：不見菩提障；不聞正法障；生不淨世界障；生諸惡趣障；生諸難處障；多諸疾病障；多被謗毀障；生頑鈍諸趣障；壞失正念障；闕少智慧障；眼障；耳障；鼻障；舌障；身障；意障；惡知識障；惡伴黨障；樂習小乘障；樂近凡庸障；不信樂大威德人障；樂與離正見人同住障；生外道家障；住魔境界障；離佛正教障；不見善友障；善根留難障；增不善法障；得下劣處障；生邊地障；生惡人家障；生惡神中障；生惡龍、惡夜叉、惡乾闥婆、惡阿修羅、惡迦樓羅、惡緊那羅、惡摩睺羅伽、惡羅剎中障；不樂佛法障；習童蒙法障；樂著小乘障；不樂大乘障；性多驚怖障；心常憂惱障；愛著生死障；不專佛法障；不喜見聞佛自在神通障；不得菩薩諸根障；不行菩薩淨行障；退怯菩薩深心障；不生菩薩大願障；不發一切智心障；於菩薩行懈怠障；不能淨治諸業障；不能攝取大福障；智力不能明利障；斷於廣大智慧障；不護持菩薩諸行障；樂誹謗一切智語障；遠離諸佛菩提障；樂住眾魔境界障；不專修佛境界障；不決定發菩薩弘誓障；不樂與菩薩同住障；不求菩薩善根障；性多見疑障；心常愚闇障；不能行菩薩平等施故，起不捨障；不能持如來戒故，起破戒障；不能入堪忍門故，起愚癡、惱害、瞋恚障；不能行菩薩大精進故，起懈怠垢障；不能得諸三昧故，起散亂障；不修治般若波羅蜜故，起惡慧障；於處、非處中無善巧障；於度眾生中無方便障；於菩薩智慧中不能觀察障；於菩薩出離法中不能了知障；不成就菩薩十種廣大眼故，眼如生盲障；耳不聞無礙法故，口如啞羊障；不具相好故，鼻根破壞障；不能辨了眾生語言故，成就舌根障；輕賤眾生故，成就身根障；心多狂亂故，成就意根障；不持三種律儀故，成就身業障；恆起四種過失故，成就語業障；多生貪、瞋、邪見故，成就意業障；賊心求法障；斷絕菩薩境界障；於菩薩勇猛法中心生退怯障；於菩薩出離道中心生嬾惰障；於菩薩智慧光明門中心生止息障；於菩薩念力中心生劣弱障；於如來教法中不能住持障；於菩薩離生道不能親近障；於菩薩無失壞道不能修習障；隨順二乘正位障；遠離三世諸佛菩薩種性障。

佛子！若菩薩於諸菩薩起一瞋心，則成就如是等百萬障門。何以故？佛子！我不見有一法為大過惡，如諸菩薩於餘菩薩起瞋心者。是故，諸菩薩摩訶薩欲疾滿足諸菩薩行，應勤修十種法。何等為十？所謂：心不棄捨一切眾生，於諸菩薩生如來想，永不誹謗一切佛法，知諸國土無有窮盡，於菩薩行深生信樂，不捨平等虛空法界菩提之心，觀察菩提入如來力，精勤修習無礙辯才，教化眾生無有疲厭，住一切世界心無所著。是為十。

佛子！菩薩摩訶薩安住此十法已，則能具足十種清淨。何等為十？所謂：通達甚深法清淨，親近善知識清淨，護持諸佛法清淨，了達虛空界清淨，深入法界清淨，觀察無邊心清淨，與一切菩薩同善根清淨，不著諸劫清淨，觀察三世清淨，修行一切諸佛法清淨。是為十。

佛子！菩薩摩訶薩住此十法已，則具足十種廣大智。何等為十？所謂：知一切眾生心行智，知一切眾生業報智，知一切佛法智，知一切佛法深密理趣智，知一切陀羅尼門智，知一切文字辯才智，知一切眾生語言、音聲、辭辯善巧智，於一切世界中普現其身智，於一切眾會中普現影像智，於一切受生處中具一切智智。是為十。

佛子！菩薩摩訶薩住此十智已，則得入十種普入。何等為十？所謂：一切世界入一毛道，一毛道入一切世界；一切眾生身入一身，一身入一切眾生身；不可說劫入一念，一念入不可說劫；一切佛法入一法，一法入一切佛法；不可說處入一處，一處入不可說處；不可說根入一根，一根入不可說根；一切根入非根，非根入一切根；一切想入一想，一想入一切想；一切言音入一言音，一言音入一切言音；一切三世入一世，一世入一切三世。是為十。

佛子！菩薩摩訶薩如是觀察已，則住十種勝妙心。何等為十？所謂：住一切世界語言、非語言勝妙心，住一切眾生想念無所依止勝妙心，住究竟虛空界勝妙心，住無邊法界勝妙心，住一切深密佛法勝妙心，住甚深無差別法勝妙心，住除滅一切疑惑勝妙心，住一切世平等無差別勝妙心，住三世諸佛平等勝妙心，住一切諸佛力無量勝妙心。是為十。

佛子！菩薩摩訶薩住此十種勝妙心已，則得十種佛法善巧智。何等為十？所謂：了達甚深佛法善巧智，出生廣大佛法善巧智，宣說種種佛法善巧智，證入平等佛法善巧智，明了差別佛法善巧智，悟解無差別佛法善巧智，深入莊嚴佛法善巧智，一方便入佛法善巧智，無量方便入佛法善巧智，知無邊佛法無差別善巧智，以自心自力於一切佛法不退轉善巧智。是為十❶。佛子！菩薩摩訶薩聞此法已，咸應發心，恭敬受持。何以故？菩薩摩訶薩持此法者，少作功力，疾得阿耨多羅三藐三菩提，皆得具足一切佛法，悉與三世諸佛法等。

爾時，佛神力故，法如是故，十方各有十不可說百千億那由他佛剎微塵數世界六種震動，雨出過諸天一切華雲、香雲、末香雲、衣蓋、幢幡、摩尼寶等及以一切莊嚴具雲，雨眾妓樂雲，雨諸菩薩雲，雨不可說如來色相雲，雨不可說讚歎如來善哉雲，雨如來音聲充滿一切法界雲，雨不可說莊嚴世界雲，雨不可說增長菩提雲，雨不可說光明照耀雲，雨不可說神力說法雲。如此世界四天下菩提樹下菩提場菩薩宮殿中，見於如來成等正覺演說此法，十方一切諸世界中悉亦如是。

爾時，佛神力故，法如是故，十方各過十不可說佛剎微塵數世界外，有十佛剎微塵數菩薩摩訶薩來詣此土，充滿十方，作如是言：善哉善哉！佛子！乃能說此諸佛如來最大誓願授記深法。佛子！我等一切同名普賢，各從普勝世界普幢自在如來所來詣此土，悉以佛神力故，於一切處演說此法；如此眾會，如是所說，一切平等無有增減。我等皆承佛威神力，來此道場為汝作證。如此道場，我等十佛剎微塵數菩薩而來作證，十方一切諸世界中悉亦如是。

爾時，普賢菩薩摩訶薩以佛神力、自善根力，觀察十方洎于❷法界，欲開示菩薩行，欲宣說如來菩提界，欲說大願界，欲說一切世界劫數，欲明諸佛隨時出現，欲說如來隨根熟眾生出現令其供養，欲明如來出世功不唐捐，欲明所種善根必獲果報，欲明大威德菩薩為一切眾生現形說法令其開悟，而說頌言：

汝等應歡喜，捨離於諸蓋，一心恭敬聽，菩薩諸願行。

往昔諸菩薩，最勝人師子，如彼所修行，我當次第說。
亦說諸劫數，世界并諸業，及以無等尊，於彼而出興。
如是過去佛，大願出于世，云何為眾生，滅除諸苦惱？
一切論師子，所行相續滿，得佛平等法，一切智境界。
見於過去世，一切人師子，放大光明網，普照十方界。
思惟發是願：「我當作世燈，具足佛功德，十力一切智。
一切諸眾生，貪恚癡熾然；我當悉救脫，令滅惡道苦。」
發如是誓願，堅固不退轉，具修菩薩行，獲十無礙力。
如是誓願已，修行無退怯，所作皆不虛，說名論師子。
於一賢劫中，千佛出于世，彼所有普眼，我當次第說。
如一賢劫中，無量劫亦然，彼未來佛行，我當分別說。
如一佛剎種，無量剎亦然，未來十力尊，諸行我今說。
諸佛次興世，隨願隨名號，隨彼所得記，隨其所壽命，
隨所修正法，專求無礙道；隨所化眾生，正法住於世；
隨所淨佛剎，眾生及法輪，演說時非時，次第淨群生；
隨諸眾生業，所行及信解，上中下不同，化彼令修習。

入於如是智，修其最勝行，常作普賢業，廣度諸眾生。
身業無障礙，語業悉清淨，意行亦如是，三世靡不然。
菩薩如是行，究竟普賢道，出生淨智日，普照於法界。
未來世諸劫，國土不可說，一念悉了知，於彼無分別。
行者能趣入，如是最勝地，此諸菩薩法，我當說少分。
智慧無邊際，通達佛境界，一切皆善入，所行不退轉。
具足普賢慧，成滿普賢願，入於無等智，我當說彼行。
於一微塵中，悉見諸世界，眾生若聞者，迷亂心發狂。
如於一微塵，一切塵亦然，世界悉入中，如是不思議。
一一塵中有，十方三世法，趣剎皆無量，悉能分別知。
一一塵中有，無量種佛剎，種種皆無量，於一靡不知。
法界中所有，種種諸異相，趣類各差別，悉能分別知。
深入微細智，分別諸世界，一切劫成壞，悉能明了說。
知諸劫修短，三世即一念，眾行同不同，悉能分別知。
深入諸世界，廣大非廣大，一身無量剎，一剎無量身。
十方中所有，異類諸世界，廣大無量相，一切悉能知。

一切三世中，無量諸國土，具足甚深智，悉了彼成敗。
十方諸世界，有成或有壞，如是不可說，賢德悉深了。
或有諸國土，種種地嚴飾；諸趣亦復然，斯由業清淨。
或有諸世界，無量種雜染；斯由眾生感，一切如其行。
無量無邊剎，了知即一剎，如是入諸剎，其數不可知。
一切諸世界，悉入一剎中，世界不為一，亦復無雜亂。
世界有仰覆，或高或復下，皆是眾生想，悉能分別知。
廣博諸世界，無量無有邊，知種種是一，知一是種種。
普賢諸佛子，能以普賢智，了知諸剎數，其數無邊際。
知諸世界化，剎化眾生化，法化諸佛化，一切皆究竟。
一切諸世界，微細廣大剎，種種異莊嚴，皆由業所起。
無量諸佛子，善學入法界，神通力自在，普遍於十方。
眾生數等劫，說彼世界名，亦不能令盡，唯除佛開示。
世界及如來，種種諸名號，經於無量劫，說之不可盡。
何況最勝智，三世諸佛法，從於法界生，充滿如來地！
清淨無礙念，無邊無礙慧，分別說法界，得至於彼岸。

過去諸世界，廣大及微細，修習所莊嚴，一念悉能知。
其中人師子，修佛種種行，成於等正覺，示現諸自在。
如是未來世，次第無量劫，所有人中尊，菩薩悉能知。
所有諸行願，所有諸境界，如是勤修行，於中成正覺。
亦知彼眾會，壽命化眾生，以此諸法門，為眾轉法輪。
菩薩如是知，住普賢行地，智慧悉明了，出生一切佛。
現在世所攝，一切諸佛土，深入此諸剎，通達於法界。
彼諸世界中，現在一切佛，於法得自在，言論無所礙。
亦知彼眾會，淨土應化力，盡無量億劫，常思惟是事。
調御世間尊，所有威神力，無盡智慧藏，一切悉能知。
出生無礙眼，無礙耳鼻身，無礙廣長舌，能令眾歡喜。
最勝無礙心，廣大普清淨，智慧遍充滿，悉知三世法。
善學一切化，剎化眾生化，世化調伏化，究竟化彼岸。
世間種種別，皆由於想住，入佛方便智，於此悉明了。
眾會不可說，一一為現身，悉使見如來，度脫無邊眾。
諸佛甚深智，如日出世間，一切國土中，普現無休息。

了達諸世間，假名無有實，眾生及世界，如夢如光影。
於諸世間法，不生分別見，善離分別者，亦不見分別。
無量無數劫，解之即一念，知念亦無念，如是見世間。
無量諸國土，一念悉超越，經於無量劫，不動於本處。
不可說諸劫，即是須臾頃，莫見修與短，究竟剎那法。
心住於世間，世間住於心，於此不妄起，二非二分別。
眾生世界劫，諸佛及佛法，一切如幻化，法界悉平等。
普於十方剎，示現無量身，知身從緣起，究竟無所著。
依於無二智，出現人師子，不著無二法，知無二非二。
了知諸世間，如焰如光影，如響亦如夢，如幻如變化。
如是隨順入，諸佛所行處，成就普賢智，普照深法界。
眾生剎染著，一切皆捨離，而興大悲心，普淨諸世間。
菩薩常正念，論師子妙法，清淨如虛空，而興大方便。
見世常迷倒，發心咸救度，所行皆清淨，普遍諸法界。
諸佛及菩薩，佛法世間法，若見其真實，一切無差別。
如來法身藏，普入世間中，雖在於世間，於世無所著。

譬如清淨水，影像無來去；法身遍世間，當知亦如是。
如是離染著，身世皆清淨，湛然如虛空，一切無有生。
知身無有盡，無生亦無滅，非常非無常，示現諸世間。
除滅諸邪見，開示於正見，法性無來去，不著我我所。
譬如工幻師，示現種種事，其來無所從，去亦無所至。
幻性非有量，亦復非無量，於彼大眾中，示現量無量。
以此寂定心，修習諸善根，出生一切佛，非量非無量。
有量及無量，皆悉是妄想，了達一切趣，不著量無量。
諸佛甚深法，廣大深寂滅，甚深無量智，知甚深諸趣。
菩薩離迷倒，心淨常相續，巧以神通力，度無量眾生。
未安者令安，安者示道場，如是遍法界，其心無所著。
不住於實際，不入於涅槃，如是遍世間，開悟諸群生。
法數眾生數，了知而不著，普雨於法雨，充洽諸世間。
普於諸世界，念念成正覺，而修菩薩行，未曾有退轉。
世間種種身，一切悉了知；如是知身法，則得諸佛身。
普知諸眾生，諸劫及諸剎，十方無涯際，智海無不入。

眾生身無量，一一為現身；佛身無有邊，智者悉觀見。
一念之所知，出現諸如來，經於無量劫，稱揚不可盡。
諸佛能現身，處處般涅槃，一念中無量，舍利各差別。
如是未來世，有求於佛果，無量菩提心，決定智悉知。
如是三世中，所有諸如來，一切悉能知，名住普賢行。
如是分別知，無量諸行地，入於智慧處，其輪不退轉。
微妙廣大智，深入如來境，入已不退轉，說名普賢慧。
一切最勝尊，普入佛境界，修行不退轉，得無上菩提。
無量無邊心，各各差別業，皆由想積集，平等悉了知。
染污非染污，學心無學心，不可說諸心，念念中悉知。
了知非一二，非染亦非淨，亦復無雜亂，皆從自想起。
如是悉明見，一切諸眾生，心想各不同，起種種世間。
以如是方便，修諸最勝行，從佛法化生，得名為普賢。
眾生皆妄起，善惡諸趣想，由是或生天，或復墮地獄。
菩薩觀世間，妄想業所起，妄想無邊故，世間亦無量。
一切諸國土，想網之所現，幻網方便故，一念悉能入。

眼耳鼻舌身，意根亦如是，世間想別異，平等皆能入。
一一眼境界，無量眼皆入，種種性差別，無量不可說。
所見無差別，亦復無雜亂，各隨於自業，受用其果報。
普賢力無量，悉知彼一切，一切眼境界，大智悉能入。
如是諸世間，悉能分別知，而修一切行，亦復無退轉。
佛說眾生說，及以國土說，三世如是說，種種悉了知。
過去中未來，未來中現在，三世互相見，一一皆明了。
如是無量種，開悟諸世間，一切智方便，邊際不可得。

註釋

❶以上共舉出十一種佛法善巧智。

❷「于」，大正本原作「乎」，今依明本改之。

白話華嚴經 第五冊

如來出現品 第三十七

如是我聞

卷五十 導讀

THE HUA-YEN SUTRA

如來出現品　導讀

如來出現品第三十七是第七會重普光明殿會的最後一品，是由普賢菩薩說明如來出世的因緣構成。本品品名，《六十華嚴》作〈寶王如來性起品〉；慈恩寺梵本作〈說如來性起品〉；竺法護翻譯的單行經作《佛說如來興顯經》。舊譯的「性起」，據慧苑《刊定記》所說，梵本中並無「性」字，「起」應是「生」之譯。所以「性起」已加入了本品內文所顯的意義了，而不論「興顯」、「起」、「出現」，都同是「生」的翻譯。

本品在整部《華嚴經》中，地位相當重要，尤其舊譯為「性起」，使得「性起」思想成為華嚴宗思想的一個特色。法藏《探玄記》卷十六即用相當的篇幅來說明性起的意義。智儼在《孔目章》卷四〈性起品明性起章〉中，解釋「性起」道：「性起者，明一乘法界緣起之際，本來究竟，離於修造。何以故？以離相故，起在大解大行，離分別菩提心中，名為起也。由是緣起性故，說為起。起即不起，不起者是性起。」智儼的「起即不起，不起者是性起」，是「性起」的名論。法藏《探玄記》則以十門論性起，即：一、分相門，

二、依持門，三、融攝門，四、性德門，五、定義門，六、染淨門，七、因果門，八、通局門，九、分齊門，十、建立門。在「分相門」中，法藏分性起為理性起、行性起和果性起，本品主要是在說果性起法。而「定義門」中則以四種道理解釋佛乃待緣成道何以稱性起之緣由，主要是由果海、性體、緣成無性、淨用順真等四個角度來說明稱性而起之理。

本品與〈普賢行品〉相成，一是說修顯之如來果德，一是明修顯之普賢圓因，雖是平等因果，而不壞因果相，所以先因後果。性起的自體因相，即普賢無盡大行；而自體果海，則是絕於言說的佛海。所以上品明普賢行，而本品則明如來出現、如來性起。

本品可分成七個部份：一、佛放光加持，二、本昔因緣，三、請說，四、正說如來出現，五、出名受持，六、現瑞證成，七、以偈頌總攝。首先佛由白毫相中放光，名為「如來出現」，即光中有佛成道之相等，而入於妙德菩薩頭頂。妙德啓請後，佛再由口中放光，名「無礙無畏」，入普賢菩薩口中。妙德菩薩啓問普賢放光瑞相之因緣，普賢菩薩說本昔因緣，即往昔如來如此放光，普賢便宣說如來出現法門。經由妙德請說之後，普賢便正說如來出現因緣。妙德請說有十，即：如來出現總說、身、語、意三業、境界、所行之行、成道、轉法輪、入涅槃、見聞得益等十法。

總說如來出現，將無量因緣略攝為十相，並舉十喻說明。一、大千興造喻，即大千世界乃無性眾緣合成，佛出世亦順法性無生無作而成就。二、洪霔大千喻，即成就如來出現之大法雨唯大菩薩能持，如唯大千界能持洪霔大雨一般。三、雲雨無從喻，即雲雨來無所從、去無所至，如來出世也是如此。四、大雨難知喻，此大雨唯摩醯首羅知，如來出世大雨唯菩薩能知。五、大雨成敗喻，即佛能滅煩惱成德行。六、一雨隨別喻，即一音說法隨類各得其解。七、勝處先成喻，即所化善根不同。八、事別由因喻，眾生善根不同，所以如來出生種種不同功德。九、四輪相依喻，如來慈悲益生，慈悲依善巧方便，巧便如來出現，如來出現依慧光，慧光無依。十、大千饒益喻，如來出現饒益無量眾生。總說十喻後結頌重說。

普賢菩薩接下來說如來出現的身相有十相，也舉十喻說明。一、虛空周遍，二、空無分別，三、日光饒益，四、日光等照，五、日益生盲，六、日光奇特，七、梵王普現，八、醫王延壽，九、摩尼利物，十、寶王滿願。其中日光等照喻的日光先照高山，後照平地，為中國華嚴、天台等判教時相當重要的經證。而日益生盲喻，則是如來利益眾生無量的表現。

如來出現之音聲也有十相十喻。一、劫盡唱聲，二、響聲隨緣，三、天鼓開覺，四、天女妙聲，五、梵聲及常，六、眾水一味，七、降雨滋榮，八、漸降成熟，九、降霔難思。十、遍降種種。如來心意也有十相十喻。一、虛空無依為依，二、法界湛然，三、大海潛益，四、大寶出生，五、珠消海水，六、虛空含受，七、藥王生長，八、劫火燒盡，

九、劫風持壞，十、塵含經卷。

其次，如來正覺的境界無量無邊，心境界無量即是如來境界無量。此有三喻：一、降而無從，二、海水從心，三、海水宏深。如來正覺所行有二，即無礙行及真如行。如來之出現成正覺乃由行因而致之果，此成正覺共以十門說明：一、總明體相，二、印現萬機，三、性相甚深，四、三輪平等，五、因果交徹，六、體離虧盈，七、相無增減，八、用該動寂，九、周於法界，十、普遍諸心。如來之出現轉法輪是成正覺之後理必當轉的，但如來以心之自在力能無起、無轉而轉法輪，轉法輪有二喻之義：文字無盡及遍入無住。如來入涅槃，實如來無出世，也不入涅槃，為眾生而示現涅槃，以由此因緣得度。於如來見聞所種善根，必定不虛，功德深遠直到佛地。

此如來功德深遠之法門為如來秘密之藏，所以也有一別行經經名作《如來祕密藏經》。普賢菩薩說完如來出現十法後，佛現瑞應，十方普賢前來證成，而後普賢菩薩說偈讚佛，總結如來出現之義。

大方廣佛華嚴經卷　第五十

如來出現品❶　第三十七之一

【白話語譯】

這時，世尊從兩眉之間的白毫放出大光明，名為：如來出現光明，並有無量百千億那由他阿僧祇光明為隨從眷屬。這光明普照十方盡虛空法界一切世界，右遶十匝。示現了如來的無量自在時，覺悟無數的菩薩大眾，震動十方世界，除滅一切惡道的痛苦。這光明遮蔽了一切諸魔的宮殿，示現諸佛如來端坐菩提座上圓滿成就正覺，以及一切道場的大眾集會。如來出現的光明做了這些事之後，又回來右遶菩薩眾，照入如來性起妙德菩薩的頭頂。

這時，眾人無不身心踊躍，心生歡喜，心裡面都這樣想著：

真是奇特希有啊！今天如來放出廣大光明，一定是要演說甚深大法。

這時，如來性起妙德菩薩在蓮華座上，偏袒右肩，右跪合掌，一心向佛，說了如下的偈頌：

正覺功德大智慧出，普達境界到于彼岸，
等於三世諸佛如來，是故我今恭敬頂禮。
已昇至無相境界岸，而現妙相莊嚴妙身，
放於離垢千種光明，破魔軍眾咸令窮盡。
十方所有一切世界，悉能震動無復有餘，
未曾恐怖任一眾生，善逝大威神力如是。
虛空法界體性平等，已能如是而得安住，
一切含生具無數量，咸令滅惡除眾垢穢。
苦行勤勞無數時劫，成就最上菩提大道，
於諸境界智慧無礙，與一切佛同其體性。
導師放此廣大光明，震動十方一切世界，
已現無量神通威力，而復還來入于我身。
決定法中能善巧學，無量菩薩皆來集會，
令我發起問法之心，是故我今請問法王。
今此眾會悉皆清淨，善能度脫一切世間，
智慧無邊無有染著，如是賢勝咸皆來集。

利益世間為尊導師，智慧精進悉皆無量，
今以光明普照大眾，令我問於無上大法。
誰於大仙甚深境界，而能真實具足開演？
誰是如來法之長子？世間尊導祈願顯示！

這時，如來立刻從口中放出大光明，這光明叫做：無礙無畏光明。有百千億阿僧祇的光明作為眷屬，伴隨而來。普照十方窮盡虛空法界一切世界，右遶十匝，示現如來種種自在，開悟無量的菩薩，震動十方世界，除滅一切惡道的痛苦。光明顯赫，一切諸魔宮殿都隱藏不現。這光明又示現諸佛如來端坐菩提座成等正覺，以及一切道場的集會，然後便來右遶菩薩眾的集會，進入普賢菩薩摩訶薩的口中。光明進入菩薩的口中之後，普賢菩薩的身體及他的獅子座突然變天，超過了他原來的以及諸位菩薩的身相與寶座百倍，大會上除了如來的獅子寶座外，沒有其它菩薩的寶座大過普賢菩薩。

這時，如來性起妙德菩薩問普賢菩薩摩訶薩說：

佛子啊！佛所示現的廣大神通變化，能使諸位菩薩都心生歡喜，不可思議，世人都不知曉，這到底是哪一種瑞相？

普賢菩薩摩訶薩說：

佛子啊！我過去曾看見諸位如來、應、正等覺示現像這樣廣大的神通變化，每次看見這種端相時，就是諸佛宣說出現的法門。依我看來，今天這端相，應當是要宣說這個法門。

普賢菩薩說著說著，一切大地忽然震動，出生無量的問法光明。

這時，性起妙德菩薩問普賢菩薩說：

佛子啊！菩薩摩訶薩怎樣才能知道諸佛如來出現的法門呢？希望您能為我宣說。

佛子啊！這一切的無量百千億那由他菩薩的大眾聚會，實在是因為大家已經經過長久修持各種淨業，已經成就各種心念智慧。而且已經到達究竟的菩薩彼岸，具足諸佛的威儀行為，端正憶念諸佛，未曾忘失。因此能用大悲心觀察眾生，決定了知諸大菩薩的神通境界。受諸佛神力加持，又受持一切如來妙法，具足如此等無量功德，都已來集會。

佛子啊！你曾在無量百千億那由他佛陀處所承事供養諸佛，成就菩薩最上的微妙行持。又獲得了各種禪定三昧門的自在，證入諸佛的祕密境界。又了知一切佛法，斷除大眾的疑惑。並已受諸佛如來神力加持，了知眾生的根器。因此能隨著眾生的心之所樂，為他們宣說其實解脫的大法。又能隨順諸佛的智慧演說達到究竟彼岸的佛法，你的功德如此無量。

善哉！佛子啊！希望你能為我們宣說如來、應、正等覺出現之法，還有他身體的妙相以及言語音聲，心意的境界，一切作為，證成佛道轉動法輪，乃至於示現證入般若涅槃，見聞親近佛陀所生的善根以及以上等等事相，希望你都能為我們宣說。

這時，如來性起妙德菩薩想重新說明這個意義，就向普賢菩薩宣說如下的偈頌：

善哉無礙廣大智慧，善覺無邊平等境界，
願說無量諸佛所行，佛子聞已悉皆欣慶。
菩薩云何隨順趣入，諸佛如來出興於世？
云何為身語心境界，及所行處願皆宣說？
云何諸佛圓成正覺？云何如來轉正法輪？
云何善逝入般涅槃？大眾聞已心生歡喜。
若有能見佛大法王，親近增長一切善根，
願說彼諸功德寶藏，眾生見已有何所獲。
若有得聞如來名稱，若現在世若涅槃時，
於彼福藏心生深信，有何等利願皆宣說。
此諸菩薩悉皆合掌，瞻仰如來仁者及我，
大功德海之妙境界，淨眾生者願皆為說。
願以因緣以及譬諭，演說妙法相應妙義，

眾生聞已發廣大心，疑盡智淨宛如虛空。

如遍一切國土之中，諸佛所現莊嚴妙身，

願以妙音以及因諭，示佛菩提亦如彼等。

十方千萬諸佛剎土，億那由他無量時劫，

如今所集菩薩大眾，於彼一切悉皆難見。

此諸菩薩咸皆恭敬，於微妙義心生渴仰，

願以淨心具足開演，如來出現廣大妙法。

這時，普賢菩薩摩訶薩告訴如來性起妙德等諸菩薩大眾說：

佛子啊！這個境界實在是不可思議！我們都知道：如來應、正、等覺是因為無量的妙法而得以出現的！為什麼呢？我們要知道以一種因緣，或是以一事，並不能成就如來出現世間的因緣。如來要以十種無量百千阿僧祇的事，才得以示現世間。是哪十種無量百千阿僧祇事？就是：一、以過去無量攝受一切眾生菩提心所成就的事。二、以過去無量清淨殊勝心志樂意所成就的事。三、以過去無量救護眾生大慈大悲所成就的事。四、以過去無量相續行願所成就的事。五、以過去無量修集各種福德智慧心無滿足所成就的事。六、以過去無量供養諸佛，教化一切眾生所成就的事。七、以過去無量智慧方便清淨道所成就的事。八、以過去無量清淨功德藏所成就的事。九、以過去無量莊嚴道智慧所成就的事。十、以過去無量通達法義所成就的事。佛子啊！如此無量阿僧祇法門的圓滿，才能成就如來出現世間。

佛子啊！❷就譬如三千大千世界，不是以一種因緣，也不是一事就可以成就的！而是必須以無量的因緣、無量清淨的事情才能成就。就是：當宇宙興布大雲，降注大雨時，必須相續依止四種風輪。是哪四種？一、能持的風輪，因為它能持大水。二、能消的風輪，因為它能消大水。三、建立的風輪，因為它能建立一切降雨處所。四、莊嚴的風輪，因為它能莊嚴地分布大雨，使其完全善巧。這些都是由於眾生的共業❸以及諸菩薩善根所發起的，因此才能使其中的眾生，各自隨著合適他們的境界而受用。

佛子啊！就是因為有這些無量的因緣，才能成就我們這個三千大千世界啊！

法的體性本然如是，沒有創生者，沒有了知者，也沒有成立者。但是這些世界還是得依止因緣才能成就。這就是：曾於過去諸佛的處所聽聞受持如大雲雨的大法，才能生起如來四種大智慧風輪。是哪四種呢？一、憶念總持不忘的陀羅尼大智慧風輪，因為它能總持諸佛如大雲雨的大法。二、出生止觀禪定的大智慧風輪，因為它能消除一切的煩惱。三、善巧迴向大智慧的風輪，因為它能夠成就一切善根。四、出生遠離塵垢與差別的莊嚴大智慧風輪，因為它能使過去所度化的眾生善根清淨，成就如來無漏善根業力。如來如是成就正等正覺，這是法性如此，無生、無作而得到成就。佛子啊！這是如來、應、正等覺出現的第一相，菩薩摩訶薩應如此了知。

再者❹，佛子啊！譬如三千大千世界將要形成時，有宇宙的大雲降雨，這個宇宙雨叫做：洪霆。原本所有的地方都不能承受、執持，只有大千世界將要成就的時候，才能承受執持。佛子啊！如來、應、正等覺也是如此地興起大法雲，雨下大法雨名為成就如來出現的。原本一切二乘的狹劣心志都不能承受，不能執持，除了諸大菩薩心相續的心力。佛子啊！這是如來、應、正等覺出現的第二相，菩薩摩訶薩應如此了知。

再者❺，佛子啊！譬如眾生因為業力的大雨降雨，這雲不知從何處來，也不知要往何處去，完全是依因緣而起。如來、應、正等覺也是如此，他以諸位菩薩的善根、願力興起大法雲，雨大法雨。無所從來，也無所往，完全是依因緣而起。佛子啊！這是如來、應、正等覺出現的第三相，菩薩摩訶薩應如此了知。

再者❻，佛子啊！譬如大雲降霆大而，大千世界的所有眾生沒有人能了知其數，如果要仔細計算，只會令人發狂而已。但是這個大千世界的主人——大自在天的摩醯首羅天王，因為過去所修的善根願力，卻能清楚了知所有的大雨。佛子啊！如來、應、正等覺也是如此，他興起的大法雲，雨下的大法雨，是一切眾生、聲聞、獨覺所不能了知。如果他們要仔細思量，必定會狂亂發瘋。除了一切世間主人——菩薩摩訶薩，因為他過去修習的覺悟智慧力量，才能連大法中的一個文字，一個句子，都非常清楚明了。佛子啊！這是如來、應、正、等覺出現的第四相，菩薩摩訶薩應如此了知。

再者❼，佛子啊！譬如大雲降雨時，有能除滅火災的能滅雲雨；有能興起大水的能起雲雨；有能止息大水的能止雲雨；有能成就一切摩尼寶的能成雲雨；有能分別三千大千世界的分別雲雨。佛子啊！如來的出現也是如此，能興起大法雲，雨下大法雨，有能消滅眾生煩惱的能滅法雨；有能生起眾生善根的能起法雨；有能停止眾生知見疑惑的能止法雨；有能成就智慧法寶的能成法雨；有能夠分別眾生心中悅樂的分別法雨。佛子啊！這就是如來、應、正等覺出現的第五相，菩薩摩訶薩應如此了知。

再者❽，佛子啊！譬如大法雨的水雖等同一味，但隨著雨下的因緣，卻有著無量的差別。如來的出現也是如此，他雖雨下大悲一味的法水，但隨順不同的因緣說法時，就有無量的差別。佛子啊！這是如來、應、正等覺出現的第六相，菩薩摩訶薩應如此了知。

再者❾，佛子啊！譬如三千大千世界剛開始成就時，最早成就的是色界天的諸天宮殿，然後是欲界天的欲天宮殿，人以及其他眾生的住處則是最後成就。佛子啊！如來的示現也是如此。他先生起菩薩一切行持的智慧，再生起緣覺諸行的智慧，再生起聲聞善根諸行智慧。然後再生起其他眾生有為善根的諸行智慧。佛子啊！譬如大雨雲的水雖同一味，但是隨諸眾生善根的差異，生起的宮殿就有種種不同。如來大悲的法雨雖然只有一味，但是卻因為隨順眾生根器而有所差別。佛子啊！這是如來、應、正等覺出現的第七相，菩薩摩訶薩應如是了知。

再者⑩，佛子啊！譬如世界剛要成就的時候，宇宙有大水生起，遍滿三千大千世界，出生名為如來出現功德寶莊嚴的大蓮華，這些蓮華普遍覆蓋水上，光明遍照十方一切世界。這時，色界四禪的摩醯首羅大自在天，以及淨居天的大眾見到這些蓮華後，當下馬上了知這個時劫有這些佛陀即將出興世間。佛子啊！這時，其中有叫做善淨光明的風輪生起，成就了色界諸天宮殿；有叫做淨光莊嚴的風輪生起，成就了欲界諸天宮殿；有叫做堅密無能壞的風輪生起，成就了大小諸輪圍山以及金剛山；有叫做勝高的風輪生起，成就了須彌山王；有叫做不動的風輪生起，成就了十大山王。是哪十大山呢？就是：一、佉陀羅山，二、仙人山，三、伏魔山，四、大伏魔山，五、持雙山，六、民陀羅山，七、目真鄰陀山，八、摩訶目真鄰陀山，九、香山，十、雪山。有叫做安住的風輪生起，成就了大地；有叫做莊嚴的風輪生起，成就了地上、天上的宮殿、龍的宮殿、乾闥婆的宮殿。有叫做無盡藏的風輪生起，成就了三千大千世界一切大海；有叫做普光明藏的風輪生起，成就了三千大千世界諸摩尼寶；有叫做堅固根的風輪生起，成就了一切的如意樹。

佛子啊！大雲所雨下的水都是同一味，沒有分別。但是因為善根彼此不同，風輪也不盡相同；因為風輪有種種差別，所成就的世界就有差別。

佛子啊！如來出現世間也是如此，他雖具足一切善根功德，能放出名為不斷如來種不思議的無上智慧光明，普照十方世界。這個大智光明能為諸菩薩灌頂授記，授記諸菩薩必當成就正覺，出興世間。

佛子啊！如來出現時又有名為清淨離垢的無上智慧光明，能夠成就如來無漏無盡的智慧。又有名為普照的無上智慧光明，能成就如來普入法界不可思議的智慧。又有名為持佛種性的無上智慧光明，能成就如來不傾動力。又有名為迴出無能壞的無上智慧光明，能成就如來無畏無壞的智慧。又有名為一切神通的無上智慧光明，能成就如來各種不同的法門，及一切智的智慧。又有名為出生變化的無上智慧光明，能成就如來，使見聞親近的眾生，所生的善根智慧都不壞失。又有名為普隨順的無上智慧光明，能成就如來無盡的福德智慧身，饒益一切的眾生。又有名為不可究竟的無上智慧光明，能成就如來甚深的妙智慧，隨順世人心之所樂而令他們都能開悟，永遠不會斷絕三寶種性。又有名為種種莊嚴的無上智慧光明，能成就如來妙相與莊嚴身，能使一切眾生心生歡喜。又有名為不可壞的無上智慧光明，能成就如來法界虛空界等殊勝壽命，沒有窮盡。

佛子啊！如來的大悲水等同一味，沒有分別。但是因為眾生的欲樂不同，根性各有差別，所以諸佛生起種種的大智慧風輪，使諸菩薩成就如來出現的法門。佛子啊！一切如來的體性一同，無二無別，但是卻能從大智輪中出生種種智慧光明。

佛子啊！你們應該了知如來能從一如的解脫味中，出生無量不可思議的種種功德。眾生心中或許會想：「這都是諸佛的神通力造就的。」佛子啊！這並非諸佛如來神通力所造就的。

佛子啊！有那一個菩薩，完全不曾在佛陀處所種下善根，而能得到諸佛如來少分智慧的？這是不可能的。因為諸佛的威德力，能使所有的眾生具足佛陀的功德。而諸佛如來卻無有分別，沒有成就，沒有毀壞，沒有造作者，也沒有造作的方法等種種分別。佛子啊！這是如來、應、正等覺出現的第八相，菩薩摩訶薩應如此了知。

再者⑪，佛子啊！就像依著虛空能生起四種能夠攝持水輪的風輪。是哪四種風輪？一、安住，二、常住，三、究竟，四、堅固。這四種風輪能攝持水輪，水輪能攝持整個大地，使大地不致散壞。所以說：地輪依止水輪，水輪依止風輪，風輪依止虛空，虛空無所依止。雖然虛空無所依止，但卻能使三千大千世界得以安住。

佛子啊！如來示現世間的情形也是如此，他依止無礙智慧光明生起的佛陀四種大智慧風輪，能攝持一切眾生的善根。是哪四種？就是：一、善於攝受眾生，使他們都得到歡喜的大智慧風輪。二、建立正法使眾生都生愛樂的大智慧風輪。三、守護一切眾生善根的大智慧風輪。四、具足一切方便通達無漏界的大智慧風輪。就是以上這四種風輪。

佛子啊！諸佛世尊能以大慈救護所有的眾生，以大悲度脫所有的眾生，以大慈大悲普遍饒益一切的眾生。然而大慈大悲得依止大方便善巧，大方便善巧得依止如來出現世間，如來出現世間得依止無礙智慧光明，但無礙智慧光明卻沒有依止的人事。佛子啊！以上就是如來、應、正等覺出現的第九相，菩薩摩訶薩應如是了知。

再者⓬，佛子啊！譬如三千大千世界成就之後，能饒益無量種種的眾生。就是：水族眾生因水而得饒益；陸地眾生因地而得饒益；宮殿眾生因宮殿而得饒益；虛空眾生因虛空而得饒益。

如來出現也是如此，能以種種功德饒益無量眾生。就是：見佛生歡喜者，能得歡喜利益；安住清淨戒者，能得清淨戒的利益；安住禪定及無量者，能得到神聖出世的大神通利益；安住法門光明者，能得到因果的不壞利益；安住無所有光明者，能得到一切法的不壞利益。所以說如來的出現，能饒益無量的眾生。

佛子啊！以上是為如來、應、正等覺出現的第十相。菩薩摩訶薩應如是了知。

佛子啊！⓭菩薩摩訶薩如了知如來出現，則能了知無量：因為他了知無量的行持，所以了知廣大；因為他了知周遍十方，所以了知無有來去；因為他了知遠離生、住、滅，所以了知無行與無所行；因為他遠離心意識，所以了知無身的境界；因為他的了知如虛空，所以了知平等：因為他了知一切眾生都無我，所以了知無窮盡；因為他了知遍滿一切佛國剎土無有窮盡，所以了知無有退失的境界；因為他了知窮盡後際無斷絕，所以了知無壞：

因為他了知如來智慧無有等化相對，所以了知無二；因為他了知平等觀察有為、無為，所以了知一切眾生皆得到饒益：因為他本願迴向自在圓滿。

普賢菩薩摩訶薩為了重新表明這個意義而說下面的偈頌：

十力大雄最為無上，譬如虛空無等等比，
境界廣大不可測量，功德第一超于世間。
十力功德無邊無量，心意思量所不能及，
人中師子之一法門，眾生億劫莫能了知。
十方國土碎為微塵，或有算計了知其數，
如來一毛功德數量，千萬億劫無能宣說。
如人持尺量於虛空，復有隨行計其數量，
虛空邊際不可得測，如來境界亦復如是。
或有能於剎那時頃，悉知三世眾生之心，
設經眾生數等時劫，不能了知佛一念性。
譬如法界遍于一切，然不可見取為一切，
十力境界亦復皆然，遍於一切亦非一切。
真如離妄恆常寂靜，無生無滅普皆周遍，

諸佛境界亦復皆然，體性平等不增不減。
譬如實際而非實際，普在三世亦非普時，
導師境界亦復如是，遍於三世皆無障礙。
法性無作無有變易，猶如虛空本然清淨，
諸佛性淨亦復如是，本性非性離於有無。
法性不在於言論中，無說離說恆皆寂滅，
十力境界體性亦然，一切文辭莫能相辯。
了知諸法體性寂滅，如鳥飛空無有蹤跡，
以本願力示現色身，令見如來廣大神變。
若有欲知諸佛境界，當淨其意宛如虛空，
遠離妄想及諸貪取，令心所向悉皆無礙。
是故佛子應善諦聽，我以少譬明佛境界，
十力功德不可測量，為悟眾生于今略說。
導師所示現於身業，語業心業諸般境界，
轉妙法輪入般涅槃，一切善根我今宣說。
譬如世界最初安立，非一因緣而可成就，

無量方便諸種因緣，成此三千大千世界。
如來出現亦復如是，無量功德乃得成就，
剎塵心念尚可了知，十力生因莫能計測。
譬如劫初雲澍下雨，而起四種廣大風輪，
眾生善根菩薩威力，成此三千界各安住。
十力法雲亦復如是，起智風輪清淨意念，
昔所迴向諸般眾生，普導令成無上大果。
如有大雨名為洪澍，無有處所能容受者，
唯除世界將成之時，清淨虛空廣大風力。
如來出現亦復如是，普雨法雨充滿法界，
一切劣意無能受持，唯除清淨廣大妙心。
譬如空中澍下大雨，無所從來無所從去，
作者受者悉亦皆無，自然如是普皆充洽。
十力法雨亦復如是，無去無來亦無造作，
本行為因菩薩大力，一切大心咸皆聽受。
譬如空雲澍下大雨，一切無能數其雨滴，

唯除三千自在之王，具功德力悉能明了。
善逝法雨亦復如是，一切眾生莫能測量，
唯除於世自在之人，明見如觀掌中珍寶。
譬如空雲澍下大雨，能滅能起亦能斷除，
一切珍寶悉能成就，三千所有悉皆分別。
十力法雨亦復如是，滅惑起善斷除諸見，
一切智寶皆使成就，眾生心樂悉皆分別。
譬如空中雨下一味，隨其所雨各有不同，
豈彼雨性有所分別，然隨物異法亦如是。
如來法雨非一非異，平等寂靜離于分別，
然隨所化種種殊異，自然如是無邊相貌。
譬如世界初成之時，先成色界諸天宮殿，
次及欲天次于人處，乾闥婆宮最後成就。
如來出現亦復如是，先起無邊菩薩妙行，
次化樂寂諸緣覺等，次聲聞眾後及眾生。
諸天初見蓮華瑞相，知佛當出心生歡喜，

水緣風力起於世間，宮殿山川悉亦成立。
如來宿善廣大光明，巧別菩薩與其授記，
所有智輪體性皆淨，各能開示演諸佛法。
譬如樹林依地而有，地依於水而得不壞，
水輪依風輪依空輪，而其虛空則無所依。
一切佛法依于慈悲，慈悲復依方便安立，
方便依智智依于慧，無礙慧身無所依恃。
譬如世界既成立已，一切眾生獲得其利，
地水所住及空居者，二足四足皆蒙利益。
法王出現亦復如是，一切眾生獲其利益，
若有見聞及親近者，悉使滅除諸惑煩惱。
如來出現法無邊際，世間迷惑莫能了知，
為欲開悟諸含識等，無譬諭中說其譬諭。

佛子啊！⓮菩薩摩訶薩應該如何見如來、應、正等覺之身？

佛子啊！⓯菩薩摩訶薩應該在無量處所見佛陀如來身。為什麼呢？菩薩摩訶薩不應僅只以一法、一事、一身、一國土、一眾生得見如來，應當在一切處所都見到如來。佛子啊！譬如虛空，能遍至一切的色相與非色相之處，但是卻也沒有遍至一切處，但是也不是沒有到達一切處。為什麼呢？因為虛空無身，如來身也是如此。雖然看來遍至一切處所，遍及一切眾生，遍滿一切法，遍及一切國土，然而卻不可以說他到達：也不可以說他沒到達。為什麼呢？因為如來身其實無身的呀！他只是為了眾生而示現。佛子啊！以上是如來身的第一相，諸菩薩摩訶薩應如是見。

再者⑯，佛子啊！譬如虛空寬廣沒有色相，但卻能顯現所有的顏色，但虛空仍然沒有分別，也沒有戲論。佛陀的身相也是如此，因為他的智慧光明普遍照明，因此能成就眾生世間、出世間的種種善根業力，而如來身仍然沒有分別，也沒有戲論。為什麼？因為如來從無始已來，早已斷除一切的執著，一切的戲論。佛子啊！以上就是如來身的第二相，諸菩薩摩訶薩應該如是看待。

再者⑰，佛子啊！譬如日出閻浮提時，得以饒益無量眾生。就是：轉黑闇為光明，轉濕氣為乾燥。並且使草木生長，成熟穀稼，廓徹虛空開敷蓮華，使行路的人見到道路，居住家中的人能開始作業。為什麼呢？因為日輪能普遍放出無量的光明。

佛子啊！諸佛的智日也是如此。他能以無量事業普遍利益眾生。就是：消滅諸惡，生起善根，轉愚痴為智慧，大慈救護眾生，大悲度脫眾生。使他們增長五根、五力、七覺分，生起深信，捨棄並遠離污濁之心；使他們得以見聞，不壞因果；使他們都能得到天眼，看見死亡、出生之處，使他們的心無礙、不壞善根：使他們的智慧修明，開出覺悟之華；使他們都能發心，成就根本的願行。為什麼呢？因為如來有廣大的智慧光明身，能放出無量光明普遍照耀。佛子啊！這是如來身的第三相，諸菩薩摩訶薩應該是如是明見了知。

再者⑱，佛子啊！譬如太陽出現閻浮提時，先照耀一切須彌山等諸大山王，次照山陰的黑暗處，再照高原，然後普照一切大地。太陽不會這樣想：「我先照這裡，然後照別處。」但是因為山地有高下，所以受日照就有先後。如來、應、正等覺也是如此，他雖然成就了無邊的法界智輪，恆常放出無礙的智慧光明，但是他的光明卻是先照菩薩摩訶薩等諸大山王，再照緣覺，再照聲聞，再照決定善根的眾生。隨著他們心量，開示他們廣大的智慧，然後普照一切的眾生，乃至普及邪定的人。這是為了利益未來的因緣，使他們成熟啊！而佛陀如來的大智日光不會這樣想：「我當先照菩薩大行者，乃至最後才照邪定的眾生。」他只是放出光明平等普照，無礙無障，沒有什麼分別。

佛子啊！譬如日月隨時出現，普照大山幽谷，無私無二，如來的智慧也是如此，普照一切，沒有分別。智慧光明之所以有種種不同，實在是隨著眾生的善根、欲念不同而顯現的啊！佛子啊！這就是如來身的第四相，諸菩薩摩訶薩應如是見。

再者，佛子啊！⑲譬如太陽出來的時候，天生的盲人因為沒有眼根，所以沒法看到日光。雖然他們看不見太陽，但是仍然可以從日光受益。為什麼呢？他們因為日光而得知晝夜時節，受用種種衣服飲食，調適自己的身體，遠離各種的疾患。

如來的智日也是如此。沒有信心，沒有了解，毀棄戒行，毀棄正見，以邪命、不正確的生活方式的人，就像天生沒有正信眼根的盲人，看不見諸佛智慧日輪。雖然他們看不見佛的智慧日輪，但是卻能受益於佛的智日。為什麼呢？因為佛陀的威神力，能消除所有的眾生身苦及種種煩惱，乃至未來的種種苦因。

佛子啊！佛陀有名為「積集一切功德」的光明；有名為「普照一切」的光明；有名為「清淨自在照」的光明；有名為出「大妙音」的光明；有名為「普解一切語言法使人歡喜」的光明；有名為「示現永斷一切疑自在境界」的光明；有名為「無住智自在普照」的光明；有名為「永斷一切戲論自在智」的光明；有名為「隨所應出妙音聲」的光明；有名為「出清淨自在」莊嚴國土「成熟眾生」的光明。

佛子啊！諸佛每一毛孔放出此等千種光明，五百光明普照下方；五百光明普照上方種種佛國剎土的種種佛陀處所。凡見到此光明的菩薩，一時都得到如來的境界，使十種頭、十種眼、十種耳、十種鼻、十種舌、十種身、十種手、十種足、十種地、十種智，都得到清淨。這些先前已經成就諸處、諸地的菩薩，一看見這個光明時，都變得更清淨，並且成熟一切善根，趣入一切智慧。安住二乘的，都能除滅一切的塵垢。其餘天生眼盲的眾生，不但身體得到快樂，心也能得到清淨，柔軟調伏，堪修念智。地獄、餓鬼、畜牲各個生趣的眾生，也都得到快樂，解脫眾苦，命終後都投生天上、人間。

佛子啊！眾生不知道自己是以何種因緣，以哪一位大神的威力而來此投生呢？若天生盲者就會這麼想：「我們生於天上、人間，我應該是梵天所造作化生的吧。」這時，如來安住在普自在的三昧，發出六十種妙音告訴他們說：「你們並非梵天造作的，也不是梵天所化生的，也非帝釋護世所造作。實在都是如來威神之力所生。」那些眾生聽到了之後，因為佛陀的威神力，所以無不了知自己的宿命，而心生歡喜。因為心生歡喜。自然又生出優曇華雲、香雲、音樂雲、衣雲、蓋雲、幢雲、幡雲、末香雲、寶雲、師子幢半月樓閣雲、歌詠讚歎雲，種種莊嚴雲等，他們都以尊重心供養佛陀。為什麼？因為這些眾生都得到了清淨的眼目。如來更為他們授記無上正等正覺。佛子啊！如來能以智日如是利益天生眼盲的人，成熟他們的善根。佛子啊！這是如來身的第五相，諸菩薩摩訶薩應如是見。

再者，佛子啊！⑳譬如月輪有四種奇特未曾有的法。是哪四種？一、光明照耀，掩蓋了一切星宿的光明。二、隨著不同時間而示現各種虧盈。三、在閻浮提澄淨的水中，影像無不示現。四、凡是看見月輪者，月輪無不正在眼前，而月輪仍是同一個，沒有幻化造作，沒有戲論。

佛子啊！如來身月也是如此，有四種奇特未曾有的法，是哪四種？就是：一、光明映照，使一切聲聞、獨覺、學、無學等暗淡無光。然後，隨著其所適宜的，示現壽命長短不同，而如來身卻毫無增減。二、在一切世界的清淨心眾生的菩提根器中，形影無不示現。三、凡是瞻仰面對的眾生，都說如來只示現在我眼前，因此能隨著眾生心樂而說法；隨順他們的地位使他們解脫；隨順應該受度化者，使得他們見佛身；而如來身實際上卻沒有任何分別，沒有戲論，所作利益都得到究竟圓滿。佛子啊！就是如來身的第六相，諸位菩薩摩訶薩應如是見。

再者㉑，佛子啊！譬如三千大千世界，大梵天王能以少許方便之力，在大千世界普遍示現他的身相，一切眾生都得以看見梵王示現自己眼前。而這個梵王實際上也不分身，也無種種身。佛子啊！諸佛如來也是如此，沒有分別，沒有戲論，既不分身，也無種種身。只是隨著眾生心中悅樂而示現身形，從來沒想要刻意示現若干種身相。佛子啊！這就是如來身的第七相，諸菩薩摩訶薩應如是見。

再者㉒，佛子啊！譬如醫王善於了知眾藥及各種咒論，閻浮提中所有的藥，他都能善加利用。又因為他宿世各種善根的力量、以大明咒力為方便，凡看見他的眾生，身上的病沒有不痊癒的。那位大醫王知道他的生命將終了，就說：「我命終之後，一切眾生無所依靠，我現在應該為他們方便示現。」這時，醫王把藥塗在身上，以明咒的力量來攝持，使他命終之後，身體不會毀壞，不會分散，也不會乾枯萎縮。威儀視聽與原本生前的肉身沒有差別，凡是需要治病的眾生只要看他的身體都能痊癒。

佛子啊！如來、應、正等覺，無上醫王也是如此，無量百千億那由他劫已經成就以來治鍊種種法藥，他因此能修學一切方便善巧大明咒力，到達彼岸。並且除滅眾生的各種煩惱病以及安住壽命，經過無量劫之後，他的身心清淨沒有思慮，沒有動用。但對一切佛事都未嘗休息，凡見到他的眾生，各種煩惱病無不消滅。佛子啊！這就是如來身的第八相，諸菩薩摩訶薩應如是見。

再者㉓，佛子啊！譬如大海有名為「集一切光明毘盧遮那藏」的摩尼寶。眾生只要一接觸這種光，顏色就會變得和它一樣；凡是看見的人，眼根莫不得到清淨。凡是它光明照耀之處，都雨下名為安樂的摩尼寶，一切眾生無不遠離病苦，而安穩調適。

佛子啊！諸佛如來也是如此，他是眾生的大寶，能聚集一切功德大智慧藏。眾生只要一接觸諸佛的寶智慧光，身體就會變得與佛身同一顏色；凡是看見佛陀的人，就會證得清淨的法眼。凡是心的光明照耀之處，眾生莫不因此遠離貧窮，乃至具足諸佛的菩提大樂。佛子啊！如來法身無所分別，也沒有戲論，所以能為眾生作大佛事。佛子啊！這就是為佛陀如來身的第九身相，諸菩薩摩訶薩應該是如是見。

再者㉔，佛子啊！譬如大海有名為一切世間莊嚴藏的如意摩尼寶王。具足成就百萬功德，凡它安住的處所，眾生所有的災患無不消除，所願都能圓滿具足；但是少福的眾生並沒法看見這個如意摩尼寶王。如來身如意寶王也是如此。名為：「能使一切眾生皆得歡喜」。如果有眾生能諸見佛身、聽聞佛名、讚佛功德，都能永離生死的苦患。假使一切世界、一切眾生，都能一時專心地想見如來，無不得見，所願皆得圓滿。

佛子啊！所以少福德的眾生並不能看見佛身，除非是如來以自在神力示現應當調伏的眾生面前。眾生只要一看見佛身便能種下善根，乃至成熟，這實在是因為眾生善根成熟，才能得見如來身相。佛子啊！這是如來身的第十相，諸位菩薩摩訶薩應如是見。

這都是因為如來的心量遍及十方，所行無礙，宛如虛空。普遍趣入法界，安住真如實際，無生無滅。平等安住三世，永離一切分別。安住於窮盡後際誓願，莊嚴清淨一切世界，莊嚴每一佛陀身，才能有此成就。

這時，普賢菩薩摩訶薩為了重新宣明這個意義，而說出下面的偈頌：

譬如虛空遍于十方，若色非色有與非有，
三世眾生身與國土，如是普在無邊際中。
諸佛其身亦復如是，一切法界無不遍達，
不可得見亦不可取，為化眾生而現其形。

譬如虛空不可取著，普使眾生造作聚業，
不念我今何所造作，云何我作為誰所作，
諸佛身業亦復如是，普使群生勤修善法，
如來未曾有所分別，我今於彼種種造作。
譬如日出閻浮提中，光明破闇悉皆無餘，
山樹池蓮地上眾物，種種品類悉皆蒙益。
諸佛日出亦復如是，生長人天眾善妙行，
永除痴闇得智慧明，恆受尊榮一切大樂。
譬如日光出現于時，先照山王次餘諸山，
從照高原以及大地，而日未始有所分別。
善逝光明亦復如是，先照菩薩次及緣覺，
後照聲聞以及眾生，而佛本來無所動念。
譬如生盲不見于日，日光亦為彼作饒益，
令知時節受諸飲食，永離眾患身得安穩。
無信眾生不見于佛，而佛亦為與大義利，
聞名及以得觸光明，因此乃至得證菩提。

譬如淨月在虛空中，能蔽眾星示其盈缺，
一切水中悉皆現影，諸有觀瞻悉對其前。
如來淨月亦復皆然，能蔽餘乘示其修短，
普現天人淨心之水，一切皆謂對其面前。
譬如梵王住自宮中，普現三千諸梵天處，
一切人天咸得睹見，實不分身向於彼等。
諸佛現身亦復如是，一切十方無不遍達，
其身無數不可稱量，亦不分身亦不分別。
如有醫王善巧方術，若有見者病皆得愈，
命雖已盡妙藥塗身，令其作務悉皆如初。
最勝醫王亦復如是，具足方便一切智慧，
以昔妙行示現佛身，眾生見者煩惱除滅。
譬如海中有大寶王，普出無量諸般光明，
眾生觸者同其色相，若有見者眼得清淨。
最勝寶王亦復如是，觸其光者悉皆同色，
若有得見五眼開明，破諸塵闇安住佛地。

譬如如意摩尼寶珠，隨有所求悉皆滿足，
少福眾生不能得見，非是寶王有所分別。
善逝寶王亦復如是，悉滿所求諸般欲樂，
無信眾生不能見佛，非是善逝心生棄捨。

【註釋】

❶前品在說明平等之因，這品繼而說明平等之果，回答第二會所行之問。
❷次舉十種譬喻，解釋前說，第一為大千世界興起造成之喻，說明眾因緣所成就。
❸共業　如山河大地等，眾人共同受用得生果報之因業。
❹第二，洪霔大千之比喻。
❺第三，霔雨無所從來之比喻。
❻第四，大雨難知的比喻。
❼第五，大雨成敗的比喻，顯示佛陀滅除眾生困惑成就的功德。
❽第六，一雨隨因緣而有分別之喻。
❾第七，高勝處先成之喻，比喻佛從有殊勝因緣者先救濟的功德。

⑩第八，從事相中別申因緣的比喻，顯示佛成辦大事之德。
⑪第九，四輪相依的比喻，顯示佛的體用依持之德。
⑫第十，大千饒益的比喻，顯示佛陀救世之德。
⑬次一段以敘述如來出現對眾生的饒益作結束，有十一句，各別結十門，僅九與十兩句說第九門，故為十一句。
⑭前段說明如來出現之相，以下分九段分別解釋，其中先說明身業。
⑮第一為虛空周遍之喻，說明周遍十方的佛身。
⑯第二，以虛空無分別的比喻，說明無著無礙的佛身。
⑰第三，以日光饒益的比喻，以下說明普入眾生，成就利益的佛身。
⑱第四，日光平等照耀的比喻，以說明平等隨時益的佛身。
⑲第五，日光利天生眼盲的比喻，以顯示佛無生潛在利益眾生之身。
⑳第六，以月光奇特的比喻，以顯示佛圓迴等住之身。
㉑第七，以梵王普現的比喻，顯示佛無心而能普應化之身。
㉒第八，醫王延壽的比喻，以比喻佛無窮後際之身。
㉓第九，以摩尼寶珠利益萬物的比喻，來說明佛陀莊嚴剎土利益眾生。
㉔第十，以寶玉滿眾生願望的比喻，來說明佛陀因為能圓滿眾生的願望，而具足了莊嚴相好。

【原典】

爾時，世尊從眉間白毫相中放大光明，名：如來出現，無量百千億那由他阿僧祇光明以為眷屬。其光普照十方盡虛空法界一切世界，右遶十匝，顯現如來無量自在，覺悟無數諸菩薩眾，震動一切十方世界，除滅一切諸惡道苦，映蔽一切諸魔宮殿，顯示一切諸佛如來坐菩提座成等正覺及以一切道場眾會；作是事已，而來右遶菩薩眾會，入如來性起妙德菩薩頂。時，此道場一切大眾身心踊躍，生大歡喜，作如是念：甚奇希有！今者如來放大光明，必當演說甚深大法。

爾時，如來性起妙德菩薩於蓮華座上，偏袒右肩，右跽合掌，一心向佛而說頌言：

正覺功德大智出，普達境界到彼岸，等於三世諸如來，是故我今恭敬禮。
已昇無相境界岸，而現妙相莊嚴身，放於離垢千光明，破魔軍眾咸令盡。
十方所有諸世界，悉能震動無有餘，未曾恐怖一眾生，善逝威神力如是。
虛空法界性平等，已能如是而安住，一切含生無數量，咸令滅惡除眾垢。
苦行勤勞無數劫，成就最上菩提道，於諸境界智無礙，與一切佛同其性。

導師放此大光明，震動十方諸世界，已現無量神通力，而復還來入我身。
決定法中能善學，無量菩薩皆來集，令我發起問法心，是故我今請法王。
今此眾會皆清淨，善能度脫諸世間，智慧無邊無染著，如是賢勝咸來集。
利益世間尊導師，智慧精進皆無量，今以光明照大眾，令我問於無上法。
誰於大仙深境界，而能真實具開演？誰是如來法長子？世間尊導願顯示！

爾時，如來即於口中放大光明，名：無礙無畏，百千億阿僧祇光明以為眷屬。普照十方盡虛空等法界一切世界，右遶十匝，顯現如來種種自在，開悟無量諸菩薩眾，震動一切十方世界，除滅一切諸惡道苦，映蔽一切諸魔宮殿，顯示一切諸佛如來坐菩提座成等正覺及以一切道場眾會；作是事已，而來右遶菩薩眾會，入普賢菩薩摩訶薩口。其光入已，普賢菩薩身及師子座，過於本時及諸菩薩身座百倍，唯除如來師子之座。

爾時，如來性起妙德菩薩問普賢菩薩摩訶薩言：佛子！佛所示現廣大神變，令諸菩薩皆生歡喜，不可思議，世莫能知，是何瑞相？普賢菩薩摩訶薩言：佛子！我於往昔見諸如來、應、正等覺示現如是廣大神變，即說如來出現法門。如我惟忖，今現此相，當說其法。說是語時，一切大地悉皆震動，出生無量問法光明。

時，性起妙德菩薩問普賢菩薩言：佛子！菩薩摩訶薩應云何知諸佛如來、應、正等覺出現之法？願為我說！佛子！此諸無量百千億那由他菩薩眾會，皆久修淨業，念慧成就，到於究竟大莊嚴岸，具一切佛威儀之行，正念諸佛未曾忘失，大悲觀察一切眾生，決定了知諸大菩薩神通境界，已得諸佛神力所加，能受一切如來妙法；具如是等無量功德，皆已來集。佛子！汝已曾於無量百千億那由他佛所承事供養，成就菩薩最上妙行，於三昧門皆得自在，入一切佛祕密之處，知諸佛法，斷眾疑惑，為諸如來神力所加，知眾生根，隨其所樂為說真實解脫之法，隨順佛智演說佛法到於彼岸，有如是等無量功德。善哉佛子！願說如來、應、正等覺出現之法，身相、言音、心意境界，所行之行，成道轉法，乃至示現入般涅槃，見聞親近所生善根；如是等事，願皆為說！

時，如來性起妙德菩薩欲重明此義，向普賢菩薩而說頌曰：

善哉無礙大智慧，善覺無邊平等境，願說無量佛所行，佛子聞已皆欣慶！
菩薩云何隨順入，諸佛如來出興世？云何身語心境界？及所行處願皆說！
云何諸佛成正覺？云何如來轉法輪？云何善逝般涅槃？大眾聞已心歡喜。
若有見佛大法王，親近增長諸善根，願說彼諸功德藏，眾生見已何所獲？
若有得聞如來名，若現在世若涅槃，於彼福藏生深信，有何等利願宣說！
此諸菩薩皆合掌，瞻仰如來仁及我，大功德海之境界，淨眾生者願為說！
願以因緣及譬諭，演說妙法相應義，眾生聞已發大心，疑盡智淨如虛空。

如遍一切國土中，諸佛所現莊嚴身，願以妙音及因諭，示佛菩提亦如彼。
十方千萬諸佛土，億那由他無量劫，如今所集菩薩眾，於彼一切悉難見。
此諸菩薩咸恭敬，於微妙義生渴仰，願以淨心具開演，如來出現廣大法！

爾時，普賢菩薩摩訶薩告如來性起妙德等諸菩薩大眾言：

佛子！此處不可思議，所謂如來、應、正等覺以無量法而得出現。何以故？非以一緣，非以一事，如來出現而得成就；以十無量百千阿僧祇事而得成就。何等為十？所謂：過去無量攝受一切眾生菩提心所成故，過去無量清淨殊勝志樂所成故，過去無量救護一切眾生大慈大悲所成故，過去無量相續行願所成故，過去無量修諸福智心無厭足所成故，過去無量供養諸佛教化眾生所成故，過去無量智慧方便清淨道所成故，過去無量清淨功德藏所成故，過去無量莊嚴道智所成故，過去無量通達法義所成故。佛子！如是無量阿僧祇法門圓滿，成於如來。佛子！譬如三千大千世界，非以一緣，非以一事，而得成就，以無量緣、無量事，方乃得成。所謂：興布大雲，降霔大雨，四種風輪相續為依。其四者何？一名：能持，能持大水故；二名：能消，能消大水故；三名：建立，建立一切諸處所故；四名：莊嚴，莊嚴分布咸善巧故。如是皆由眾生共業及諸菩薩善根所起，令於其中一切眾生各隨所宜而得受用。佛子！如是等無量因緣乃成三千大千世界，法性如是，無有生者，無有作者，無有知者，無有成者，然彼世界而得成就。如來出現亦復如是，非以一緣，非以一事，而得成就；以無量因緣，無量事相，乃得成就。所謂：曾於過去佛所聽聞受持大法雲雨，因此能起如來四種大智風輪。何等為四？一者念持不忘陀羅尼大智風輪，能持一切如來大法雲雨故；二者出生止觀大智風輪，能消竭一切煩惱故；三者善巧迴向大智風輪，能成就一切善根故；四者出生離垢差別莊嚴大智風輪，令過去所化一切眾生善根清淨，成就如來無漏善根力故。如來如是成等正覺，法性如是，無生無作而得成就。佛子！是為如來、應、正等覺出現第一相，菩薩摩訶薩應如是知。

復次，佛子！譬如三千大千世界將欲成時，大雲降雨，名曰：洪霔，一切方處所不能受、所不能持，唯除大千界將欲成時。佛子！如來、應、正等覺亦復如是，興大法雲，雨大法雨，名：成就如來出現，一切二乘心志狹劣所不能受、所不能持，唯除諸大菩薩心相續力。佛子！是為如來、應、正等覺出現第二相，菩薩摩訶薩應如是知。

復次，佛子！譬如眾生以業力故，大雲降雨，來無所從，去無所至。如來、應、正等覺亦復如是，以諸菩薩善根力故，興大法雲，雨大法雨，亦無所從來，無所至去。佛子！是為如來、應、正等覺出現第三相，菩薩摩訶薩應如是知。

復次，佛子！譬如大雲降霔大雨，大千世界一切眾生，無能知數，若欲算計，徒令發狂；唯大千世界主——摩醯首羅，以過去所修善根力故，乃至一滴無不明了。佛子！如來、應、正等覺亦復如是，與大法雲，雨大法雨，一切眾生、聲聞、獨覺所不能知，若欲思量，心必狂亂；唯除一切世間主——菩薩摩訶薩，以過去所修覺慧力故，乃至一文一句，入眾生心，無不明了。佛子！是為如來、應、正等覺出現第四相，菩薩摩訶薩應如是知。

復次，佛子！譬如大雲降雨之時，有大雲雨，名為：能滅，能滅火災；有大雲雨，名為：能起，能起大水；有大雲雨，名為：能止，能止大水；有大雲雨，名為：能成，能成一切摩尼諸寶；有大雲雨，名為：分別，分別三千大千世界。佛子！如來出現亦復如是，與大法雲，雨大法雨，有大法雨，名為：能滅，能滅一切眾生煩惱；有大法雨，名為：能起，能起一切眾生善根；有大法雨，名為：能止，能止一切眾生見惑；有大法雨，名為：能成，能成一切智慧法寶；有大法雨，名為：分別，分別一切眾生心樂。佛子！是為如來、應、正等覺出現第五相，菩薩摩訶薩應如是知。

復次，佛子！譬如大雲雨一味水，隨其所雨，無量差別。如來出現亦復如是，雨於大悲一味法水，隨宜說法，無量差別。佛子！是為如來、應、正等覺出現第六相，菩薩摩訶薩應如是知。

復次，佛子！譬如三千大千世界初始成時，先成色界諸天宮殿，次成欲界諸天宮殿，次成於人及餘眾生諸所住處。佛子！如來出現亦復如是，先起菩薩諸行智慧，次起緣覺諸行智慧，次起聲聞善根諸行智慧，次起其餘眾生有為善根諸行智慧。佛子！譬如大雲雨一味水，隨諸眾生善根異故，所起宮殿種種不同。如來大悲一味法雨，隨眾生器而有差別。佛子！是為如來、應、正等覺出現第七相，菩薩摩訶薩應如是知。

復次，佛子！譬如世界初欲成時，有大水生，遍滿三千大千世界；生大蓮華，名：如來出現功德寶莊嚴，遍覆水上，光照十方一切世界。時，摩醯首羅、淨居天等見是華已，即決定知於此劫中有爾所佛出興于世。佛子！爾時，其中有風輪起，名：善淨光明，能成色界諸天宮殿。有風輪起，名：淨光莊嚴，能成欲界諸天宮殿。有風輪起，名：堅密無能壞，能成大小諸輪圍山及金剛山。有風輪起，名：勝高，能成須彌山王。有風輪起，名：不動，能成十大山王。何等為十？所謂：佉陀羅山、仙人山、伏魔山、大伏魔山、持雙山、尼民陀羅山、目真鄰陀山、摩訶目真鄰陀山、香山、雪山。有風輪起，名為：安住，能成大地。有風輪起，名為：莊嚴，能成地天宮殿、龍宮殿、乾闥婆宮殿。有風輪起，名：無盡藏，能成三千大千世界一切大海。有風輪起，名：普光明藏，能成三千大千世界諸摩尼寶。有風輪起，名：堅固根，能成一切諸如意樹。佛子！大雲所雨一味之水，無有分別；以眾生善根不同故，風輪不同；風輪差別故，世界差別。佛子！如來出現亦復如是，具足一切善根功德，放於無上大智光明，名：不斷如來種不思議智，普照十方一切世界，與諸菩薩一切如來灌頂之記：當成正覺出興於世。佛子！如來出現復有無上大智光明，名：清淨離垢，能成如來無漏無盡智。復有無上大智光明，名：普照，能成如來普入法界不思議智。復有無上大智光明，名：持佛種性，能成如來不傾動力。復有無上大智光明，名：迥出無能壞，能成如來無畏無壞智。復有無上大智光明，名：一切神通，能成如來諸不共法、一切智智。復有無上大智光明，名：出生變化，能成如來令見聞親近所生善根不失壞智。復有無上大智光明，名：普隨順，能成如來無盡福德智慧之身，為一切眾生而作饒益。復有無上大智光明，名：不可究竟，能成如來甚深妙智，隨所開悟，令三寶種永不斷絕。復有無上大智光明，名：種種莊嚴，能成如來相好嚴身，令一切眾生皆生歡喜。復有無上大智光明，名：不可壞，能成如來法界、虛空界等殊勝壽命無有窮盡。佛子！如來大悲一味之水無有分別，以諸眾生欲樂不同、根性各別，而起種種大智風輪，令諸菩薩成就如來出現之法。佛子！一切如來同一體性，大智輪中出生種種智慧光明。佛子！汝等應知，如來於一解脫味出生無量不可思議種種功德，眾生念言：「此是如來神力所造。」佛子！此非如來神力所造。佛子！乃至一菩薩，不於佛所曾種善根，能得如來少分智慧，無有是處。但以諸佛威德力故，令諸眾生具佛功德，而佛如來無有分別，無成無壞，無有作者，亦無作法。佛子！是為如來、應、正等覺出現第八相，菩薩摩訶薩應如是知。

復次，佛子！如依虛空起四風輪，能持水輪。何等為四？一名：安住，二名：常住，三名：究竟，四名：堅固。此四風輪能持水輪，水輪能持大地令不散壞。是故說：地輪依水輪，水輪依風輪，風輪依虛空，虛空無所依。雖無所依，能令三千大千世界而得安住。佛子！如來出現亦復如是，依無礙慧光明起佛四種大智風輪，能持一切眾生善根。何等為四？所謂：普攝眾生皆令歡喜大智風輪，建立正法令諸眾生皆生愛樂大智風輪，守護一切眾生善根大智風輪，具一切方便通達無漏界大智風輪。是為四。佛子！諸佛世尊，大慈救護一切眾生，大悲度脫一切眾生，大慈大悲普遍饒益。然大慈大悲依大方便善巧，大方便善巧依如來出現，如來出現依無礙慧光明，無礙慧光明無有所依。佛子！是為如來、應、正等覺出現第九相，菩薩摩訶薩應如是知。

復次，佛子！譬如三千大千世界既成就已，饒益無量種種眾生。所謂：水族眾生得水饒益，陸地眾生得地饒益，宮殿眾生得宮殿饒益，虛空眾生得虛空饒益。如來出現亦復如是，種種饒益無量眾生。所謂：見佛生歡喜者，得歡喜益；住淨戒者，得淨戒益；住諸禪定及無量者，得聖出世大神通益；住法門光明者，得因果不壞益；住無所有光明者，得一切法不壞益。是故說言：「如來出現，饒益一切無量眾生。」佛子！是為如來、應、正等覺出現第十相，菩薩摩訶薩應如是知。

佛子！菩薩摩訶薩知如來出現，則知無量；知成就無量行故，則知廣大；知周遍十方故，則知無來去；知離生住滅故，則知無行、無所行；知離心、意、識故，則知無身；知如虛空故，則知平等；知一切眾生皆無我故，則知無盡；知遍一切剎無有盡故，則知無退；知盡後際無斷絕故，則知無壞；知如來智無有對故，則知無二；知平等觀察為無為故，則知一切眾生皆得饒益，本願迴向自在滿足故。

爾時，普賢菩薩摩訶薩欲重明此義而說頌言：

十力大雄最無上，譬如虛空無等等，境界廣大不可量，功德第一超世間。
十力功德無邊量，心意思量所不及，人中師子一法門，眾生億劫莫能知。
十方國土碎為塵，或有算計知其數；如來一毛功德量，千萬億劫無能說。
如人持尺量虛空，復有隨行計其數，虛空邊際不可得，如來境界亦如是。
或有能於剎那頃，悉知三世眾生心，設經眾生數等劫，不能知佛一念性。
譬如法界遍一切，不可見取為一切；十力境界亦復然，遍於一切非一切。
真如離妄恆寂靜，無生無滅普周遍；諸佛境界亦復然，體性平等不增減。
譬如實際而非際，普在三世亦非普；導師境界亦如是，遍於三世皆無礙。
法性無作無變易，猶如虛空本清淨；諸佛性淨亦如是，本性非性離有無。
法性不在於言論，無說離說恆寂滅；十力境界性亦然，一切文辭莫能辯。
了知諸法性寂滅，如鳥飛空無有迹，以本願力現色身，令見如來大神變。

若有欲知佛境界，當淨其意如虛空，遠離妄想及諸取，令心所向皆無礙。
是故佛子應善聽，我以少譬明佛境，十力功德不可量，為悟眾生今略說。
導師所現於身業，語業心業諸境界，轉妙法輪般涅槃，一切善根我今說。
譬如世界初安立，非一因緣而可成，無量方便諸因緣，成此三千大千界。
如來出現亦如是，無量功德乃得成，剎塵心念尚可知，十力生因莫能測。
譬如劫初雲澍雨，而起四種大風輪，眾生善根菩薩力，成此三千各安住。
十力法雲亦如是，起智風輪清淨意，昔所迴向諸眾生，普導令成無上果。
如有大雨名洪澍，無有處所能容受，唯除世界將成時，清淨虛空大風力。
如來出現亦如是，普雨法雨充法界，一切劣意無能持，唯除清淨廣大心。
譬如空中澍大雨，無所從來無所去，作者受者悉亦無，自然如是普充洽。
十力法雨亦如是，無去無來無造作，本行為因菩薩力，一切大心咸聽受。
譬如空雲澍大雨，一切無能數其滴，唯除三千自在王，具功德力悉明了。
善逝法雨亦如是，一切眾生莫能測，唯除於世自在人，明見如觀掌中寶。
譬如空雲澍大雨，能滅能起亦能斷，一切珍寶悉能成，三千所有皆分別。
十力法雨亦如是，滅惑起善斷諸見，一切智寶皆使成，眾生心樂悉分別。
譬如空中雨一味，隨其所雨各不同，豈彼雨性有分別，然隨物異法如是。

如來法雨非一異，平等寂靜離分別，然隨所化種種殊，自然如是無邊相。
譬如世界初成時，先成色界天宮殿，次及欲天次人處，乾闥婆宮最後成。
如來出現亦如是，先起無邊菩薩行，次化樂寂諸緣覺，次聲聞眾後眾生。
諸天初見蓮華瑞，知佛當出生歡喜；水緣風力起世間，宮殿山川悉成立。
如來宿善大光明，巧別菩薩與其記；所有智輪體皆淨，各能開示諸佛法。
譬如樹林依地有，地依於水得不壞，水輪依風風依空，而其虛空無所依。
一切佛法依慈悲，慈悲復依方便立，方便依智智依慧，無礙慧身無所依。
譬如世界既成立，一切眾生獲其利，地水所住及空居，二足四足皆蒙益。
法王出現亦如是，一切眾生獲其利，若有見聞及親近，悉使滅除諸惑惱。
如來出現法無邊，世間迷惑莫能知，為欲開悟諸含識，無譬諭中說其譬。

佛子！諸菩薩摩訶薩應云何見如來、應、正等覺身？

佛子！諸菩薩摩訶薩應於無量處見如來身。何以故？諸菩薩摩訶薩不應於一法、一事、一身、一國土、一眾生見於如來，應遍一切處見於如來。佛子！譬如虛空遍至一切色、非色處，非至、非不至。何以故？虛空無身故。如來身亦如是，遍一切處，遍一切眾生，遍一切法，遍一切國土，非至、非不至。何以故？如來身無身故，為眾生故示現其身。佛子！是為如來身第一相，諸菩薩摩訶薩應如是見。

復次，佛子！譬如虛空寬廣非色，而能顯現一切諸色，而彼虛空無有分別亦無戲論。如來身亦復如是，以智光明普照明故，令一切眾生世、出世間諸善根業皆得成就，而如來身無有分別亦無戲論。何以故？從本已來，一切執著、一切戲論皆永斷故。佛子！是為如來身第二相，諸菩薩摩訶薩應如是見。

復次，佛子！譬如日出於閻浮提，無量眾生皆得饒益。所謂：破闇作明，變濕令燥，生長草木，成熟穀稼，廓徹虛空，開敷蓮華，行者見道，居者辦❶業。何以故？日輪普放無量光故。佛子！如來智日亦復如是，以無量事普益眾生。所謂：滅惡生善，破愚為智，大慈救護，大悲度脫；令其增長根、力、覺分；令生深信，捨離濁心；令得見聞，不壞因果；令得天眼，見歿生處；令心無礙，不壞善根；令智修明，開敷覺華；令其發心，成就本行。何以故？如來廣大智慧日身，放無量光普照耀故。佛子！是為如來身第三相，諸菩薩摩訶薩應如是見。

復次，佛子！譬如日出於閻浮提，先照一切須彌山等諸大山王，次照黑山，次照高原，然後普照一切大地。日不作念：「我先照此，後照於彼。」但以山地有高下故，照有先後。如來、應、正等覺亦復如是，成就無邊法界智輪，常放無礙智慧光明，先照菩薩摩訶薩等諸大山王，次照緣覺，次照聲聞，次照決定善根眾生，隨其心器示廣大智，然後普照一切眾生，乃至邪定亦皆普及，為作未來利益因緣令成熟故。而彼如來大智日光不作是念：「我當先照菩薩大行，乃至後照邪定眾生。」但放光明平等普照，無礙無障，無所分別。佛子！譬如日月隨時出現，大山、幽谷普照無私。如來智慧復亦如是，普照一切無有分別，隨諸眾生根欲不同，智慧光明種種有異。佛子！是為如來身第四相，諸菩薩摩訶薩應如是見。

復次，佛子！譬如日出，生盲眾生無眼根故，未曾得見。雖未曾見，然為日光之所饒益。何以故？因此得知晝夜時節，受用種種衣服、飲食，令身調適離眾患故。如來智日亦復如是，無信、無解、毀戒、毀見、邪命自活生盲之類無信眼故，不見諸佛智慧日輪。雖不見佛智慧日輪，亦為智日之所饒益。何以故？以佛威力，令彼眾生所有身苦及諸煩惱、未來苦因皆消滅故。佛子！如來有光明，名：積集一切功德；有光明，名：普照一切；有光明，名：清淨自在照；有光明，名：出大妙音；有光明，名：普解一切語言法令他歡喜；有光明，名：示現永斷一切疑自在境界；有光明，名：無住智自在普照；有光明，名：永斷一切戲論自在智；有光明，名：隨所應出妙音聲；有光明，名：出清淨自在音莊嚴國土成熟眾生。佛子！如來一一毛孔放如是等千種光明，五百光明普照下方，五百光明普照上方。種種剎中種種佛所諸菩薩眾，其菩薩等見此光明，一時皆得如來境界，十頭、十眼、十耳、十鼻、十舌、十身、十手、十足、十地、十智，皆悉清淨。彼諸菩薩先所成就諸處諸地，見彼光明轉更清淨，一切善根皆悉成熟，趣一切智；住二乘者，滅一切垢；其餘一分生盲眾生，身既快樂，心亦清淨，柔軟調伏，堪修念智；地獄、餓鬼、畜生諸趣所有眾生，皆得快樂，解脫眾苦，命終皆生天上、人間。佛子！彼諸眾生不覺不知，以何因緣、以何神力而來生此？彼生盲者作如是念：「我是梵天！我是梵化！」是時，如來住普自在三昧，出六十種妙音而告之言：「汝等非是梵天，亦非梵化，亦非帝釋護世所作，皆是如來威神之力。」彼諸眾生聞是語已，以佛神力皆知宿命，生大歡喜；心歡喜故，自然而出優曇華雲、香雲、音樂雲、衣雲、蓋雲、幢雲、幡雲、末香雲、寶雲、師子幢半月樓閣雲、歌詠讚歎雲、種種莊嚴雲，皆以尊重心供養如來。何以故？此諸眾生得淨眼故，如來與彼授阿耨多羅三藐三菩提記。佛子！如來智日如是利益生盲眾生，令得善根，具足成熟。佛子！是為如來身第五相，諸菩薩摩訶薩應如是見。

復次，佛子！譬如月輪有四奇特未曾有法。何等為四？一者，映蔽一切星宿光明；二者，隨逐於時示現虧盈；三者，於閻浮提澄淨水中影無不現；四者，一切見者皆對目前，而此月輪無有分別、無有戲論。佛子！如來身月亦復如是，有四奇特未曾有法。何等為四？所謂：映蔽一切聲聞、獨覺、學、無學眾；隨其所宜，示現壽命修短不同，而如來身無有增減；一切世界淨心眾生菩提器中，影無不現；一切眾生有瞻對者皆謂如來唯現我前，隨其心樂而為說法，隨其地位令得解脫，隨所應化令見佛身，而如來身無有分別、無有戲論，所作利益皆得究竟。佛子！是為如來身第六相，諸菩薩摩訶薩應如是見。

復次，佛子！譬如三千大千世界大梵天王，以少方便於大千世界普現其身，一切眾生皆見梵王現在己❷前，而此梵王亦不分身、無種種身。佛子！諸佛如來亦復如是，無有分別，無有戲論，亦不分身，無種種身，而隨一切眾生心樂示現其身，亦不作念現若干身。佛子！是為如來身第七相，諸菩薩摩訶薩應如是見。

復次，佛子！譬如醫王善知眾藥及諸咒論，閻浮提中諸所有藥用無不盡，復以宿世諸善根力、大明咒力，為方便故，眾生見者病無不愈。彼大醫王知命將終，作是念言：「我命終後，一切眾生無所依怙，我今宜應為現方便。」是時，醫王合藥塗身，明咒力持，令其終後身不分散、不萎不枯，威儀視聽與本無別，凡所療治悉得除差。佛子！如來、應、正等覺無上醫王亦復如是，於無量百千億那由他劫，鍊治法藥已得成就，修學一切方便善巧大明咒力皆到彼岸，善能除滅一切眾生諸煩惱病及住壽命；經無量劫，其身清淨無有思慮、無有動用，一切佛事未嘗休息，眾生見者諸煩惱病悉得消滅。佛子！是為如來身第八相，諸菩薩摩訶薩應如是見。

復次，佛子！譬如大海有大摩尼寶，名：集一切光明毘盧遮那藏；若有眾生觸其光者，悉同其色；若有見者，眼得清淨。隨彼光明所照之處，雨摩尼寶，名為：安樂，令諸眾生離苦調適。佛子！諸如來身亦復如是，為大寶聚一切功德大智慧藏；若有眾生觸佛身寶智慧光者，同佛身色；若有見者，法眼清淨。隨彼光明所照之處，令諸眾生離貧窮苦，乃至具足佛菩提樂。佛子！如來法身無所分別亦無戲論，而能普為一切眾生作大佛事。佛子！是為如來身第九相，諸菩薩摩訶薩應如是見。

復次，佛子！譬如大海有大如意摩尼寶王，名：一切世間莊嚴藏，具足成就百萬功德，隨所住處，令諸眾生災患消除、所願滿足；然此如意摩尼寶王非少福眾生所能得見。如來身如意寶王亦復如是，名為：能令一切眾生皆悉歡喜，若有見身、聞名、讚德，悉令永離生死苦患；假使一切世界一切眾生，一時專心欲見如來，悉令得見，所願皆滿。佛子！佛身非是少福眾生所能得見，唯除如來自在神力所應調伏；若有眾生因見佛身便種善根乃至成熟，為成熟故，乃令得見如來身耳。佛子！是為如來身第十相，諸菩薩摩訶薩應如是見。以其心無量遍十方故，所行無礙如虛空故，普入法界故，住真實際故，無生無滅故，等住三世故，永離一切分別故，住盡後際誓願故，嚴淨一切世界故，莊嚴一一佛身故。

爾時，普賢菩薩摩訶薩欲重明此義而說頌言：

譬如虛空遍十方，若色非色有非有，三世眾生身國土，如是普在無邊際。

諸佛真身亦如是，一切法界無不遍，不可得見不可取，為化眾生而現形。
譬如虛空不可取，普使眾生造眾業，不念：「我今何所作，云何我作為誰作？」
諸佛身業亦如是，普使群生修善法，如來未曾有分別：「我今於彼種種作。」
譬如日出閻浮提，光明破闇悉無餘，山樹池蓮地眾物，種種品類皆蒙益。
諸佛日出亦如是，生長人天眾善行，永除癡闇得智明，恆受尊榮一切樂。
譬如日光出現時，先照山王次餘山，後照高原及大地，而日未始有分別。
善逝光明亦如是，先照菩薩次緣覺，後照聲聞及眾生，而佛本來無動念。
譬如生盲不見日，日光亦為作饒益，令知時節受飲食，永離眾患身安隱。
無信眾生不見佛，而佛亦為興義利，聞名及以觸光明，因此乃至得菩提。
譬如淨月在虛空，能蔽眾星示盈缺，一切水中皆現影，諸有觀瞻悉對前。
如來淨月亦復然，能蔽餘乘示修短，普現天人淨心水，一切皆謂對其前。
譬如梵王住自宮，普現三千諸梵處，一切人天咸得見，實不分身向於彼。
諸佛現身亦如是，一切十方無不遍，其身無數不可稱，亦不分身不分別。
如有醫王善方術，若有見者病皆愈，命雖已盡藥塗身，令其作務悉如初。

最勝醫王亦如是，具足方便一切智，以昔妙行現佛身，眾生見者煩惱滅。
譬如海中有寶王，普出無量諸光明，眾生觸者同其色，若有見者眼清淨。
最勝寶王亦如是，觸其光者悉同色，若有得見五眼開，破諸塵闇住佛地。
譬如如意摩尼寶，隨有所求皆滿足，少福眾生不能見，非是寶王有分別。
善逝寶王亦如是，悉滿所求諸欲樂，無信眾生不見佛，非是善逝心棄捨。

註釋

❶「辦」，大正本原作「辨」，今依三本及宮本改之。
❷「已」，大正本原作「己」，今依前後文意改之。

譯者 洪啟嵩

地球禪者洪啓嵩老師，爲國際知名禪師。年幼深感生死無常，十歲起遍訪各派禪法，尋求不死之道。少年時讀《六祖壇經》，豁然開朗，深有悟入，二十歲開始教授禪定，海內外從學者無數。

其一生修持、講學、著述不綴，足跡遍佈全球。除應邀於台灣政府機關及大學、企業講學，並應邀至美國哈佛大學、麻省理工學院、俄亥俄大學，中國北京、人民、清華大學，上海師範大學、復旦大學等世界知名學府演講。並於印度菩提伽耶、美國佛教會、中國六祖南華寺等地主持禪七。

其畢生致力以禪推展人類普遍之覺性運動，開啓覺性地球，二〇〇九年以中華禪貢獻，獲舊金山市政府頒發榮譽狀表揚，二〇一〇年以菩薩經濟學獲不丹政府表揚。

歷年來在大小乘禪法、顯密教禪法、南傳北傳禪法、教下與宗門禪法、漢藏佛學禪法等均有深入與系統講授。著有《禪觀秘要》、《大悲如幻三昧》等〈高階禪觀系列〉及《現觀中脈實相成就》、《智慧成就拙火瑜伽》等〈密乘寶海系列〉，及〈如何修持佛經系列〉等，著述近二百部。

白話佛經 5

《白話華嚴經》第五冊（唐譯　實叉難陀）

譯　者　洪啟嵩
執行主編　許文筆
視覺設計　王桂沰
出　版　全佛文化事業有限公司
永久信箱：台北郵政 26-341 號信箱
訂購專線：(02) 2913-2199
傳真專線：(02) 2913-3693
發行專線：(02) 2219-0898
郵政劃撥：19203747
戶　名：全佛文化事業有限公司
E-mail：buddhall@ms7.hinet.net
http://www.buddhall.com

門　市　心茶堂
新北市新店區民權路95號4樓之1（江陵金融大樓）
門市專線：(02) 2219-8189

行銷代理　紅螞蟻圖書有限公司
台北市內湖區舊宗路二段121巷28之32號4樓（富頂科技大樓）
電話：(02) 2795-3656
傳真：(02) 2795-4100

製版印刷　日動藝術印刷有限公司

二〇一二年九月　初版
定價新台幣　六八〇元
ISBN 978-986-6936-68-5（第五冊：精裝）

國家圖書館出版品預行編目資料

白話華嚴經／洪啟嵩譯.
-- 初版 .-- 新北市：全佛文化，2012.09
冊；公分（白話佛經；5）
ISBN：978-986-6936-68-5（第五冊：精裝）
1. 華嚴部
221.22　　101008671

Published by BuddhAll Cultural Enterprise Co., Ltd.

00680
9 789866 936685
ISBN-13: 978-986693668-5
NT 680元